KB130912

즘 것들에게 개성 같은 게 왜 필요해? ─────

개성 없는 요즘 것들

진영 지음

청어

개성 없는 요즘 것들

이진영 지음

발행처 · 도서출판 **청어**
발행인 · 이영철
영 업 · 이동호
홍 보 · 천성래
기 획 · 이용희
편 집 · 방세화
디자인 · 이수빈
제작부장 · 공병한
인 쇄 · 두리터

등 록 · 1999년 5월 3일
(제321-3210002510011999000063호)

1판 1쇄 인쇄 · 2018년 10월 1일
1판 1쇄 발행 · 2018년 10월 10일

주소 · 서울특별시 서초구 효령로55길 45-8
대표전화 · 586-0477
팩시밀리 · 586-0478

홈페이지 · www.chungeobook.com
E-mail · ppi20@hanmail.net
ISBN · 979-11-5860-582-7(03190)

이 책의 저작권은 저자와 도서출판 청어에 있습니다.
무단 전재 및 복제를 금합니다.

이 도서의 국립중앙도서관 출판시도서목록(CIP)은 서지정보유통지원시스템 홈페이지
(http://seoji.nl.go.kr)와 국가자료공동목록시스템(http://www.nl.go.kr/kolisnet)에서
이용하실 수 있습니다.(CIP제어번호: CIP2018028117)

개성 없는
요즘 것들

머리말

나는 난독증을 갖고 있다. 난독증을 갖고 있다는 나의 말에 대해서 독자들은 '난독증을 갖고 있는 사람이 어떻게 책을 쓸 수 있지?'라는 생각을 할지도 모르겠다. 그러나 난독증을 글을 읽지 못하는 장애가 아닌 글을 읽는데 어려움을 겪는 '다름'으로 생각할 수 있다면 난독증을 갖고 있는 사람이 책을 썼다는 사실이 조금은 쉽게 받아들여질 수 있을 것 같다. 실제로 난독증은 장애라기보다는 '다름' 혹은 '개성'에 가깝다고 할 수 있기 때문이다.

『글자로만 생각하는 사람 이미지로 창조하는 사람[1]』이라는 책에서는 난독증이라고 하는 증상은 단순히 글을 읽지 못하는 장애만을 갖고 있는 것이 아니라 굉장히 뛰어난 시각적인 능력과 창의성을 동반한다고 이야기한다. 즉 동전의 양면처럼 어떤 부분에서 갖고 있는 단점이 반대로 그로

---

[1] 『글자로만 생각하는 사람 이미지로 창조하는 사람』, 토머스 웨스트 지음, 김성훈 옮김, 지식갤러리

인한 재능과 연결되어 있다는 것이다.

내 입장에서 이야기를 하자면 난 글을 읽을 때 생생한 이미지들이 떠올라서 어려움을 겪는다. 어려움을 겪는다는 말의 의미는, 글을 읽을 수는 있으나 집중하기 어렵고 집중한다고 해도 그 시간이 짧다는 것을 의미한다. 또한 글을 읽을 때 글의 의미를 잘 파악하지 못하는데, 문맥을 통해서 이미지를 떠올리지 않으면 익숙한 단어가 어떤 의도로, 어떤 의미로 사용되었는지가 쉽게 파악이 되지 않기 때문이다.

마찬가지로 글을 쓰는 데 있어서도 생생한 이미지로 인해서 내가 지금까지 어떤 내용을 썼는지 자주 잊어버리곤 한다. 쉽게 말하자면 기획하고 정리된 글을 쓰는 것이 잘 안 된다는 것이다. 내가 어떤 내용을 쓰겠다고 생각을 해도, 생생한 이미지로 인해서 '내가 지금 무슨 내용을 쓰고 있는 걸까?'라는 생각이 들만큼 의도와 전혀 상관없는 내용들을 쓰게 되기 때문이다.

어떻게 보자면 꽤나 불편한 단점처럼 느껴지기도 할 것이다. 그러나 이와 같은 특징을 내가 개성이라고 부를 수 있는 이유는 글을 읽고 쓰는 데 있어서는 어려움을 겪을 수 있으나, 반대로 생생한 이미지로 인해서 사람들이 생각하지 못했던 것들, 사람들이 관심을 갖지 않는 것들에 관심을 가질 수 있고 형식에 구애받지 않고 좀 더 자유롭게 글을 읽고 쓸 수 있기 때문이다. 내게는 글에 대한 형식이 보통 사람만큼 잘 느껴지지 않으니 말이다.

우리는 자주 완벽한 인간을 상상하고는 한다. 어떤 부분에 있어서 뛰어나지만 반대로 그로 인해서 부족한 부분들이 나타날 수밖에 없는 개인이 아니라 잘하는 것만 있는 개인을 상상한다는 것이다.

그러다 보니 쉽게 다르지 않으면서도 특별할 것을 요구받고는 한다. 가령 남들과 똑같은 환경에서 똑같은 방법으로 똑같이 공을 차면서도 남과 다른, 자신만의 스타일로 축구를 하는 메시와 같은 선수를 기대한다는 것이다.

그러나 생각해보자. 노벨상을 수상할 인재를 원한다면서 '남들처럼 생각하고 남들이 연구하는 걸 연구해'라고 말한다면 아무도 생각하지 못했던 것들을 발견해 낼 수 있을까? 달리 말해서 우리 사회가 요구하는 많은 특별한 능력들은 어떤 부분에서 특별하기 때문에 어떤 부분에서는 부족한 부분들을 동반하는 다름 혹은 개성과 같다는 것이다.

그런 관점에서 볼 때 다를 수밖에 없는 사람을 평범하게 만들기 위한 교육이 과연 효과적인 교육 방식이라고 할 수 있을까? 다르기 때문에 가질 수밖에 없는 단점을 없애려 장점마저 없애고 있는 것은 아닐까?

내가 난독증을 갖고 있으면서도 자기 자신을 사랑할 수 있는 이유는 난독증이 갖고 있는 장점이 무엇인지를 알고 있기 때문이다. 다시 말해서 난독증으로 인해서 보통의 사람들이 갖고 있지 않은 많은 단점들을 갖고 있지만 반대로 보통의 사람들이 갖고 있지 않은 장점들 또한 많이 갖고 있다는 것을 알고 있기 때문에, 난독증으로 인한 여러 단점들에도 불구하고 자신을 사랑할 수 있는 것이다.

만약 요즘 것들에게 개성 같은 것이 필요하지 않은 것이라면, 모두 똑같아야 한다면 아마 난 나를 결코 사랑할 수 없었을 것이다. 왜냐면 난독증을 갖고 있는 내가 평범해진다는 것은 가장 잘할 수 있는 것을 포기한 채 가장 못하는 것에 집중하는 것과 같기 때문이다.

이 책은 내가 누구보다 뛰어나고 누구보다 똑똑하기 때문이 아니라 난독증을 갖고 있는 사람이기 때문에 쓸 수 있었다. 다르기 때문에 다른 관점에서 세상을 바라보고, 다르기 때문에 일상 속에서 보통의 사람들과 다른 것들을 느끼며, 난독증을 갖고 있는 사람만의 방식으로 책을 썼다는 것이다.

그런 이유로 이 책을 읽는 독자들이 이 책을 읽고 책에 대해서 좋은 평가를 내리게 된다면 이 책을 통해서 우리 사회에 개성이 필요하다는 것, 그리고 다른 것은 틀린 것이 아니라는 것을 증명하는 셈이 될 것이다. 난독증을 갖고 있는 내가 이 책을 쓸 수 있었던 것은 '다름을 없앨 수 있었기 때문'이 아니라 '다르기 때문'이었으니 말이다.

이진영

목차

공무원이 되거나 대기업에 들어가거나

우리가 살고 있는 한국이라는 나라는 기본적으로 평범하다는 것이 굉장히 중요한 가치를 갖는 나라로 대부분의 사람들이 갖고 있는 삶에 대한 평가 기준이 대체적으로 비슷하다.

학창 시절에는 부모님의 말을 잘 들으면서 학교에서 상위권을 유지하고, 서울에 있는 4년제 대학에 들어가서 누구나 이름만 들으면 알만한 대기업에 들어가, 자신과 비슷한 삶을 살아온 이성과 만나 결혼해서, 자신과 닮은 자식을 낳고 기르는 것. 혹은 동일한 과정을 거치되, 공무원이 되어서 자신과 같이 안정적인 직장에 다니는 사람과 결혼하는 것.

물론 내가 예시로 든 삶이 대부분의 사람들이 생각하고 있는 삶의 이상과 완벽하게 부합하지는 않겠지만, 크게 다르지는 않을 것이다. 즉 한국이라는 나라에서 사람들이 생각하는 미래의 모습은 손가락으로 셀 수 있을 정도로 단편적이라는 것이다. 왜 모든 학생들이 서울에 있는 4년제 대학에 들어가야 할까? 왜 자신의 적성이나 재능과 상관없는 학과에 들어가서는, 자신이 원하지도 않는 스펙을 쌓기 위한 공부를 해야 하는 것일까? 왜 자신의 꿈이나 적성과 상관없는 대기업에 들어가거나 공무원이 되기 위해 노력해야 하는 것일까?

만약 당사자에게 물어본다면 뻔하디 뻔한 대답을 듣게 될 것이다. '어쩔 수 없으니까', 혹은 '그게 최선이니까'라고 말이다. 즉 한국이라는 나라에서 태어난 한 아이의 미래란 마치 일방통행인 도로를 달리는 자동차와 같이 개인의 의지, 개인의 적성이나 바람 등과 무관하게 누구나 알 수 있는 몇 가지의 목적지를 향해 달려 나가는 삶을 살아가는 것이 일반적이라는 것이다. 물론 어떤 이들은 '본인이 의지만 있다면 얼마든지 자신의 삶을 개척할 수 있어'라는 식으로 말하기도 한다.

그러나 생각해보자. 부모나 어른의 말에 순종하는 것을 미덕으로 여기는 한국의 사회에서, 어린 아이가 부모와 어른들의 의견과는 다른, 자신만의 적성이나 꿈을 위한 준비를 할 수 있을까? 아마 아이가 '전 제가 하고 싶은 일을 하고 싶어요'라는 식의 고민을 토로한다면 대부분의 경우 '일단 부모님이 원하는 삶을 살고 여유가 있으면 그때 너의 꿈을 위해서 노력하는 것이 어떠니?'라는 식의 조언을 받게 되지 않을까? '대학에 들어가고 난 뒤에 네가 하고 싶은 일을 해라'처럼 말이다.

근데 웬걸, 대학에 들어가고 나면 '스펙을 쌓고 난 뒤에 네가 하고 싶은 일을 해라'는 말을 듣게 되고, 스펙을 쌓고 나면 '취업하고 난 뒤에 네가 하고 싶은 일을 해라'는 말을 듣게 되며, 취업을 하고 나면, '결혼해라'는 말을 듣게 되고, 결혼하고 나면 어느덧 자신이 하고 싶은 일을 하기 위해서 노력한다는 것, 혹은 자신의 꿈을 좇는다는 것은 철이 없는 행동이나 자기밖에 모르는 이기적인 행동처럼 여겨지고 만다. 그러고 나면 어느덧 자신의 꿈과 바람을 자식에게 투영하는 흔한 한국의 부모로써 살아가게 되는 것이다. 다시 말해서, 애초에 우리나라는 어린 아이가 자라면서 자신이 정말 하고 싶은 일을 발견하고, 그것을 위해서 노력하는 것에 굉장히 비협조적이며 나아가 적대적이기까지 하다는 것이다.

한국 사회는 기본적으로 한 아이가 부모나 주변의 어른들의 바람과는 다른, 자신만의 꿈을 향해서 달려가는 것을 원하지 않는다. 아니 애초에 부모나 주변의 어른들이 바라는 것과 다른 꿈을 갖는 것은 꿈이 아닌 객기, 혹은 미성숙함이나 반항 정도로 여기는 것이 일반적이라는 것이다.

물론 여기에 대해서 어떤 어른들은 '그럼 부모님이나 어른들이 원하는 대로 살기 싫다면 자신이 직접 벌어서 하고 싶은 것을 하면 되겠네?'라는 식의 말을 하는 사람도 있을 것이다. 덧붙여서 가뭄에 콩 나듯 하는 극히 일부의 사례인 '역경을 딛고 일어난 성공 스토리'를 들먹이면서 누구의 도움도 없이 스스로 어려움을 헤쳐 나가는 것의 정당성을 이야기할지도 모르겠다.

그러나 꿈을 향해 달려 나가야 하는 아이가 아닌, 이미 결혼을 해서 어느 정도 자리를 잡은 이들도 높아지는 물가와 뛰어오르는 집값, 높은 교육비 등으로 어려움을 겪고 있는데, 이제 막 자신의 꿈을 향해서 달려 나가는 어린 아이에게 '시키는 대로 하지 않을 거라면 교육비와, 월세, 교통비와 식비 등을 네가 알아서 해결하면서 네 꿈을 향해서 달려가라'고 말하는 것은 꽤나 가혹하다는 것이다.

어떤 이들은 내가 말한 '가혹하다'는 말을 듣고는 '요즘 애들은 정신력이 부족해서 그래' 혹은 '요즘 애들은 자기들이 얼마나 좋은 시절을 살고 있는지 몰라'와 같은 생각을 할지도 모르겠다. 그러나 내가 말한 '가혹하다'의 의미는 상대적인 의미로, 부모나 어른, 사회가 원하는 평범한 삶을 살아가는 이들과 비교했을 경우에 부모, 어른, 사회가 원하는 삶을 살아가지 않는 이들이 겪는 어려움의 크기가 상대적으로 가혹하다고 느껴질 정도로 크다는 말을 한 것이다.

기본적으로 우리나라의 교육 시스템은 아이가 스스로 자신의 꿈이나 하고 싶은 것들을 발견하고, 그것을 위해서 노력하는데 필요한 지원을 거의 해주지 않으며, 도리어 부모에게 많은 책임을 지우는 시스템을 갖고 있다. 즉 한 사람이 자신의 꿈을 이루는데 있어서 가장 큰 영향력을 미치는 사람이 자기 자신이 아닌 부모가 되는 시스템이 우리나라의 교육 시스템이라는 것이다. 간단히 말해서 금수저와 흙수저가 똑같은 꿈을 꾸게 되었을 경우에, 개인의 재능, 개인의 노력 같은 개인적인 것들보다는 부모의 재력이나 부모의 인맥에 따라서 성취의 수준이 달라지는 것을 보는 것이 일반적이라는 것이다.

그럼 생각해보자. 아이의 교육에 대해서 부모에게 막대한 책임을 지우는 교육 시스템, 아이의 적성이나 꿈에 대한 것보다는 사회가 정한 몇 가지의 루트를 위한 지원만 존재하는 교육 시스템. 이 상황에서 스스로 자립할 수 있는 능력을 갖고 있지 않은 어린 아이가 자신의 꿈을 발견하고, 그것을 위해 달려가길 기대하는 것은 백마 탄 왕자님이나 이름 모를 나라의 공주님이 나타나서 아이의 꿈을 위해 헌신해주길 기대하는 것과 같다고 할 수 있지 않을까?

물론 여기에 대해서도 어떤 어른들은 극소수의 사례를 들먹이며 '정신력의 문제'를 말할지도 모르지만, TV속 화려한 삶을 살아가는 연예인들이 우리나라의 평균이 아니듯이 온갖 역경을 넘어서 자신의 꿈을 이룬 이들 역시 우리나라의 평균은 아니라는 것이다. 마치 김연아나 박지성이 나왔다고, 우리나라의 빙상스포츠와 프로축구의 기반이 세계적인 수준이 아니듯이 말이다. 다시 말해서 온갖 역경을 넘어서 자신이 하고 싶은 꿈을 이뤄낸 소수의 사람이 존재한다고 해서, 개성을 존중하지 않는 획일화된 교육 시스템, 개개인의 교육에 대한 열악한 지원 등, 우리나라가 안고 있는 교육적인 문제들이 없는 것이 되지는 않는다는 것이다.

여기서 짚고 넘어가고 싶은 부분은, 대부분의 사람들이 인식하고 있는 우리나라 교육의 문제점들이 꽤나 단편적이라는 것이다. 가령 누군가 거리의 사람들에게 '우리나라의 교육 시스템이 어떤 문제점을 갖고 있나요?'라고 묻는다면, 대부분의 사람들이 언론에서 다루는 문제점들, 가령 '요즘 애들은 꿈이 없어요' 혹은 '요즘 애들은 너무 현실적인 꿈만 꾸고 있는 것 같아요'나 혹은 '입시 위주의 교육', '공교육의 붕괴와 사교육이 중요시 되는 점'등 획일적인 교육 시스템을 인정하는 식의 답변들만 듣게 될 가능성이 높다. 어떻게 보면 아무도 문제라고 생각하지 않는 획일적인 교육 시스템이 우리나라 교육의 근본적인 문제라고 할 수 있는데도 말이다.

한번 생각해보자. '아이들이 꿈이 없으며, 어른들이나 생각할 법한 현실적인 꿈만 꾸며, 입시 위주의 교육과 사교육이 중요하게 여겨짐으로 인해서 빈부 차이에 따른 교육의 격차가 발생할 수밖에 없다'는 문제 등을 조금 떨어져서 본다면 이 문제들이 한국이라는 나라에서 태어난 어린 아이라면 일반적으로 겪을 수밖에 없는 획일적인 인생의 루트를 바탕으로 하고 있음을 발견하게 된다. 즉 '적어도 남들처럼은 살아야 해' 혹은 '적어도 평범하게는 살아야 해'라는 식의 생각으로부터 이와 같은 문제들이 비롯되고 있음을 발견할 수 있다는 것이다.

만약 우리 사회가 다양성의 가치를 인식하고 있다면, 그래서 모두가 똑같은 꿈을 꾸는 것을 문제라고 인식한다면, 서울에 있는 상위권의 4년제 대학에 들어가기 위한 루트 혹은 대기업에 취업하는 루트 외에 다른 루트에 대한 지원이 거의 없는 우리나라의 교육 시스템에 대해서 문제 인식을 할 수밖에 없을 테니 말이다. 그러나 우리는 좀 더 저렴하게 입시 공부를 하는 방법, 좀 더 저렴하게 대기업에 취업할 수 있는 방법에 대해서는 해결책을 요구하면서도, 정작 아이의 적성이나 꿈을 발견하고, 그것을 향해서 나아갈 수 있는 방법에 대해서는 별다른 관심을 보이지 않는다. 어떻게 보면 후자가 아이의 인생에 있어서 더 중요할 수 있는데도 말이다.

왜 음악이 꿈인 아이가 자신의 꿈을 실현하기 위해서 집이 부유해야만 하는 걸까? 왜 서울에 있는 4년제 대학을 목표로 하는 것이 가장 저렴한 교육 루트가 되는 것일까? 가만히 우리가 다녔던 학교를 떠올려 보면 우리 사회가 교육에 쏟는 대부분의 자원이 서울에 있는 4년제 대학에 가는 것에 초점이 맞춰져 있음을 알 수 있다. 물론 좁게 보았을 때는 서울에 있는 4년제 대학에 가는 것에 초점이 맞춰져 있다고 할 수 있지만 서울에 있는 상위권의 대학에 들어가는 것을 '어디 대학 출신'이라는 일종의 '스펙'의 하나로 분류해 놓고 보면 결과적으로 우리 사회가 한 아이를 교육하는데 있어서 가장 많은 자원을 쏟고 있는 것은 대기업이 원하는 인재를 생산하는데 초점이 맞춰져 있다는 것이다.

어떻게 보면 학교라는 곳은 주가 지수를 근거로 누구나 알만한 대기업들에게 인적자원이라는 재료를 효과적으로 공급하기 위한 공장처럼 느껴지기도 한다. 쉽게 말해서 과학을 사랑한 아인슈타인이 한국에 태어났다면 과학자가 되기 위한 교육을 받는 것이 아닌 대기업이 원하는 이공계 인적자원이 되기 위한 공부를 할 수밖에 없는 것이 우리 교육의 현주소라는 것이다.

이런 식의 교육 시스템은 과거 경제개발 시기에 나라의 모든 자원을 일부 기업에게 몰아줬던 모습을 떠올리게 만든다. 즉 어린 시절 흔하게 듣던 '우리나라는 가진 게 인적자원밖에 없어'라는 말처럼. 우리나라에서 유일하게 갖고 있는 '사람'이라는 자원을 소수의 기업에게 가장 효과적으로 공급하기 위한 교육 시스템이란 관점으로 우리나라의 교육 시스템을 보면. 우리나라가 갖고 있는 교육 시스템은 목적에 부합하는 매우 효과적이고 훌륭한 시스템이라고 말할 수 있다는 것이다. 대기업에게 아인슈타인은 필요하지 않으니 말이다. 대기업에게는 돈이 되지 않는 연구만을 하는 과학자, 놀라운 발견을 통해서 노벨상을 수상할 법한 인재들은 필요하지 않다. 그들에게 필요한 인재란 좋은 휴대폰, 좋은 자동차, 좋은 TV, 좋은 반도체를 만들어줄 수 있는 인재일 뿐이니 말이다.

역시 우리나라의 대기업들은 참 문제가 많다고? 그러나 우리가 주변을 살펴본다면 인재에 대한 이런 식의 관점은 단순히 대기업만 갖고 있는 것이 아니라, 우리 사회에 널리 퍼져 있는 보편적인 관점임을 알 수 있다. 대기업이 원하지 않는 인재라면 대부분의 사람들 역시 '얘는 쓸모없는 것을 배우려고 하네?', '얘는 아직 철이 덜 들었어'와 같이 부정적으로 바라보며, 반대로 대기업이 원하는 인재가 되기 위해서 노력하는 아이에게는 '모범생', '효자', '성실함', '성숙함' 등의 이름표를 붙여주는 것을 당연하게 여기는 모습을 우리 사회 곳곳에서 쉽게 발견할 수 있으니 말이다.

그럼 생각해보자. 우리나라의 경제 시스템은 대기업을 중심으로 하는 경제구조를 갖고 있으며, 우리나라가 갖고 있는 유일한 자원은 인적자원밖에 없다. 그런 이유로 우리나라의 교육 시스템은 대기업이 원하는 인재를 효과적으로 공급하는 쪽에 맞춰져 있으며, 그로 인해서 대기업이 원하는 인재가 되기 위한 교육 루트가 다른 어떤 교육 루트보다 압도적으로 저렴하다. 그런 이유로 대부분의 아이들의 꿈과 부모님들의 바람은 대기업에 취업하는 것이며, 우리는 매번 '더 효과적으로 대기업이 원하는 인재가 되는 방법은 무엇이 있을까?', '더 효과적으로 대기업이 원하는 인재를 만들 수 있는 교육 방법은 무엇이 있을까?'를 '한국 교육의 문제점', '한국 교육이 나아갈 방향이라는 포장지를 씌운 채 논의하곤 한다. 즉 나라에서 원하는 교육, 어른들이 원하는 교육 등 교육의 당사자인 아이들을 제외한 대부분의 사람들이 원하는 교육이란, 그저 경제의 중심이 되는 대기업들에게 그들이 원하는 인재를 보다 적은 비용으로 효과적으로 공급하는 식의 교육이라고 할 수 있다는 것이다.

물론 이와 같은 교육의 구조, 교육 시스템이 나쁘다고 말하고 있는 것은 아니다. 즉 '대기업은 나빠' 혹은 '대기업보다는 중소기업을 위주로 한 경제 시스템이 필요해'라는 식의 주장을 펼치고 있는 것이 아니라는 것이다. 그보다는 그런 목적의 교육이 필요했고, 또 필요하다는 것에는 충분히 공감하지만 그와 같은 일반적인 루트 곧 평범한 인생의 루트에는 어울리지 않는 '다름'을 갖고 있는 아이들에 대한 지원 또한 필요하다는 것을 말하고 있는 것이다. 이공계 대학에 들어가 이공계 쪽으로 취업을 꿈꾸는 아이가 아니라 단순히 과학을 좋아하는 아이, 단순히 수학을 좋아하는 아이, 단순히 음악을 좋아하는 아이, 곧 대기업에 들어가는 것을 목표로 하지 않는 아이 또한, 그들이 원하는 꿈을 실현하는 데 필요한 지원과 관심을 받을 수 있어야 한다는 것이다.

우리는 매년 노벨상 시상식을 보면서 '왜 한국에는 노벨상을 수상한 사람이 나오지 않는가?'라며 반문한다. 그러나 우리가 가만히 노벨상과 관련된 논의들을 살펴본다면, '우리나라가 노벨상 수상자를 배출하지 못하는 이유', '어떻게 하면 노벨상 수상자를 배출할 수 있을까?'와 같은 식의 논의들이 한 사람이 자신의 꿈이나 자아를 실현하는 쪽에 초점이 맞춰져

있는 것이 아니라, '우리나라의 명예를 드높여 줄, 노벨상을 수상할 수 있
는 인적자원을 어떻게 생산할 수 있을까?'라는 경제개발 식의 관점에서
접근하고 있음을 발견할 수 있다.

만약 언론을 통해서 접하게 되는 '우리나라가 노벨상 수상자를 배출하
지 못하는 이유'와 같은 논의들이 '인적자원'으로서가 아닌 한 사람이 자
신의 가치를 최대한 발현할 수 있는 교육이라는 측면에서 다뤄졌다면 말
그대로 노벨상을 수상한 이들처럼 과학을 사랑하기 때문에 과학자가 되
고 싶은 아이, 혹은 문학을 사랑하기 때문에 문학가를 추구하는 아이가
별다른 어려움 없이 자신의 꿈을 실현할 수 있는 방법들에 대한 논의가
같이 진행되었을 테니 말이다.

그러나 우리가 하는 노벨상에 대한 논의의 대부분은 한 개인의 재능을
발견하고, 아이가 마음껏 자신의 꿈을 펼치는 식의 개인을 중심으로 한
관점이 아니라, 대한민국의 국적을 갖고 있는 개인이 노벨상을 수상했을
경우에 우리 사회가 얻게 되는 유무형의 경제적인 이익이 어느 정도인지,
우리나라의 인지도나 국민적인 사기의 상승, 국가에 대한 자부심이나 애
국심이 얼마나 증가하게 될지 등등 온통 사회적인 관점에서만 노벨상을
다루고 있다는 것이다. 정작 노벨상을 탈만한 삶을 살아가는 것은 돈이
되지 않기 때문에, 지원을 받을 수가 없는 형편인데도 말이다.

과연 우리나라에 과학을 사랑하기에 과학자가 되고 싶은 아이, 문학을
사랑하기 때문에 문학가를 꿈꾸는 아이가, 필요한 교육을 받고 자신의 꿈
을 실현할 수 있는 시스템이 갖춰져 있다고 할 수 있을까? 서울에 있는 4

년제 대학에 들어가기 위한 공부를 바탕으로, 한 아이가 상, 중, 하로 평가되며, 그 평가에 따라서 교육에 들어가는 비용이나 자신의 꿈을 실현하는 비용이 점점 증가되는 시스템이라고 한다면, 누가 과학을 위한 과학, 문학을 위한 문학을 하려고 할까?

'사람이란 이익을 위해서 합리적인 선택을 하는 존재'라고 말하는 경제학의 원리에 따른다면, 과학을 사랑하는 아이는 결과적으로 보다 낮은 비용으로 교육의 과정을 이수할 수 있으며, 자신의 꿈의 일부를 실현할 수 있는 가장 현실적인 방법, 곧 이공계 쪽의 대기업에 취업하고자 할 것이며, 문학가를 꿈꾸는 아이는 가장 낮은 비용이 들면서 가장 높은 이익을 취할 수 있는, 언론이나 출판과 관련된 기업에 취업하고자 할 것이다.

다시 말해서 사람들이 기대하는 노벨상을 수상할 법한 인재가 되고자 한다면 많은 비용을 감내하면서도 적은 이익을 추구하는 식의 경제학에서 말하는 '경제적 이익을 위해 합리적인 선택을 하는 개인'과 정반대의 행동 양식을 보여야만 가능하다는 이야기인데, 이익과 손해를 구분할 수 있을 정도의 경제적인 관념을 갖고 있는 사람이라면 누가 그런 선택을 하겠는가라는 것이다.

물론 어른들은 '요즘 애들은 도전정신이 부족해' 혹은 '요즘 애들은 너무 현실적인 것만 추구해'라며 많은 비용을 감내하면서 적은 이익을 추구하려 하지 않는 '요즘 것들'을 비난하고는 한다. 그러나 많은 비용을 지불하면서 적은 이익을 얻으려고 하지 않는다는 이유로 '요즘 것들'을 비난하는 어른들마저도 자신의 자식들에게는 '일단 뭐든 하고 싶은 것을 해봐'라고 말하기 보다는 '일단 대학에 들어가고 생각해보자', '일단 취업하고 생각해보자', '일단 결혼하고 생각해보자'라며 그들이 비난하는 요즘 것들처럼 행동할 것을 요구하는 것이 일반적이라는 것이다.

왜냐하면 나와 상관없는 요즘 아이들의 도전이나, 나와 상관없는 요즘 것들의 현실을 도외시한 채 꿈을 좇는 행동은 내게 어떤 손해도 안겨주지 않지만, 내 자식이 그와 같은 행동을 할 경우에는 자식의 선택에 따라서 부모인 나 역시도 손해를 공동으로 감당해야 한다는 걸 알기 때문이다. 즉 어른들이 말하는 '요즘 애들은 꿈이 없어' 혹은 '요즘 애들은 도전 정신이 없어'라는 말은 바꿔 말해서 '내 자식이 아닌 애들이 좀 도전해줬으면 좋겠어', '나랑 상관없는 요즘 애들은 꿈을 좇는 삶을 살아줬으면 좋겠어'라는 말과 다르지 않다는 것이다.

그럼 왜 어른들은 요즘 애들이 꿈을 좇고, 도전하기를 원하는 걸까? 왜 '아프니까 청춘이다'라면서 청춘이라면 아픈 것이 올바른 것인냥 이야기를 꺼내는 것일까? '아프니까 청춘이다', '청춘은 좀 아파봐야 한다'라는 식의 이야기를, 내가 교육에 대한 비용을 지불하고 나와 이익과 손해를 공유하는 자식에게도 동일하게 말할 수 있을까? 내 자식에게 남의 자식처럼 엄청난 손해를 볼 수도 있는 도전을 강요할 수 있느냐는 것이다.

아마 대부분은 그렇게 하지 못할 것이다. 그보다는 내 자식이 아프지 않은 청춘으로 살아가기를, 꿈보다는 현실을 좇고 실패가 예상되는 도전보다는 안정을 추구하면서 적당한 수입을 얻는 삶을 살아가길 원할 것이다. 왜냐하면 '사람이란 경제적 이익을 위해서 합리적인 선택을 하는 존재'라는 정의에 입각해서 볼 때, 내가 교육의 비용을 대고, 나와 이익과 손해를 공유하는 자식의 경우는 아프지 않고, 꿈보다 현실을 좇으며, 실패가 예상되는 도전보다는 안정을 추구하는 것이 부모인 나에게 이익이 되며, 손해를 볼 가능성도 크지 않기 때문이다.

그러나 나와 상관없는 요즘 애들의 경우에는 상황이 조금 다르다고 할 수 있다. 꿈을 좇고, 도전하는 무수한 청춘들이 아무리 많은 아픔들을 경험한다고 할지라도 말 그대로 아픈 청춘이 대부분이라고 할지라도 그중에서 일부만이라도 꿈을 이루거나 도전에서 성공을 하게 된다면, 넓게 보았을 때 나는 어떤 비용도 지불하지 않으면서 유무형의 이익은 얻게 되는 상황이 만들어진다고 할 수 있기 때문이다.

우리가 언론에서 주목하는 청년들의 성공담, 곧 나와 별 상관없어 보이는 청년들의 성공을 언론에서 다루는 것을 보면, 그들의 성공이 국가 경제에 얼마나 유익이 되는지, 혹은 국위를 선양하는 데 있어서 얼마나 보탬이 되는지가 기본 방향임을 알 수 있다.

다시 말해서, 한 청년의 성공이 사회적으로 어떤 유익을 안겨다 주는지가 핵심적인 주제이기 때문에, 대부분의 기성세대에게 내 자식이 아닌 남의 자식들의 도전은 '잃는 것은 없고 얻는 것은 많은 남는 장사'로 여겨진다는 것이다. 가령 '한 명의 천재가 수많은 사람을 먹여 살린다'는 식의 이야기를 떠올려 보자. 이 말은 어른들이 자주 하는 말들 중에 하나로 '아프니까 청춘이다', '젊어서 고생은 사서도 한다', '많이 도전하고 많이 실패해 봐야 한다'라는 말의 결과물이라고도 할 수 있다. 즉 무수한 실패자들 사이에서 한 명이라도 성공하는 천재가 나타나게 된다면 사회적으로 엄청난 경제적 효과를 얻을 수 있다는 것이다.

근데 웃기는 것은 여기서 도전하고 실패하는 대상은 하나같이 젊은 사람들이라는 것이다. 바꿔 말하자면 기성세대의 입장에서는 아무것도 하지 않고도 수많은 실패자들 사이에서 성공한 한 청년으로 인한 과실들을 먹을 수 있는 상황이 만들어진다는 것이다. 나는 이것을 기성세대의 경제적인 판타지라고 여긴다. 청년세대로 인해서 우리 사회의 경제적인 파이가 늘어나게 되고, 결과적으로 모두 지금보다 잘 먹고 잘 사는 사회가 되는 것. 나는 아무것도 하지 않으면서도 청년세대로 인해서 내 삶이 더 윤택해지고, 좀 더 나은 삶을 살아갈 수 있게 되는 것. 이런 게 아이들이 상상하는 동화 속의 이야기와 뭐가 다를까? 우연하게도 재벌과 사랑에 빠져서 내 삶이 확연하게 달라진다는 판타지와 뭐가 다르냐는 것이다.

나는 우리 사회의 청년들이 기성세대의 판타지를 이뤄줘야 하는 의무를 갖고 있다고 여기지 않는다. 그와 달리 청년들은 기성세대의 바람과 무관한 그들만의 삶, 우리 사회의 경제적인 성장이나 발전과 같은 집단의 목적을 위해서 살아가는 것이 아닌 좀 더 그들 개인의 목적을 위해서 살아갈 필요가 있다고 여긴다.

나라가 잘 되고 내가 힘들면 그것이 무슨 의미가 있을까? 맛있는 음식을 먹지 못하고, 좋은 옷을 입지 못하고, 늘 참고 견디면서 뉴스에서 가끔 나오는 '우리나라의 세계 경제 순위가 몇 위입니다.', '자랑스러운 대한민국'과 같은 이야기를 듣고 잠깐 기분이 좋아지는 것이 무슨 의미가 있을까? 일상에서는 경제적인 과실들을 거의 누리지 못하는 삶을 살아가고 있는데 말이다. 이것은 과거 생선을 매달아 놓고 생선의 맛을 상상만 하던 자린고비와 다를 것이 없다고 할 수 있지 않을까? 다시 말해서, 부자가 돈을 극도로 아껴서 거지처럼 살아갈 때 돈이 그 사람의 삶에 별다른 영향을 미치지 못하는 것처럼 내가 만족하고 행복할 수 없다면 우리나라의 경제가 아무리 나아진다고 해도 별 의미가 없을 수 있다는 것이다.

그러나 우리 사회에서는 학교에서부터 개인의 만족을 위해서 살아가기보다는 사회의 이익을 위해서 살아가는 것이 올바른 삶인 것처럼 가르친다. 왜 우리나라의 교육 시스템은 개인보다 사회적 이익에 초점이 맞춰져 있을까? 왜 다들 비슷비슷한 삶을 살아가게 만드는 것일까? 그것은 우리 사회의 대부분의 사람들이 갖고 있는 가치관이, 개인을 희생하고 집단을 유익하게 만드는 것을 우선시하고 있기 때문은 아닐까? 즉 대부분의 사람들이 자신을 만족시키는 삶보다는, 자신을 희생하며 사회에 맞추는 삶을 살아가는 것이 더 낫다고 여기기 때문에, 우리 사회의 교육이 사회적으로 필요한 인적자원을 만들어내기 위해 개인을 희생시키는 쪽으로 형성된 것이 아닌가라는 것이다.

요즘 것들의 문제는 요즘 어른들의 입장에서 다뤄진다

언론에서 요즘 청년들이 도전하지 않고 현실적인 꿈만을 꾸는 것, 바꿔 말해서 대기업이나 공무원이 되려고만 하는 것을 부정적으로 다루는 내용을 가만히 살펴보면, 우리는 그와 같은 내용이 요즘 어른들이 청년들을 바라보는 시각과 크게 다르지 않음을 발견할 수 있다. 다시 말해서 청년문제가 당사자인 청년들의 입장에서는 거의 다뤄지지 않고, 제3자인 기성세대의 입장에서만 다뤄지고 있음을 발견할 수 있다는 것이다. 아마 누군가는 기득권 세력이 언론을 장악해서 언론이 기득권 세력의 입장에서 청년문제를 다루고 있다고 생각할지도 모르지만, 나는 지금 청년들을 다루는 언론에 어떤 흑막이 존재하고 있다는 식의 음모론을 말하고 있는 것은 아니다. 그보다는 많은 사람들이 언론을 '객관적인 사실을 시청자와 대중에게 전달하는 매체'로 정의하고 있는데 그것이 틀린 말은 아니지만 그렇다고 완벽하게 부합하는 말도 아니라는 것을 말하고자 하는 것이다.

다시 말해서 언론은 객관적인 사실을 있는 그대로 전달하는 매체가 아니라, 객관적인 사실이라는 재료를 가공해서 제공하는 매체에 가깝다는 것이다. 즉 원재료를 생산하는 업체가 아닌 원재료를 가공하는 업체라는 것이다. 가령 우리는 한 기업에 파업이 일어났을 때 어떤 언론사에서는 기업의 입장에서 파업을 바라보는 내용을 다루고, 어떤 언론사에서는 노동자의 입장에서 파업을 바라보는 내용을 다루는 것을 확인할 수 있으며, 어떤 정치인의 말이나 행동이 어떤 언론사에서는 부정적으로, 어떤 언론사에서는 긍정적으로 다뤄지는 것을 발견할 수 있다.

만약 언론이 '사실을 대중에게 전달하는 매체'라는 정의에 부합한다면, 어떻게 동일한 사건이 언론사에 따라서 서로 다른 입장을 취하거나 혹은 긍정적인 관점이나 부정적인 관점으로 서로 부딪히는 일이 일어날 수 있을까? 바꿔 말해서 사건은 하나인데 사건을 전달하는 내용이 어떻게 서로 정반대인 경우가 나타날 수 있는가라는 것이다.

그러나 언론이라고 하는 존재가 사실을 대중에게 전달하는 매체가 아니라 사실을 바탕으로 자신들의 관점이 첨가된 내용을 사람들에게 전달하는 매체라고 한다면, 동일한 사건을 바탕으로 서로 상반된 주장을 말하는 것도 충분히 납득할 수 있을 것이다. 다시 말해서, 우리가 접하게 되는 어떤 사건이나 사고는 '누가 다루는가?'에 따라서 동일한 사건도 긍정적으로 다뤄지거나 혹은 부정적으로 다뤄지는 일들이 나타날 수 있으며, 그렇기에 우리가 언론이라는 매체를 통해서 다뤄지는 사건이나 사고를 접하게 될 때, 말하는 사람의 주관적인 관점이 들어 있음을 감안하고 받아들여야만 한다는 것이다. 그럴 때 언론에서 다루고 있는 내용들이 실제로 어떤 것인지를 좀 더 객관적으로 인식할 수 있기 때문이다.

그렇다면 다수의 언론에서 다뤄지고 있는 청년들의 문제는 어떻게 다뤄지고 있을까? 우리는 많은 경우에 청년들의 문제가 단순히 청년들만의 문제로 다뤄지고 있음을 알 수 있다. 다시 말해서 아픈 청춘의 문제는 청춘이 스스로 해결해야 하는 그들만의 문제로 다뤄지는 경우를 흔하게 접하게 되곤 한다는 것이다.

그렇다면 생각해보자. 아픈 청춘들의 문제는 단순히 '청춘은 아픈 게 당연하니까?' 혹은 '그들이 올바르게 살지 않았으니까' 겪게 되는 것이라고 할 수 있을까? 바꿔 말해서 한 세대가 일반적으로 겪게 되는 어려움에 대해서 사회적인 책임이 전혀 없으며, 오직 그 세대만의 문제라고 말할 수 있는가라는 것이다.

신기하게도 청년들의 문제를 다루는 언론의 내용들을 살펴보면 마치 청년들의 사회적인 영향력이 어마어마한 것처럼 다뤄지고 있음을 볼 수 있다. 즉 그들이 얼마나 사회에 많은 영향력을 행사하고 있는지, 얼마나 우리나라에 큰 역할들을 할 수 있는지 등을 말하기 바쁘다는 것이다. 그러나 현실적으로 우리나라에서 가장 큰 영향력을 갖고 있는 존재, 사회를 변화시킬 수 있는 엄청난 영향력을 행사하는 이들이 과연 청년세대라고 말할 수 있을까?

갓 대학을 졸업한 한 청년이 회사에 들어가기 위해서는 단순히 자신의 힘과 노력만으로 가능하지 않다. 그보다는 면접을 통해서 그 회사의 영향력 있는 어른들의 입맛에 맞아야만 한 젊은 청춘이 자신이 원하는 곳에 일할 수 있는 기회를 얻게 된다고 말할 수 있을 것이다.

이런 관점에서 볼 때, 꿈 많은 청년세대들이 자신들의 힘과 노력으로 사회를 변화시키는 것이 과연 가능한 일이라고 할 수 있을까? 청년세대를 중심으로 일어난 사회의 변화라는 것도 가만히 살펴보면 사회의 가장 영향력 있는 기성세대의 동참이 있었기 때문에 가능한 일임을 발견할 수 있다.

그러나 언론을 통해서 다뤄지는 청년세대들의 모습은 어떤가? 그들은 때로는 나라를 구할 수 있는 '슈퍼 히어로'처럼 묘사되기도 하며 혹은 사회를 좀 먹는 '괴물'처럼 다뤄지기도 한다. '청년이 살아야 나라가 산다' 혹은 '한국의 청년들을 보면 나라의 미래가 어둡다' 등으로 말이다. 그러나 신기한 것은 우리 사회의 실질적인 주연이라고 할 수 있는 이들 곧 기성세대들에 대한 내용은 언론에서 별로 중요하게 다뤄지고 있지 않다는 것이다. 기껏 다뤄지는 내용이라고 해봐야 '경제개발의 주역'과 같은 식의 내용들이 대부분일 뿐, 청년세대의 문제점을 다루는 것에 비하자면 기성세대의 문제점을 다루는 내용들은 쉽게 찾아볼 수 없다는 것이다.

언론이 청년들을 다루는 모습을 보면 사회라는 영화관에서 각각 자신의 좌석에 자리를 잡은 기성세대들이, 슈퍼 히어로이기도 하고 한편으로는 엄청난 괴물이기도 한 청년세대를 주인공으로 하는 영화를, 관람객의 입장에서 바라보고 있다는 느낌을 받는다.

다시 말해서 영화관 스크린에 비춰지는 슈퍼 히어로가 아무리 대단해도 나오는 상관이 없으며, 스크린에 비춰지는 악당이 아무리 악랄하거나 아무리 사회에 큰 해악을 끼쳐도 나오는 상관이 없으며, 슈퍼 히어로와 거대한 악당과의 치열한 싸움도 재미있는 유희로 느껴지듯이, 청년들의 문제 또한 나오는 상관없는 그들만의 이야기로 다뤄지고 있다는 것이다.

그리고 이것은 요즘 어른들이 요즘 것들을 바라보는 시각과 놀랄 만큼 유사하다. 즉 '내가 너였다면 이렇게 하고 저렇게 할 텐데 요즘 애들은 참 나약해' 혹은 '내가 어릴 때는 이렇게 하고 저렇게도 해봤는데, 요즘 애들은 참 한심해' 등등 내 문제가 아닌 남의 문제이기 때문에 할 수 있는 이야기들 곧 청년들의 문제가 단순히 가십거리처럼 다뤄지고 있음을 발견할 수 있다는 것이다.

어떤 이들은 내가 하는 이런 이야기를 듣고 이렇게 물을지 모른다. '그럼 언론이 청년들의 문제를 어떻게 다뤄야 하는데?'라고 말이다. 나는 지금 청년들의 문제를 좀 더 부정적으로 혹은 좀 더 긍정적으로 다뤄야 한다고 말하고 있는 것이 아니다. 혹은 '이 모든 것은 사회의 탓이다'라며 청년들의 문제를 두루 뭉실하게, 사회라는 집단에게 떠넘기듯 다뤄야 한다고 말하는 것도 아니다. 그보다는 청년들이 겪어야 하는 문제는 단순히 청년들만의 문제가 아니며, 어떻게 보면 어른들의 문제라는 말을 하고 있는 것이다. 그런 이유로 언론에서 다뤄지는 청년들의 문제가 단순히 청년과 사장님, 청년과 대학, 청년과 기업 등으로 청년세대라는 거대한 집단과 일개 편의점, 일개 사장님, 일개 대학, 일개 기업처럼 다수와 소수의 문제처럼 다뤄지지 않고, 사회의 가장 큰 영향력을 갖고 있는 기성세대가 포함된 문제로 다뤄졌어야 한다고 말하고 있는 것이다.

생각해보자. '청년들과 편의점 사장의 문제', '청년들과 기업의 문제', '청년들과 대학의 문제' 이와 같이 청년세대라는 거대한 집단과 하나의 편의점이나 하나의 기업, 하나의 대학과 같은 작은 집단 사이의 문제로 청년들의 문제가 다뤄지게 될 경우에, 우리는 자연스럽게 청년들의 문제를 객관적으로 바라보기 보다는 상대적으로 작은 하나의 편의점, 하나의 기업, 하나의 대학에 맞춰서 작고 사소한 문제로, 곧 청년들이 마음만 고쳐먹으면 충분히 해결 가능한 작은 문제로 받아들일 가능성이 높다. 그런 관점에서 보면 청년들의 문제가 사회적인 문제라고 이야기를 하는 내용이 어른들에게는 '쟤네 또 남 탓하네'라는 식으로 받아들여지는 것도 충분히 납득할 만한 이야기라고 할 수 있을 것이다.

우리는 이와 같은 식의 구도를 정치와 관련해서 자주 접하게 되고는 한다. 다시 말해서 언론이 어떤 정치인의 정치 생명에 심각한 타격을 입힐 수 있는 사건이나 사고를 있는 그대로 이야기 하지 않고 작고 부분적이라고 할 수 있는 것과 연관 시켜서 다룰 때, 정치인의 심각한 문제들이 '의외로 그리 심각하지 않은 문제로' 느껴지곤 한다는 것이다.

가령 어떤 정치인이 뇌물을 받았다고 해보자. 그때 언론에서 뇌물에 대한 내용은 다루지 않고, 보수와의 싸움 혹은 진보와의 싸움 등, 거대한 세력과의 싸움에 초점을 맞춘다면 우리는 그 정치인이 정치인으로써 심각한 문제가 있다고 인식할 수 있을까? 물론 뇌물을 받는다는 것은 심각한 문제이기는 하지만 뇌물을 수령한다는 문제를 거대한 집단과 개인과의 싸움이라는 구도로 넣어 버린다면 '그 사람이 생각보다 나쁘지는 않네?' 혹은 '그 사람도 어쩔 수 없었을 거야'라며 뇌물을 수령했다는 사실을 보다 긍정적으로 인식하게 될 가능성이 있다는 것이다.

즉 달에 대해서 이야기를 해야 하는데 달을 가리키는 손가락에 대해서 이야기를 한다면, 사람들은 달이 얼마나 중요한지에 대해서 생각하지 못하게 되곤 한다는 것이다. 이와 마찬가지로 청년들의 문제가, 달과 달을 가리키는 손가락에 대한 관계처럼 그들이 겪고 있는 문제들이 있는 그대로 다뤄지기 보다는 사소한 문제처럼 다뤄지고 있다는 것이다.

어떻게 한 세대의 문제가 단순히 한 세대만의 문제로 받아들여질 수 있을까? 어떻게 사회에 막 들어가려는 세대의 문제가 그 세대만의 문제로 받아들여질 수 있을까? 어떻게 사회에 막 영향력을 행사하려는 세대의 문제를 말하는데 지금 사회에 영향력을 행사하고 있는 이들이 다뤄지지 않을 수 있을까? 이상하지 않은가?

우리는 어린 아이가 사회적으로 어떤 문제를 일으켰을 때 자연스럽게 그 부모와 환경의 영향력에 대해서도 충분히 고려하고자 한다. 왜냐하면 어린 아이에게 있어서, 어린 아이 자신의 영향력만큼이나 부모나 주변 환경의 영향력 또한 크다는 것을 알고 있기 때문이다. 그런데 왜 청년들의 문제를 다루는 데 있어서는 실질적으로 사회에 막강한 영향력을 행사하고 있는 요즘 어른들이 다뤄지지 않을까?

여기서 우리가 생각해볼 것은 청년들의 문제를 다루는 매체에서 기사 혹은 뉴스들의 방향을 결정하는 이들이 누구인가라는 것이다. 먼저 우리는 '사실'이라고 하는 것이 대체 어디까지를 의미하는 것인지 생각해볼 필요가 있는데, 예를 들어 어떤 정치인의 친절한 인사를 보고 '그는 꽤 친절했다'고 말하는 것이나 '그는 꽤 건방져 보였다'고 말하는 것은 모두 일종의 사실의 범위 안에 들어간다고 말할 수 있기 때문이다.

물론 어떤 이들은 '어떤 정치인이 친절하게 인사를 한 것을 보고 건방져 보였다고 말하는 것이 어떻게 사실인가?'라고 반문할지도 모르겠다. 그러나 우리가 '사실'이라고 받아들이는 것은 기본적으로 객관적이라기보다는 주관적인 요소가 꽤나 강하다는 것을 먼저 생각해볼 필요가 있는데, 어떤 사실을 접하고 내가 어떻게 느끼는가에 대한 것은 사람마다 다를 수밖에 없기 때문이다.

특히나 사람에 대한 이야기를 다루는 것에서는 주관적인 요소가 좀 더 강해질 수밖에 없는데, 그것은 우리에게는 사람의 외모만 보고 그 사람의 마음을 100% 읽어낼 수 있는 능력이 존재하지 않기 때문이다.

다시 말해서 내 앞에 친절하게 인사를 건네는 한 사람이 정말 친절한 마음을 바탕으로 그와 같은 인사를 하는 것인지, 아니면 오만함을 감추고 있는 것인지 우리는 확인할 수 있는 방법이 없다는 것이다. 그렇기에 우리가 사람을 평가하는 데 있어서 기본적으로 나의 성향에 따라서 주관적으로 상대방을 평가할 수밖에 없게 된다는 것이다. 우리가 그 사람의 보이지 않는 모든 부분까지 파악할 수 있는 것이 아니기 때문에 말이다. 그런 이유로 사람이 사람을 다루는 언론의 내용이 특정한 상황을 다루는 사람의 성향에 따라서 긍정적이거나 혹은 부정적일 수 있게 되는 것이다.

이런 관점에서 청년문제를 다루는 언론에 대해서 생각해보면, 언론의 방향을 결정할 수 있는 위치에 있는 사람들은 같은 눈높이에서 청년들의 문제를 다루는 사람이기보다는 요즘 것들을 내려다보는 기성세대일 가능성이 높다는 것을 염두에 둘 필요가 있을 것이다. 우리 사회에서 어떤 분야든 일의 방향을 결정할 수 있는 위치에 오른다는 것은, 갓 들어온 청년이 경력이 쌓여 청년들을 내려다볼 나이가 되어야만 가능할 것이기 때문이다.

그런 이유로 언론에서 요즘 것들의 문제를 사회적인 문제나, 요즘 어른들의 문제가 아닌 그저 청년들만의 문제라는 식으로 가공하는 것은, 어떻게 보면 꽤나 자연스러운 현상일 수 있다. '요즘 것들은 남 탓만 해'라는 어른들의 말처럼 기성세대 역시 자신들의 문제가 요즘 것들만의 문제이길, 남의 탓이길 원하니 말이다.

요즘 것들에게 도전이란 어웨이 게임과 같다

　　　어른들은 '요즘 것들은 나약해서 도전하고, 부딪히기 보다는 공무원이 되거나 대기업에 들어가는 것처럼 안정적인 것만 추구해'라고 말한다. '우리 때는 지금보다 훨씬 열악한 환경에서도 도전하고 부딪히는 패기와 열정이 있었는데 말이야'라는 말도 덧붙여서 말이다.

　그분들의 말마따나 왜 요즘 젊은 것들은 이리도 나약해진 것일까? 허허 벌판을 거대한 도시로 탈바꿈 시키는 과정을 겪은 우리네 부모님들 혹은 할아버지 할머니 세대들과는 달리, 요즘 것들은 이미 익은 열매를 따 먹을 생각만 하고, 허허벌판에 나무를 심고 가꿀 생각은 하지 못하니 말이다. 요즘 것들을 걱정하시는 부모님 세대, 할아버지, 할머니 세대는 덜 배우고, 덜 먹고, 지금처럼 좋은 옷을 사 입지는 못했어도, 요즘 것들과는 달리 꿈이 있었고, 꿈을 위해서 기꺼이 부딪힐 수 있는 용기와 열정이 있었는데 말이다.

　요즘 것들의 부모님 세대, 할아버지, 할머니 세대는 요즘 것들과는 달리 꿈과 목표를 이루기 위해서 묵묵히 어려움을 참아낼 수도 있었으며, 지금의 인내가 내일의 달콤한 열매로 돌아온 다는 것을 알고 열악한 환경에서도 배운다는 생각으로 긍정적으로 일할 수 있었다.

그런데 대체 왜? 요즘 젊은 것들은 과거와 비교해서 엄청난 혜택을 누리고 있음에도, 이리도 불평불만이 많은지, 왜 도전하기 보다는 안정만을 추구하는 것인지, 왜 과거보다 훨씬 나은 삶을 살아가면서도 분에 넘치는 것들을 추구하고, 그것을 위해서 노력은 안 하고 불평과 불만만을 말하는지 이해할 수가 없다. 대체 요즘 것들은 왜 이렇게 나약해진 걸까? 어른들이 자주 말하는 '우리 때'와 달리 말이다.

많은 어르신들이 '요즘 것들은 왜 이렇게 나약한 걸까?'라는 질문에 관심을 갖고 있으며, 그 답을 알고 싶어 하시는 것 같다. 나 역시 '어르신들이 틀린 말을 하지는 않으실 거야'라는 생각에 어르신들이 관심을 갖고 있는 질문인 '요즘 것들은 왜 이렇게 나약한 걸까?'라는 질문에 자신을 비춰보며 요즘 것들이 나약해진 이유와 나약함에서 벗어나기 위한 방법에 대해서 깊이 고민하곤 했었다.

그러다 보니 어느 순간 내 관심사는 '요즘 것들을 나약하게 만드는 기성세대들을 어떻게 넘어설 수 있을까?' 혹은 '요즘 것들이 기성세대의 방해를 뚫고 나약함에서 벗어나려면 어떻게 해야 할까?'와 같은 것이 되어버렸다.

내가 발견한 요즘 것들이 나약해진 원인이 바로 기성세대에게 있기 때문이다. 어떻게 보면 '요즘 것들의 나약함의 원인은 기성세대에게 있다'라는 말이, 요즘 것들이 자주 하는 기성세대에 대한 불평불만처럼 들려서, '괜히 자기들이 노력하지 않고, 도전하지 않은 책임을 기성세대에게 돌린다'처럼 느껴질지도 모른다.

그러나 내가 '요즘 것들의 나약함의 원인은 기성세대에게 있다'라고 말하는 근거를 들어보면 내가 하는 말이 단순히 자신이 원하는 삶을 살지 못하는 것의 책임을 기성세대에게 전가하는 감정적인 말이 아니라, 꽤나 합리적인 말이라는 것을 느낄 수 있을 것이다.

우리나라의 속담에 '윗물이 맑아야 아랫물이 맑다'라는 말이 있다. 이 말은 아랫물을 깨끗하게 만들고 싶다면 아랫물이 더러워진 원인을 윗물에서 찾아야 한다는 말과도 다르지 않을 것이다. 즉 많은 어르신들이 걱정하고 계시는 '요즘 것들이 나약해진 이유'는, 요즘 것들의 나약함을 심히 우려하시는 어르신들에게서 발견할 수 있다는 것이다. 그들이 만들어 낸 사회가 이런 모습이기 때문에 말이다.

요즘 것들이 쉽게 도전하지 못하는 이유가 뭘까? 공무원이니 대기업이니 안정만 추구하는 이유가 뭘까? 우리는 자본주의 혹은 시장경제 체제 속에서 살아가고 있다. 이와 같은 자본주의 체제 속에서 일반적으로 '도전'이 갖는 의미는, 조금 극단적으로 이야기를 한다면 도전이 성공할 경우 기존에 그 위치에 있던 사람은 쫓겨나고 반대로 다른 사람이 그 자리를 차지한다는 의미를 갖는다고도 말할 수 있다. 즉 A라는 사람이 어떤 분야에서 도전을 통해 큰 성취를 이룰 경우에 이미 그 분야에서 높은 자리를 차지하고 있던 B는 더 이상 그 자리에 있을 수 없는 것이 일반적인 의미에서 '도전이 성공했다'는 말이 갖는 의미라는 것이다.

그렇다면 요즘 것들이 나약하지 않을 경우에 가장 큰 타격을 입을 수 있는 대상은 누구일까? 다시 말해서 계층 간의 이동이 자유로우며, 개천에서 용이 솟아오르기 쉬운 사회, 별다른 조건 없이 노력만 한다면 성공할 수 있는 사회, 그런 사회에서 가장 큰 피해를 입게 되는 부류의 사람들은 누구일까? 아니 반대로 계층 간의 이동이 자유롭지 않으며, 개천에서 더 이상 용이 솟아오르지 못하고, 엄청난 조건을 갖고 있는 금수저 아니 다이아 수저 정도 되는 집에서 태어난 이들만이 성공할 수 있는 사회가 될 때 가장 이익이 큰 집단이 누구일까? 요즘 것들이 나약할 때 가장 이익 큰 집단. 아마 그들은 과거에 도전정신과 열정, 패기를 갖고 많은 것들을 성취한 이들일 가능성이 높을 것이다.

다시 말해서, '우리 때는 안 그랬는데……'라면서 자신의 성공비결을 요즘 것들에게 기꺼이 말해주고 싶어 하는 이들이 가장 큰 피해를 볼 수 있다는 것이다. 왜냐하면 요즘 것들이 도전을 통해서 얻고 싶어 하는 것은 '요즘 것들은 너무 나약해'라고 말하는 이들이 서 있는 자리일 테니 말이다.

과거 왕조시대 때 용기 있고 지혜로우며 실패를 두려워하지 않고 도전하기 좋아하는 백성들이 나타나는 것을 가장 두려워하던 이들은 기존에 이미 많은 것들을 누리고 있던 이들이었을 것이다. 누군가의 도전이 성공한다는 것은 지금 그 자리에 있는 누군가가 내려가야 한다는 것을 의미하니 말이다. 물론 나는 지금 어떤 음모론이나 혹은 힘 있는 집단의 카르텔 같은 것을 말하려고 하는 것은 아니다. 다만 요즘 것들의 나약함을 우려하는 이들이 요즘 것들의 나약함의 원인이 되고 있다는 말을 하고 있는 것이다. 요즘 것들이 도전을 해서, 이르고자 하는 자리에는 '요즘 것들의 나약함'을 걱정하는 기성세대가 자리하고 있으니 말이다.

물론 그들은 내가 지금 말하고 있는, 기성세대가 요즘 것들의 나약함의 원인이라는 이야기가 요즘 것들이 자신의 잘못을 감추기 위해서 말하는 핑계나 변명이라고 느낄지도 모른다. 왜냐하면 우리 때는 그러지 않았으니 말이다. 다시 말해서, 과거에 지금보다 훨씬 열악하고 어려웠던 시기에는 내가 말하는 '기성세대가 요즘 것들을 나약하게 만드는 원인이다'라는 것을 전혀 체감할 수 없었으니 말이다.

그러나 생각해보자. 과거 어려웠던 시기에는 어렵고 힘들었던 시기에 걸맞게, 산에는 나무가 없었고, 땅에는 건물이 없었으며, 사회의 각 분야에서는 개척에 대한 필요성만 있었을 뿐 아무도 그 자리를 차지하고 있지 않았다. 그러다 보니 정부는 중요 분야들이 가능한 빨리 개척 될 수 있게끔 특정 세력에게 많은 지원을 해줬고, 그들은 지금 우리가 자주 듣고 보는 재벌이라는 이름으로 존재하고 있다.

여기서 우리가 생각해봐야 하는 것은 아무것도 없는 허허 벌판에 건물을 세우는 것과 이미 건물이 세워진 곳에 자신만의 건물을 세우거나 그 건물을 차지하는 것의 차이다. 다시 말해서 아무것도 없는 허허벌판에 건물을 세우는 것은 단순히 건물을 잘 세우는 기술만 있으면 되지만, 이미 많은 건물들이 자리를 차지하고 있는 곳에 새로운 건물을 세운다는 것은, 기존의 건물주들을 내보내고 그 건물을 차지하거나 혹은 건물주들과 싸움에서 이긴 뒤에 기존의 건물을 헐어야만 가능하다는 것이다.

그러나 요즘 것들의 나약함을 걱정하는 어르신들은 아무것도 없는 땅에서 농사를 시작하는 것과, 이미 이런 저런 많은 작물들을 기르고 있는 땅에 자신이 원하는 작물을 심는 것의 차이를 제대로 파악하고 있지 못하다. 즉 아무것도 없는 허허벌판에 씨앗을 뿌려서 성공한 경험을 갖고 있는 많은 이들이 과거 자신의 상황과는 달리, 힘 있는 지주들이 가꾸는 밭에서 자신만의 씨앗을 뿌려 성공시켜야 하는 요즘 것들의 상황을 제대로 파악하고 있지 못하기 때문에 '요즘 것들은 도전 정신이 없어, 우리 때는 안 그랬는데 말이야'라며 그들을 비난할 수 있다는 것이다.

물론 '요즘 것들은 너무 나약해'라는 생각을 갖고 있는 이들이라면 지금 내가 하는 말이 크게 와 닿지 않을 수 있을 것이다. 그러나 한번 생각해 보자. 요즘 것들의 도전정신의 부족을 걱정하는 분들이, 대학가 근처에서 요즘 것들이 월세를 걱정하게끔 기숙사 건립을 방해하고 있으며, 요즘 것들의 열정이 부족함을 걱정하는 분들이 열정을 바탕으로 자신들을 위한 무료 노동을 요구하고 있다는 것이 어떻게 보면 꽤나 모순적인 일이라고 할 수 있지 않을까? 이것은 마치 요즘 것들의 건강을 우려하는 어떤 사람이 '밥 좀 많이 먹어, 한창 때인데 몸이 그렇게 비실비실해서 어떻게 해? 근데 네 밥은 내가 대신 먹을 게, 넌 젊으니까 안 먹어도 버틸만하잖아?'라고 말하는 것과 다르지 않다고 할 수 있을 것이다.

만약 우리 주변에 어떤 사람이 가난한 이들의 게으름에 대해서 말하면서 그들이 누려야 할 것들을 빼앗아 가는 사람이 있다면 어떨까? '가난한

사람을 걱정하는 것과, 가난한 사람을 착취하는 것은 별개의 문제입니다'
라고 생각하게 될까? 그보다는 가난한 사람을 걱정하며, 가난한 이들이
누려야 할 것들을 빼앗는 이들을 위선자라고 생각하지 않을까?

요즘 것들을 걱정하는 기성세대를 바라보는 요즘 것들의 시각이 이와
다르지 않다는 것이다. 요즘 것들에게 사회의 변화, 나라의 발전을 요구하
면서 변화와 발전을 위한 시도와 노력들을 '무모하다' 혹은 '개념이 없다',
'현실을 모른다'와 같은 이유로 막고 있다면 이것이 요즘 것들에게 사회의
변화, 나라의 발전을 요구하는 올바른 자세라고 할 수 있을까? 많은 기성
세대들이 요즘 것들의 도전을 말하지만 자신에게 어떠한 피해도 없고, 자
신의 생각과 딱 부합하는 도전만을 요구한다. 즉 '높은 대학 등록금과, 높
은 집값, 낮은 임금의 어려움을 뚫고, 기성세대가 누리는 것을 조금도 훼
손하지 않으면서, 기성세대에게 충분히 이득을 안겨줄 수 있는, 기성세대
의 심기에 어떤 불편함도 안겨주지 않는 도전'을 요구한다는 것이다.

그러다보니 기성세대가 자주 언급하는 '우리 때'와 달리 지금 청년들은
어떤 분야에서 높은 곳에 올라가기 위한 노력과 함께 '요즘 것들의 나약
함'을 걱정하는 이들과 싸워서 이겨야만 자신의 분야에서 성취가 가능한
상황에 놓여 있다. 즉 요즘 것들의 나약함을 우려하시며, 과거의 자신의
모습이 얼마나 대단했는지를 추억하시는 분들의 인맥, 경력, 닦아 놓은
토대를 넘어설 수 있어야만 도전이 성공할 수 있다는 것이다. 이것은 요
즘 것들에게는 도전한다는 것이 기성세대가 추억하는 '우리 때'와는 달리
일종의 어웨이 경기가 되었다고도 표현할 수 있을 것이다.

달리 말하면 내가 이미 그 자리에 위치하고 있는 기성세대보다 많은 부분에 있어서 더 뛰어난데, 단지 능력만 갖고는 그 자리에 올라갈 수가 없다는 것이다. 왜냐하면 그들이 갖고 있는 인맥, 혹은 단단하게 쌓아 올린 성벽을 무너뜨릴 수 있는 힘을 갖고 있지 않는 이상은 도전한다는 것이 무모한 일이 되어 버리기 때문에 말이다.

그러다 보니 요즘 것들에게 어떤 분야에서 높이 올라간다는 것은 능력 외에도 정치적인 기술이 꽤나 중요할 수밖에 없는 것이다. 일종의 접대의 기술, 아부의 기술처럼 기성세대의 심기를 건들지 않을 수 있는 기술 말이다.

만약 '요즘 것들은 너무 나약해'라고 말하는 사람이 있다면, 그 사람에게 '그럼 요즘 것들이 당신의 자리를 빼앗아도 괜찮은가요?'라고 물어보자. 그럼 우린 '요즘 것들이 도전 정신을 가졌으면 좋겠지만, 내 자리를 넘보지는 않았으면 좋겠어. 만약 내 자리를 노리고 도전한다면 가만두지 않을 거야'라는 식의 반응을 볼 수 있을 것이다. 요즘 것들의 나약함은 심히 걱정스럽지만, 내가 훨씬 소중하니 말이다.

우리 사회의 다양한 분야에서 요즘 것들의 도전을 살펴보면 아이디어가 뛰어나고, 뛰어난 실력을 갖고 있어도, 그 분야의 높으신 분들의 심기가 어떤지에 따라서 도전이 성공하기도 하고, 실패하기도 한다는 것을 살펴볼 수 있다. 다시 말해서 지금 젊은 것들의 도전은 과거 젊은 것들의 심기에 따라서 결과가 바뀐다는 것이다.

가령 어떤 요즘 것이 참신한 아이디어를 바탕으로 시장에 치킨집을 하나 차린다고 해보자. 그리고는 기존에는 없던 혁신적인 시스템으로 인해서 기존의 치킨집들을 위태롭게 만드는 큰 반향을 일으키게 됐다고 생각해보자. 그럼 그 다음에 어떤 일이 일어나게 될까? '우리 때는 안 그랬는데……'라고 말하는 치킨집을 운영하는 많은 어르신들이 과거 자신의 모습을 닮은 도전정신이 뛰어나고, 열정과 패기를 갖고 있는 새파랗게 젊은 치킨집 사장의 성공을 적극적으로 지지하게 될까? 청년들에게 도전정신과 패기, 열정을 요구하는 기성세대의 말에 부합하기 때문에 치킨집을 운영하고 있는 많은 어르신들이 젊은 치킨집 사장의 성공을 빌어주게 될까?

아마 우리는 참신한 아이디어로 무장한 젊은 치킨집 사장이 기존의 치킨집을 운영하는 기성세대들과 싸우는 모습을 보게 될 것이다. 기성세대들은 요즘 것들이 도전하는 것은 원하지만 요즘 것들의 도전으로 자신의 자리가 위태로워지는 것은 원하지 않으니 말이다.

이런 상황에서 요즘 것들이 선택할 수 있는 선택지는 그리 많지 않다. 달리 말해서, 요즘 것들이 과거와 같지 않음을 걱정하는 분들과 부딪히지 않으면서 성과를 낼 수 있는 방법이 몇 가지 되지 않는다는 것이다. 가령 공무원 시험을 보거나, 대기업에 입사하는 것은 기성세대가 만들어낸 시스템을 조금도 흔들지 않고, 기성세대의 심기를 거스르지 않기 때문에, 어떻게 보면 기성세대가 바라는 가장 이상적인 요즘 것들의 도전, 열정, 노력이라고 할 수 있을 것이다. 그러니 '요즘 것들은 도전 정신이 부족하다', '요즘 것들은 노력이 부족하다', '요즘 것들은 열정이 부족하다'와 같이 요즘 것들의 정신 상태를 염려하시는 분들이 맘에도 없는 소리를 하고 있다고 생각하는 것이 당연하다고 할 수 있지 않을까?

요즘 것들이 도전한다는 것, 열정을 갖고 노력한다는 것은 성공의 여하에 따라서 이미 그 위치에 있는 이들이 그 자리에서 내려와야 한다는 것을 높은 곳에 계신 분들은 잘 파악하고 계신 것 같다. 그러다 보니 요즘 것들의 정신 상태를 우려하시는 분들이 원하는 삶이 아닌 자신이 원하는 삶을 살아가고자 하는 이들이라면, 반드시 요즘 것들의 정신 건강을 걱정하시는 어르신들과 부딪힐 수밖에 없다는 것을 인지하고 있어야만 한다.

공무원 아니면 대기업에 입사하는 것을 꿈꾸는 요즘 것들을 보며 우려를 표하는 어르신들은 그들의 말과 달리 일반적이지 않은 것을 꿈꾸고, 아무도 걷지 않은 길을 걷고자 하는 청년에게, '요즘 애들은 참 나약해'가 아니라 '개념이 없다', '현실감이 부족하다', '무례하다', '싸가지 없다', '어른 말을 귓등으로도 듣지 않는다', '공무원이나 해라'와 같은, 요즘 것들의 꿈과 도전 정신에 적대적인 반응들을 보여주실 것이다. 왜냐하면 그분들이 원하는 도전이란 '먹음직스러운 음식모형'처럼 도전처럼 생겼으나 도전의 내용은 없는 '안정적인 도전'이니 말이다.

요즘 것들의 문제를 요즘 것들만의 문제로 볼 수 있을까?

사실 권위가 강조되고, 개인보다는 집단의 가치가 더 중요하게 여겨지는 우리나라에서는 권위자에 대한 순종 혹은 다수의 의견에 따르는 것의 유익함만이 강조될 뿐 그로 인한 위험성에 대해서는 거의 언급되지 않는다. 다수의 의견을 따른다면 언제나 좋은 일만 일어나는 것일까? 권위를 갖고 있는 사람의 말을 잘 들으면 '착한 사람' 혹은 '올바른 사람'이라고 할 수 있는 것일까?

수많은 사람들의 피를 흘렸던 히틀러는 그 당시 독일 국민들에게 자신의 나라와 민족을 위해서 싸우는 위대한 인물로 비쳤다. 그리고 우리는 수십 년 전 히틀러를 위대한 인물로 여기고, 그의 뜻에 동조했던 수많은 사람들이 잘못된 판단을 내렸음을 알고 있다. 즉 권위에 대해서 얼마나 잘 순종했는가가 결코 '올바른 일'을 하게 만들거나 혹은 '착한 사람'이 되게 만들어주지 않는다는 것이며, 반대로 다수의 의견에 반대하는 것이 '나쁜 일'이 되거나 혹은 '나쁜 사람'이 되게 만드는 것도 아니라는 것이다. 과거 히틀러를 지지하지 않았던 소수의 독일인들이 올바른 선택을 한 것처럼 말이다.

그렇다면 우리가 삶에서 권위에 대해서 무작정 순종하고 따르는 태도를 갖는 것이 아니라, 우리가 대면하는 권위에 대해서 그것이 과연 올바른 것인지 아닌지를 살펴볼 필요성이 있다고 할 수 있지 않을까? 집단의 의견이 언제나 옳으며 소수의 의견은 틀리다는 생각을 다시 제고해볼 필요가 있지 않을까?

『대학』[2]이라는 책에는 '윗사람이 선하면 아랫사람 역시 올바르지 않을 수 없다'고 말한다. 이것을 반대로 생각해보면, 윗사람이 악하면 아랫사람 역시 악하게 된다는 말과도 다르지 않은데, 즉 권위가 갖고 있는 힘이 한 사람의 선택에 지대한 영향을 미칠 수 있을 만큼 강력하다는 것이다.

예를 들어서 내가 대면하는 권위를 갖고 있는 인물이 악하다면 나는 그만큼 악한 행동을 할 가능성이 커지고, 선한 행동을 할 가능성은 줄어들게 될 것이다. 반대로 내가 대면하는 권위를 갖고 있는 인물이 선하다면 나는 그만큼 선한 행동을 할 가능성이 커지고, 악한 행동을 할 가능성은 줄어들게 된다는 것이다. 내가 본래 선한 사람이건 악한 사람이건 상관없이 말이다.

『루시퍼 이펙트』라는 책에 등장하는 스탠포드 교도소 실험[3]에서, 실험을

---

2) 유교의 경전인 '사서오경'에서 '사서'인 『논어』, 『맹자』, 『대학』, 『중용』 중의 하나

3) 『루시퍼이펙트』, 필립 짐바르도 지음, 이충호 · 임지원 옮김, 웅진 지식하우스

위해 뽑힌 평범하게 자란 대학생이 금세 교도관이라는 역할에 빠져들어, 똑같이 수감자 역할을 맡은 평범한 사람들을 학대하게 되는 경우나, 스탠리 밀그램이 진행한 권위에 대한 복종이라는 실험[4]에서 평범한 사람이 체벌을 가하는 선생의 역할을 맡자 권위자의 명령에 따라서 학생의 역할을 맡은 사람에게 심각한 피해를 줄 수 있어 보이는 전기 충격을 아무렇지도 않게 준 결과들을 볼 때, 우리는 평범한 한 사람이, 권위 아래서 얼마나 쉽게 영향 받을 수 있는지를 파악할 수 있다.

다시 말해서 '의지만 있다면 얼마든지 선할 수 있어' 혹은 '사람이 선이나 악을 행하는 것은 오직 그 사람의 의지에 달려 있어'라는 것이 100% 정답은 아니라는 것이다. 어떤 환경은 내가 선을 행하기에 좀 더 유리한 환경일 수 있으며, 또 어떤 환경은 내가 선을 행하기에 불리한 환경일 수 있다.

가령 내가 들어간 회사가 어려운 이웃들을 돌보는 따뜻하고, 정직한 회사라고 한다면 난 그 안에서 좀 더 쉽게 선한 사람으로 살아갈 수 있을 것이며, 반대로 내가 들어간 회사가 불법적인 이익을 은연중에 추구하는 회사라고 한다면 불법에 동참하지 않을 수는 있어도, 전자의 회사보다는 선한 사람으로 살아가는 것이 훨씬 어려울 것이다. 왜냐하면 내가 대면하는 권위가 선한지 악한지에 따라서 내가 영향을 받을 수밖에 없기 때문이다.

왜 우리는 어떤 조직, 혹은 어떤 집단에 문제가 발생했을 때, 조직 내에

---

4) 『권위에 대한 복종』, 스탠리 밀그램 지음, 정태연 옮김, 에코리브르

잘못을 저지른 한 개인에게만 주목하고 그와 같은 행동을 유발한 권위적인 문화에는 주목하지 않는 것일까? 왜 우리는 군대 내의 이런 저런 문제들, 기업 안에서 일어나는 이런 저런 문제들, 그리고 공공 기관 내의 이런 저런 문제들에 대해서 집단 전체에 영향력을 미치는 권위적인 문화보다는 행위의 당사자에게만 주목하는 것일까?

그러나 생각해보자. 만약 어떤 사람이 피라미드 상층부에 자리한 권력층을 위해서 어떤 불법적인 일을 저질렀다면, 그것을 온전히 한 개인의 문제라고 할 수 있을까? 과연 그와 같은 범죄들을 일어나게 한 권위의 시스템을 만든 이들에게는 아무런 책임이 없는 것일까? 한 개인에게 막대한 영향력을 행사하는 권위적인 문화는 아무런 책임도 지지 않아도 되는 것일까? 어떻게 보면 더욱더 사람들에게 주목을 받아야 하고, 대대적인 변화들이 필요한 것은 잘못을 저지른 한 개인보다도 쉽게 잘못을 저지르게 만드는 시스템이 아닐까?

물론 나는 어떤 조직에서 잘못을 저지른 개인들이 아무런 책임도 없고, 그들이 어떤 처벌도 받아서는 안 된다는 말을 하고 있는 것은 아니다. 그들 역시 그들의 선택에 따라서 불법적인 일들을 저질렀기 때문에 그에 따르는 합당한 처벌을 받는 것은 당연할 것이다.

그러나 잡초가 자라나기 어려운 환경에서 잡초가 자라난 것이 아니라, 잡초가 자라나기 좋은 환경에서 잡초들이 자라났다면, 잡초를 뽑아내는 것과 더불어 잡초가 자라나기 좋은 환경을 잡초가 자라나기 어려운 환경으로 변화시키는 일에 더욱더 관심과 에너지를 쏟아야 한다는 것이다.

나아가 잡초가 자라나기 좋은 환경으로 만든 이들 또한 어느 정도의 책임을 질 필요가 있고 말이다. 그러나 우리 사회는 강력한 권위와 그에 따른 순종이 미덕처럼 여겨지는 사회 분위기 속에 있다 보니, 어떤 조직 내에서 문제가 발생했을 경우, 그에 따른 책임을 전적으로 문제를 일으킨 당사자에게만 묻는 경향이 있다. 다시 말해서, 문제가 일어나기 좋은 시스템을 만들어낸 이들에게는 책임을 잘 묻지 않는다는 것이다.

예를 들어서 우리는 몇 년에 한 번씩 권력자의 측근 비리라면서 권력자의 측근이 범죄 혐의로 체포되는 것을 보게 되는데, 그와 같은 상황에서, 우리는 자연스레 권력자 또한 측근의 범죄에 어느 정도는 영향을 미치지 않았을까라는 생각을 하게 된다. 그러나 신기하게도 권력자의 측근이 일으킨 범죄는 항상 권력자와는 전혀 무관한 일로 밝혀지며, 모든 잘못이 권력자와 무관한 한 개인의 문제로 다뤄진다.

이런 모습은 단순히 어떤 정치적인 사건에서만 보이는 것이 아니라, 대기업이나 공공기관, 혹은 어느 정도의 규모가 있는 집단에서 문제가 발생했을 때 어김없이 나타나는 매우 익숙한 모습들이라고 할 수 있다. 그러다 보니 이와 같은 현상들은 영화나 드라마 등 각종 매체들에서 잘 다뤄지는데 이런 내용을 다루는 영화 혹은 드라마에서 항상 빠지지 않고 등장하는 대사는 '어리석은 대중들 어쩌고저쩌고' 하는 식의 말이다. 즉 대중은 어리석어서 개인에게 영향력을 행사하는 권위의 상층부에 초점을 맞추지 않고, 그저 눈앞에 보이는 것에만 초점을 맞춘다는 것이다.

어떻게 보면 대중을 비난하는 말이라고 할 수 있으나, 많은 이들이 이와 같은 내용에 기분 나빠하기보다는 크게 공감하고는 한다. 많은 이들이 문제라는 빙산의 일부분만을 볼 뿐 그 아래에 있는, 보다 큰 것은 놓치는 경우가 많다는 것을 알고 있기 때문이다.

그러나 어떻게 보면 문제의 당사자에게만 주목하고, 문제가 일어나는 텃밭의 역할을 한 사람들에게는 별다른 관심을 보이지 않는 행동 또한 이해하지 못하는 것은 아니다. 뉴스에서나 나올법한 시사적인 문제들, 정치 집단과 경제 집단의 문제들이 우리의 삶에서 그리 큰 비중을 차지한다고 볼 수는 없기 때문이다.

다시 말해서, 뉴스에서 접하게 되는 시사 문제들은 우리의 매일 매일에 있어서 간접적인 영향만을 줄 뿐, 직접적인 영향력을 행사하지는 못한다는 것이다. 사람들의 주된 관심사는 어제 어떤 측근비리가 터졌고, 누가 잘못을 했는지 보다는 오늘 내가 파는 물건을 사주는 사람들, 거래처 사람들, 함께 일하는 직장의 상사나, 가족 혹은 친구와의 관계 등일 테니 말이다.

우리에게는 TV에 나오는 사람들과의 관계보다 매일 같이 만나는 사람들과의 관계가 더 중요하며, 더 큰 영향력을 행사한다. 어제 정치인과 관련한 어떤 범죄가 발견되었다고 내일의 나의 삶에 어떤 영향이 있을까? 아마 우리는 술자리에서 정치와 관련된 이야기를 안주 삼아 술을 좀 더 들이킬 수는 있을 것이다. 혹은 주변 사람들에게 '나라꼴이 말이 아니다'라며 한탄하게 될지도 모른다.

그러나 정치인의 측근비리나 혹은 공공기관에서 벌어지는 문제들, 대기업과 관련된 어떤 큰 문제들이 우리의 내일을 바꿀 만큼 우리의 삶에 큰 파괴력을 갖지는 않기에, 우리는 우리가 오늘 만났고, 내일 만나게 될 사람들과의 관계에 보다 많은 관심을 쏟게 되는 것이다.

하지만 그럼에도 불구하고 정치인의 측근비리나 공공기관에서 일어나는 이런저런 문제들에 영향을 미치는 권위적인 문화에 관심을 갖지 않는 것은, 이해할 수는 있을지언정 최선이라고 말할 수는 없을 것이다. 왜냐하면 권위적인 문화는 정치인이나 정치인의 측근에게만 영향력을 행사하는 것이 아니기 때문이다.

왜 우리는 권력형 비리에 대해서는 그 뒤편에 어떤 흑막이 있지 않을까라는 생각을 해보면서도 우리가 매일 같이 만나는 사람들과의 관계 이면에서 영향력을 행사하는 권위적인 문화에는 별다른 관심을 갖지 않는 것일까? 정치인의 측근 비리나 공공기관, 대기업과 관련한 문제들에 영향을 미치는 권위적인 문화가 우리가 대면하는 사람들과의 관계에는 아무런 영향을 미치지 못한다고 말할 수 있을까?

기성세대는 자주 '왜 요즘 것들은 다들 똑같은 꿈만 꾸는 걸까?', '왜 다들 비슷비슷한 것만 추구하는 걸까?'라는 질문을 던지곤 한다. 마치 요즘 것들이 똑같은 꿈만 꾸고, 비슷비슷한 것만 추구하는 것이 그들만의 문제인 것처럼, 기성세대나 우리 사회와는 별개의 문제인 것처럼 말이다.

그러나 우리가 권력형 비리를 접할 때, 비리를 실행한 개인에게만 초점을 맞추는 것이 아니라 개인에게 영향력을 행사하는 권력자에게까지 관심을 가질 것을 요구하는 것처럼, 요즘 것들의 문제는 그들에게 영향력을 행사하는 요즘 어른들에게까지 관심의 범위를 넓힐 필요가 있다. 즉 '왜 요즘 것들은 다들 똑같은 꿈만 꾸는 걸까?', '왜 다들 비슷비슷한 것만 추구하는 걸까?'라는 기성세대의 질문에, '왜 기성세대는 요즘 것들이 남들과 똑같은 꿈을 꾸길 원하고, 남들처럼 살아가기를 원하는가?'라는 반문을 던질 필요가 있다는 것이다. 정치인, 대기업, 공공기관에서 문제를 일어나게 만드는 권위적인 문화가 기성세대와 청년세대의 관계 속에서도 영향력을 행사하고 있으니 말이다.

어른들은 청년들의 문제에 대해서 단순히 문제의 당사자인 청년들만 바라보고는 한다. 그러다 보니 쉽게 청년들에 대해서 이런 저런 비난의 말들을 뱉어낼 수 있는 것이다. '노력이 부족하니까 그렇지', '의지가 부족하니까 힘든 거지', '요즘 것들은 나약해', '요즘 것들은 왜 도전을 안 하는지 몰라'와 같이 말이다. 그러나 우리가 조금만 청년 문제에 대한 관심의 포커스를 그들의 뒤편까지 향하게 할 수 있다면, 다시 말해서 관심 대상의 연령을 그들에게 직접적인 영향력을 행사할 수 있는 부모님의 나이대까지 올릴 수만 있다면, 우리는 그 나이대 어른들의 마인드가 어른들이 비난하는 청년들의 마인드와 놀랄 만큼 비슷하다는 것을 파악할 수 있을 것이다.

다시 말해서, 요즘 어른들은 단순히 노력만으로는 부족하다는 것을 알고 있기 때문에, 자식에게 좀 더 좋은 환경을 제공해주려고 노력하며, 우리 사회에서 실패의 대가가 지나치게 크다는 것을 알기에 자식에게 도전보다는 안정적인 선택을 할 것을 요구하며, 개인의 의지보다는 학벌이나, 인맥 등이 좀 더 중요하다는 것을 알고 있기 때문에 비싼 비용을 들여서라도 높은 학벌과, 보다 나은 인맥을 형성하도록 노력한다는 것이다.

이와 같은 상황에서 우리는 요즘 것들의 문제에 대해서 단순히 요즘 것들에게만 초점을 맞추는 것이 최선이라고 말할 수 있을까? 조금만 시야를 넓힐 수 있다면, 그래서 눈앞에 보이는 것들만이 아닌 그 이면에 영향을 미치는 권위적인 문화까지 같이 볼 수 있다면, 요즘 것들의 문제가 단순히 요즘 것들만의 문제가 아닌 요즘 어른들까지 포함된 문제임을 발견할 수밖에 없지 않을까? 우리나라가 부모의 말에 순종하는 것, 어른들의 말에 순종하는 것을 올바른 것으로 여기는 유교적인 문화를 갖고 있다는 것을 감안한다면 청년들의 문제를 단순히 청년들만의 문제로 여기는 것은 잡초 밭에서 잡초만 비난하는 것과 같으니 말이다.

요즘 것들의 문제를 바라보는 요즘 어른들의 시각과 마찬가지로 요즘 것들이라는 카테고리 안에 들어 있는 많은 이들이 자신이 경험하고 있는 문제들을 단순히 자기 자신만의 문제라고 인식하고는 한다. 즉 내가 겪는 어려움을 '나 때문이야'라고 인식한다는 것이다.

그러나 속된 말로 '한창 때'에 속하는 연령이라는 이유로 내가 겪어야 하는 어려움의 원인을 전적으로 자신에게만 향하게 한다는 것은 어떤 관점에서는 자신을 과대포장하는 것과 다르지 않을 것이다. 왜냐하면 사회가 움직이는 방향을 결정하는 것은 사회의 최상층부에 자리한 어른들이며, 내가 삶의 방향을 결정하는데 있어서도 내 주변의 어른들이 미치는 영향력은 꽤 크기 때문이다.

과연 요즘 것들 중에서 자신과 가까이 있는 요즘 어른들의 영향력을 전혀 받지 않고 자신만의 판단과 의지로 미래와 인생의 방향을 설계하고 실천하는 사람이 얼마나 될까? 아마 자신을 둘러싼 권위의 영향력 밖에서 자신만의 인생을 살아가는 이들은 극소수에 불과할 것이다. 물론 그와 같이 자신을 둘러싼 어른들의 영향력 바깥에서 자신만의 힘으로 인생을 설계하고, 자신이 설계한 방향을 향해서 나아가는 이들이 있으며, 그중에서 더러는 크게 성공해서 TV나 언론에서 보게 되기도 할 것이다.

그러나 우리가 TV를 통해서 접하게 되는 사회의 최고위층 어르신들이 우리가 접하는 모든 어르신들을 대변해주는 것은 아니듯이 우리가 TV나 언론을 통해서 접하는, 자신의 힘으로 인생을 설계하고, 자신만의 힘으로 성공한 극소수의 요즘 것들이 요즘 것들의 전부를 대변해 주는 것은 아니라는 것이다.

다시 말해서, 우리가 TV를 통해서 접하는 사회적으로 성공한 소수의 어른들 뒤편에 사회적인 안정망 바깥에서 힘들게 살아가는 수많은 어른들이 존재하듯이, 자신만의 방식으로 성공한 소수의 요즘 것들 이면에는 사회 안으로 들어와 자리를 잡기 위해서 힘든 노력을 기울이고 있는 무수한 청년들이 있다는 것이다. 알바를 뛰지 않으면 제대로 된 교육을 받을 수 없는 청년들이 수두룩한데, 어떻게 소수의 성공한 청년들이 대부분의 청년들을 대변한다고 할 수 있을까?

'한창 때'에 속한 많은 이들이 어른들이 원하는 인재가 되기 위해 비싼 대학 등록금을 감당해야하며, 학교 주변 어르신들의 생활비를 위해서 높은 월세를 보조해드리기도 해야 하며, 어르신들의 안정적인 생계유지를 위해서 적은 돈만 받고 일을 도와줄 것을 요구 받고 있다. 다시 말해서 많은 요즘 것들이 요즘 어른들이 원하는 인생을 살아가기 위해서 굉장히 무거운 짐을 짊어지고 있다는 것이다.

물론 어떤 어른들은 '그게 왜 어른들의 잘못이지? 하기 싫으면 안하면 되잖아?'라고 말할 것이다. 그러나 요즘 것들에게 권위의 영향력을 거부할 수 있는 권리가 있음을 말하는 요즘 어른들 또한 사회에서 자신보다 높은 위치에 있는 이들의 비위를 맞추기 위해서 고개를 숙이는 일들을 자주 경험하지 않는가?

다시 말해서 우리 사회가 갖고 있는 권위적인 문화에 대항한다는 것은 그에 따른 많은 피해들을 감수할 각오를 해야만 하는 경우들이 대부분이며, 그와 같은 사실들을 잘 알고 있기 때문에 많은 어른들은 자신과 가까운 요즘 것들에게 '도전하지 말고, 어른들이 원하는 안정적인 선택을 할 것'을 요구한다는 것이다.

어른들은 요즘 것들이 사회문제에 침묵하길 원하면서, 사회문제를 해결하길 원한다

                        한 사회가 갖고 있는 크고 작은 문제들은 거의 대부분, 문제의 당사자들만의 문제인 경우보다, 사회 전반에 걸친 문제인 경우가 훨씬 많다. 다시 말해서, 요즘 것들이 겪고 있는 이런 저런 문제들은 단순히 요즘 것들만의 문제라기보다는 사회 전반, 곧 어른들의 문제들과도 밀접하게 연결되어 있다는 것이다. 요즘 것들이 겪고 있는 이런 저런 문제들의 뿌리는 요즘 것들이 어른들에게 '요즘 것들'이라고 불리기 전부터 존재해왔기 때문이다.

  물론 여기에 대해서 많은 어른들은 '왜 요즘 것들의 문제를 사회적인 문제로 돌리려는 거지? 열악했던 과거에 비하면 지금은 훨씬 나은데?'라며 동의하지 못할지도 모르겠다. 그러나 1997년 외환위기가 터지고, 국제통화기금(IMF)으로부터 자금 지원을 받아야 했던 일들에 대해서 요즘 것들은 어떤 책임을 져야 할까? 경제 구조가 2차 산업 중심에서 3차 산업 중심으로 옮겨간 것이나, 중국의 부상, 세계 경제 침체 등등에 대해서 요즘 것들은 어떤 책임을 져야 할까?

20년 전에 발생한 사건들로부터 비롯된 사회의 이런 저런 문제들이 과연 요즘 것들의 정신 상태 불량으로부터 비롯되었다고 말할 수 있을까? 잘못된 교육 정책과, 사교육비 증가, 서울 상위권 대학 입학률의 빈부격차 확대, 그에 따른 요즘 것들의 불만은 '요즘 것들의 감사할 줄 모르고 받기만을 원하는 나태함'에서 답을 찾으면 되는 걸까? 아니 어떻게 '어떤 대학을 나왔는가?'라는 질문에 어떤 답을 하는가에 따라서 보상의 수준이 달라지는 사회에서, 좋은 대학에 가기 위해 하루 종일 공부만 하는 요즘 것들에게 '요즘 것들은 시키는 것밖에 못해'라는 말을 할 수 있을까?

시키는 것을 잘 하는 아이가 되는 것을 아이들의 이상향으로 말하면서, 스스로 뭔가를 해볼 수 있는 그 어떤 기회도 제공하지 않는 교육 시스템을 만들어 놓고서, 그 결과를 비난한다는 것은 자기 얼굴에 침 뱉는 것이 아니고 뭐란 말인가? 요즘 것들이 시키는 것밖에 하지 못한다고 비난하고 싶다면 먼저 우리나라 교육 시스템의 문제점부터 비난해야 하는 것이 아닌가?

어른들은 자주 '요즘 것들은 시키는 것만 할 줄 알아. 스스로 뭔가를 못해'라고 말한다. 그러나 아이러니 한 것은 스스로 뭔가를 선택하는 이들에 대해서 어른들이 갖고 있는 잣대가 꽤나 부정적이라는 것이다. 가령 남들처럼 정해진 방식을 따르지 않는 선택, 곧 부모나 어른들이 원하지 않는 선택을 하는 이들이 우리 주변에 있다고 해보자. 즉 학교에서는 선생님의 말씀을 잘 듣고, 집에서는 부모님의 말씀을 잘 듣고, 열심히 공부해서 좋은 성적을 바탕으로 좋은 대학에 들어가는 일반적인 루트를 따르지 않는 학생이 우리 주변에 존재한다면 어른들은 그를 보고 '쟤는 커서 뭐가 되려고 저러나?'라고 여길 뿐 '독립적이고 스스로 인생을 설계하는 멋진 아이야'라고 여기지는 않는다는 것이다.

여기서 내가 묻고 싶은 것은, 하지 말라고 한 것을 하지 않았더니 '시키는 것밖에 못하는 한심한 것들'이라고 말하며, 하지 말라고 하는 것을 하고 나면 '요즘 것들은 싸가지가 없어'라고 말하며, 나아가 '그렇게 지가 하고 싶은 대로 살고 싶으면 부모나 사회의 도움 없이 스스로 살아보지 그래?'라면서 시키는 대로 살지 않을 때 겪게 될 엄청난 불이익에 대해서 강조해 놓고, 시키는 대로 살아온 요즘 것들에 대해서 '우리 때는 안 그랬는데, 요즘 것들은 시키는 것밖에 못한다니까'라고 말한다면 대체 어떻게 살라는 말일까?

진짜 궁금해서 물어보는 것이다. 뭘 어떻게 살아야 요즘 어른들의 입맛에 맞는, 시키는 대로 살면서도 시키는 대로 살지 않고, 부모와 어른들의 말을 잘 듣는 착한 아이면서도, 부모와 어른들이 생각지도 못한 놀라운 결과물을 만들어낼 수 있는 순종적이면서도 개성 넘치는 사람이 될 수 있는 것일까? 이건 마치 한국에서 태어나 하루 14시간 이상씩 주입식 교육을 받은 천재적인 아인슈타인을 기대하는 것과 비슷하다고 할 수 있지 않을까?

'부모, 선생, 교수가 원하는 삶을 살아가는 아무도 예상하지 못한 놀라운 발견을 해내는 천재', '누구나 알 수 있는 삶을 살아가면서도 누구도 알 수 없는 결과를 내는 사람', 바꿔 말해서 '순종적이면서 개성 넘치는 아이'라는 이와 같은 모순적인 이야기들을 어른들은 요즘 것들에게 아무렇지 않게 요구하곤 한다.

그러면서도 자신들이 요즘 것들에게 얼마나 무리한 요구를 하고 있는지, 자신들이 비난하는 '시키는 것만 할 줄 아는 요즘 것들'을 만들어내는 교육 시스템, 사회 시스템의 문제가 무엇인지에 대해서는 별다른 관심을 기울이지 않는다. 그저 '우리 때는 말야……', '지금은 그때에 비하면 천국이야'라면서 모든 책임을 요즘 것들에게 지우려고만 할 뿐 교육 시스템이나 사회 시스템에 실질적인 영향력을 행사하고 있는 어른 세대의 문제점에 대해서는 잠잠하기만 하다. 요즘 어른들이 '요즘 것들은 남 탓만 해'라고 비난하듯, 요즘 어른들 역시 우리 사회의 문제들이 자신의 문제가 아닌 남의 문제이길 원하기 때문이다. 얼마나 편하고 좋은가? 요즘 것들이 겪고 있는 무수한 문제들이 나와 상관없는 그들만의 문제라니 말이다.

나는 그들에게 '불평할 수 있는 사회'를 만든 감사해야만 하는 사람이고 그들은 비난받아야 마땅한 존재들이 되고 나면 사회의 문제를 바라보는 관점이 너무나도 단순해진다. 내가 변해야 할 이유, 사회의 시스템을 바꿔야 할 이유도 없으며, 어떤 책임감도 가질 필요가 없고, 모든 문제는 그저 요즘 것들의 정신이 불량한 탓이 되어버리기 때문이다.

요즘 것들이 말하는 문제는 요즘 것들의 문제이며, 우리 사회의 수많은 문제들은 요즘 것들의 문제이며, 나라를 부강하게 만들어야 하는 것도 요즘 것들의 문제이며, 세대 간의 갈등 또한 요즘 것들의 문제이다. 사회적인 문제들은 요즘 것들의 탓이지만, 불합리를 강요하는 어른들에게 순종하지 않으면 예의 없는 요즘 것들이 되어버린다. 바꿔 말해서 '내가 시키는 대로 살아야 하지만, 내가 시키는 대로 살아서 문제가 생기면 다 네 탓이야'라는 것이 요즘 어른들이 요즘 것들에게 자주 하는 말이라고 할 수 있다는 것이다.

얼마 전 '학생 잠재력인가? 부모 경제력인가?'라는 제목의 논문이 발표되었다고 한다. 그 내용을 살펴보면 서울시의 자치구 별로 학부모의 소득, 소득과 지능, 지능과 유전의 상관관계를 분석해서, 학생 본연의 잠재력만으로 자치구별 합격률을 추정했는데, 가장 높은 곳과 낮은 곳의 격차는 1.7배였다.

그러나 2014년 입시 결과를 보면 실제로는 20배의 차이가 발생했다고 한다. 다시 말해서, 경제적인 부분을 제외하고는 대략 지역별로 1.7배와 유사한 정도의 차이가 발생해야 하지만, 경제적인 요소를 집어넣을 경우에는 20배 정도로 차이가 벌어진다는 것이다.[5]

그렇다면 학벌을 중심으로 돌아가는 한국 취업 시장에서, 부모의 경제력에 따라서 대략 20배 정도의 학력 격차가 발생한다면, 이와 같은 현실에 대해서 토로하는 것은 요즘 것들의 '자신의 문제를 사회 탓으로 돌리는 좋지 못한 습성' 때문이 아니라, 어른들이 먼저 관심을 갖고 해결을 위

---

5) 『한국경제 경로를 탐색합니다』, 김태일 지음, 코난북스, 376p

해서 노력해야만 했던 사회문제 때문이라고 해야 마땅하지 않을까? 다시 말해서, 요즘 것들의 사회 탓은 아무 이유 없이 남 탓하는 것이 아니라 사회를 탓할 만하니까 한다는 것이다.

부모의 경제력에 따라서 교육의 격차가 20배 정도 차이가 나는 사회 시스템을 만들어내고, 그런 사회를 돌아가게 만드는 이들은 요즘 것들이 아닌 기성세대들이라고 말할 수 있다. 달리 말하자면 요즘 것들이 아무리 마음을 가다듬고, 어른들이 말하는 가장 이상적인 마음 상태를 가진다고 할지라도, 기성세대들이 달라지지 않는 한, 사회의 변화를 만들기 어렵다는 것이다. 왜냐하면 아무리 열정과, 도전정신으로 똘똘 뭉친 요즘 것이라고 할지라도, 결국은 우리 사회에서 실질적인 영향력을 행사하고 있는 기성세대가 원하는 삶을 살아갈 수밖에 없으니 말이다.

어떤 회사에 열정과 도전정신으로 똘똘 뭉친 요즘 것이 들어간다고 회사가 달라질까? 그보다는 회사에서 찍히기 전에 기성세대가 원하는 요즘 것이 되는 쪽이 더 현실적이지 않을까? 나아가, 열정과 도전정신으로 똘똘 뭉친, 감사할 줄 아는 요즘 것이 우리 사회의 각 분야로 진출한다면 사회가 달라질까? 그보다는 열정과 도전정신으로 똘똘 뭉친, 감사할 줄 아는 요즘 것이 사회 각 분야의 기성세대가 원하는 사람이 되는 것이 좀 더 현실적일 것이다.

바꿔 말해서, 기성세대가 달라지지 않는 한 요즘 것들이 사회를 변화시키기에는 한계가 있을 수밖에 없다는 것이다. 아이돌 스타가 교실 혁명을 주장하는 노래를 만들고, 그 노래가 청소년들 사이에 엄청난 인기를 끈다고 할지라도, 기성세대들, 교육 시스템에 영향력을 행사할 수 있는 어른들이 변하지 않는다면 수십 년 전과 별반 다르지 않은 학교생활을 할 수밖에 없는 것처럼 말이다.

기성세대들은 요즘 것들이 말하는 우리 사회의 문제들에 대해서 '요즘 것들은 너무 사회에 불만이 많아. 우리 때에 비하면 지금은 얼마나 살기가 좋아졌는데'라고 불만 섞인 반응을 보인다. 그들이 원하는 요즘 것들의 태도란 사회가 아무리 불합리하건, 어떤 문제들이 있건 상관없이 불평불만을 말하지 말고 참고 살아가는 것일 테지만, 아이러니 한 것은 그런 그들 역시 우리 사회의 앞날 곧 중국이 우리의 기술 수준을 거의 다 따라잡았다는 것이나, 높은 기술력의 선진국과 가격을 앞세운 중국 사이에 끼어 있어서 혁신이 필요하다는 식의 뉴스에 대해서는 공감한다는 것이다.

달리 말해서 요즘 것들이 말하는 '우리 사회가 변해야 해'라는 말에는 침묵할 것을 요구하면서도 자신들 또한 요즘 것들이 말하는 것과 똑같이 '우리 사회에 혁신이 필요하다'라는 이야기를 꺼낸다는 것이다. 물론 '요즘 애들이 정신 차려서 나라를 위해서 혁신을 이뤄내야 하는데 말이야'라는 말로 시작해서, '우리 사회에 혁신이 필요한데, 요즘 것들은 우리 때와 달리 나약하고 사회에 불평불만만 가득해서 문제라니까'라는 요즘 것들을 비판하는 말로 끝이 나기는 하지만 말이다.

즉 넓게 본다면, 청년세대와 기성세대 모두 우리 사회가 변화되어야 할 필요성이 있음을 언급하면서도, 기성세대의 상당수는 그와 같은 변화를 오롯이 청년세대의 책임으로 전가한다는 것이다.

어떻게 사회를 오롯이 청년세대만의 힘으로 달라지게 만들 수 있을까? 기성세대에 대한 어떤 불평과 불만도 가져서는 안 되지만, 그들을 중심으로 돌아가는 사회의 문제점을 해결할 수 있게끔 사회를 변화시킨다는 것이 과연 이론적으로 가능한 일일까? 이것은 마치 환자의 병을 고치기 원하지만 절대로 환자의 몸을 터치해서는 안 된다는 말과도 다르지 않을 것이다.

만약 어떤 심각한 병에 걸린 사람이 병원을 찾아가서는 '건강해지길 원합니다. 다만 당신이 제 몸을 만지는 것은 원하지 않습니다'라는 말을 한다면 이 환자는 정말 건강해지기를 원하는 것일까? 병을 고쳐달라고 말하는 것일까? 아니면 치료받기를 원하지 않는다는 것일까?

만약 어른들이 요즘 것들을 우리 사회의 발전을 위해서 가장 중요한 역할을 해야 할 대상으로 인식한다면, 그들로 하여금 우리 사회의 문제점들을 발견하고, 그 문제들을 해결하는 데 있어서 기꺼이 참여할 것을 요구해야 할 것이다. 그러나 아이러니 하게도, 기성세대는 어린 것들이 사회의 문제점들을 발견하고, 그것에 대해서 이야기 하는 것은 원하지 않으면서도, 그들에게 우리 사회의 문제점들을 해결해 보다 나은 나라로 만들어 줄 것을 요구한다는 것이다. 마치 심한 병에 걸려 치료받기를 원하지만 절대로 자신의 몸을 만져서는 안 된다고 말하는 환자처럼 말이다.

인적자원이 중요하다면 부모의 경제력에 따라서 능력을 계발하는 데 차등이 생겨서는 안 되지 않을까?

조선 후기의 학자 중 하나인 유수원이라는 인물은 18세기 초반에 『우서』라는 책을 써서, 그 당시 나라가 허약하고 백성들이 가난한 이유는 각 사람을 관료나 농업, 공업이나 상업을 하게끔 분류해 놓았으나, 이 시스템이 잘 작동하지 않기 때문이라고 말했다.[6]

즉 그 당시 조선의 상황이 각 사람이 자신의 분야에서 능력을 발휘하게끔 하는 시스템화가 제대로 되어 있지 않아서, 각각의 사람들이 농사도 짓고, 물건도 만들고, 옷도 짜는 등 온갖 일들을 해야 했기 때문에, 조선의 백성들이 자신이 잘하는 분야에 집중하기 보다는 잡일을 하면서 재능을 낭비하고 있었다는 것이다.

또한 그 당시의 조선을 경험한 외국인도 비슷한 논지의 말을 했는데, 『조선 교회사』라는 책을 쓴 프랑스의 달레 신부는 '조선의 물품이 변변치

---

6) 『조선은 왜 무너졌는가』, 정병석 지음, 시공사, 153p

않은 것은 공장이 부족하기 때문이 아니라 모든 사람들이 공장이기 때문이다. '오늘 날이라고 해도 예전보다 더 진보된 것이 없고, 모든 기술과 수공업이 노아의 홍수 이튿날과 다르지 않다'라고 언급했다.[7] 이것을 현재에 빗대어 이야기를 하자면 한국에서 태어난 메시나 아인슈타인이 요리도 잘해야 하고, 옷도 만들어야 하고, 집도 지을 수 있어야 하고, 농사에도 참여해야 하고, 산에 가서 나무도 좀 해오고, 그런 뒤에야 축구를 하거나 공부를 할 수 있었다는 것이다.

어떻게 보면 당시 조선의 상황과 지금 우리의 상황은 꽤나 비슷한 면이 있다고 할 수 있다. 왜냐하면 각각의 사람들이 농사에 참여하고, 집 짓고, 음식을 만들고, 옷을 만드는 등 온갖 일을 하고 난 뒤에야 비로소 뭔가를 할 수 있었던 조선의 백성들처럼, 서울에 소재지를 두고 있는 소위 말하는 명문대에 들어가기 위해서 공부를 하고, 학비와 생활비를 대기 위한 알바, 그리고 학점을 얻기 위한 공부, 취업에 대비하기 위한 스펙을 위한 공부, 취업 시장에 뛰어들기 위한 온갖 준비를 하고 난 뒤에, 드디어 취업에 성공해서 어느 정도의 여유가 생기고 난 뒤에야 자신이 갖고 있는 재능을 단순히 취미 정도로 해볼 수 있는 것이 현재 우리나라의 상황이기 때문이다.

물론 이와 같은 취미 활동 또한 꽤 괜찮은 기업에 들어간 이들에게만 해당하는 것으로 대부분의 경우에는 높은 노동 강도로 인해서 취미 활동

---

7) 『조선은 왜 무너졌는가』, 정병석 지음, 시공사, 154~155p

을 할 수 있는 여유조차도 주어지지 않지만 말이다.

10여 년 전 '하나만 잘하면 대학에 갈 수 있게 하겠다'라는 식의 교육 정책이 우리나라에서 어떻게 시행될 수 있었을까? 만약 대부분의 사람들이 '하나만 잘하면 성공하는 사회' 혹은 '하나만 잘하면 먹고 살 수 있게 하겠다'라는 식의 말에 공감하지 않았더라면 과연 그런 교육 정책이 실행될 수 있었을까?

바꿔 말해서 모든 사람들이 그와 같은 정책에 찬성한 것이 아니라고 할지라도, 정치인이 정책을 실현할 동력을 얻을 만큼의 사회적인 공감과 지지는 충분히 얻어냈기 때문에 그런 정책이 실현된 것이 아닌가라는 말을 하고 있는 것이다. 그것의 결과가 어땠는지는 뒤로 하고 말이다.

아마 그런 식의 정책에 대해서 반대했던 이들조차도 '하나만 해도 성공할 수 있는 사회' 혹은 '하나만 잘하면 먹고 살 수 있는 사회' 같은 슬로건을 못마땅하게 여긴 것이 아니라, 그런 식의 교육 정책이 현실적이지 않다는 것이 반대의 이유였을 것이다.

즉 대부분의 사람들이 전문가의 이야기를 듣지 않아도, 어려운 학술책이나, 한국 사회의 현실에 대한 무수한 자료집을 찾아보지 않아도, 우리 사회가 갖고 있는 문제가 무엇인지 알고 있다는 것이다. 한 아이를 낳고 그 아이가 자신의 재능을 발휘하게끔 교육하는 과정에서 얼마나 많은 어려움들이 있는지, 나아가 많은 자원을 투입하고 많은 노력을 기울였음에도 불구하고 그에 따른 결과가 얼마나 초라한지에 대해서 공감하고 있을 테니 말이다.

교육에 세계 최고 수준의 비용을 들이고 있고, 학생들의 공부 시간 또한 세계 최고 수준이며, 학생들이 문제를 풀이하는 능력 또한 세계 최고 수준이지만 정작 사회에서는 '쓸만한 인재가 없다'고 말하고 있으며, 어른들은 '요즘 것들은 도전 정신이 없어', '요즘 것들은 나약해', '요즘 것들은 시키는 것밖에 못해'와 같은 이야기들을 말하고 있다.

어떻게 보면 요즘 것들의 문제를 지적하기에 앞서서 기성세대가 '우리가 틀렸어', '우리가 제대로 하지 못했어'라는 식의 생각을 해야 하는 것이 아닌가라고 생각되지만 이상하게도 기성세대는 '어쩔 수 없어. 우리나라의 상황 상 그렇게 교육시킬 수밖에 없어'라며 결과에 대한 원인을 정당화 시키면서도, '왜 요즘 것들은 우리 때와 같지 않은가?'라며 결과를 받아들일 수 없다는 식의 이야기를 꺼내고는 한다. 밥을 먹었으니 똥이 나오는 건데, '이럴수가! 밥 좀 먹었다고 똥이 나오다니, 내가 똥을 싸다니……'라는 식으로 생각한다는 것이다.

아이들이 자신의 재능을 발견하고, 자신이 갖고 있는 재능을 계발하며, 사회에서 어떤 삶을 살아가야 할지에 대해서는 관심을 가질만한 시간도 자원도 투입하지 않는 교육 과정을 통과하게 만들고는, 꿈도 없고, 자신이 뭘 좋아하고, 뭘 잘하는지도 모르며, 어떻게 살아야 하는지도 모르는 아이들에게 '우리 때는 안 그랬는데'라는 식의 이야기를 꺼내는 것이 기성세대가 요즘 것들의 문제에 대해서 갖고 있는 처방전 중에 하나라는 것이다. 원인에 대한 이야기는 없고 결과에 대한 이야기만 가득한 처방전 말이다.

가령 어떤 대학을 나왔는가에 따라서 대우가 달라지는 학벌위주의 사회에서, 대학에 들어갈 수 있는 인재를 선별하는 시험은 엄청난 양의 공부를 필요로 하고, 엄청난 양의 공부를 필요로 하는 시험은 문제 출제 유형을 말해주고 어떻게 공부해야 하는지를 말해줄 수 있는 사교육 시장을 중요하게 만들며, 이렇게 중요해진 사교육은 부모의 경제력에 따라서 누군가는 단순히 많이 공부하지만, 누군가는 좀 더 효율적으로 필요한 것 위주로 공부할 수 있는 차이를 만들어내고, 이 차이가 소위 말하는 명문대의 입학 비율에 있어서 재산에 따른 차이를 만들어 낸다면, 결과적으로 어떤 집에서 태어났는가라는 질문에 어떤 답이 나오는가에 따라서 한 아이의 미래가 결정된다고 할 수 있을 것이다.

그렇다면 이 문제는 요즘 것들의 정신력과 관련된 문제로 다뤄지기 보다는 세대와 상관없이 사회적인 관점에서 접근해야 하는 문제라고 할 수 있지 않을까? 물론 누군가는 문맹률이 90%를 넘어가는 나라와 비교하며 '그런 나라에 비하면 엄청난 혜택을 누리고 있는데 왜 이렇게 불만이 많아.'라며, 현재 우리나라의 교육 시스템이 별다른 문제가 없다고 여길지도 모른다. 그러나 나는 이런 상황이 꽤나 큰 문제라고 인식한다. 왜냐하면 이런 교육시스템이 만들어내는 결과들이 현재 우리 사회에 많은 문제들을 만들어내고 있다고 생각하기 때문이다.

물론 부모의 경제력에 따라서 입는 옷이 달라지고 먹는 음식이 달라지며, 사는 환경이 달라지는 것을 나쁘다고 말하는 것은 아니다. 부모라면 그 사람이 가난하던 부유하던 좋은 것을 자식에게 해주고 싶어 하는 것은 당연하다고 할 수 있으니 말이다.

다만 우리나라가 인적자원의 중요성, 사람의 중요성을 말하는 사회라고 한다면, 부모의 경제력에 따라서 한 개인이 자신의 능력을 발휘하는데 있어서 제약을 받아서는 안 된다는 말을 하고 있는 것이다. 교육을 중요하게 여기던 조선이 왜 그리도 허약했던 것일까? 왜 그리도 가난하고, 힘이 없었던 것일까? 그것은 그들이 말하는 교육의 중요성, 그들이 강조하던 훌륭한 인재의 범위 안에 소수의 양반만이 들어 있었기 때문이 아닌가?

다시 말해서, 나라를 위해서 교육이 중요하지만 교육의 중요성이 양반의 자제에게만 해당하고, 좋은 인재가 필요하지만 양반만이 좋은 인재가 될 수 있었기 때문에 조선이 말은 거창하지만 실속은 없었다는 말을 하고 있는 것이다.

그런 관점에서 우리가 우리 사회를 돌아본다면, 인재의 중요성, 사람의 중요성에 대해서는 엄청나게 강조하면서도, 부모의 경제력에 따라서 중요한 인재가 되고, 중요한 사람이 되는 현실이 뭔가 아이러니 하다고 생각되지 않는가?

물론 우리 사회가 강조하는 인재의 중요성, 인적자원의 중요성이 집안이 부유한 혹은 사회적으로 높은 위치에 있는 이들의 자식에게만 해당하는 것이라면, 그래서 '좋은 집안에서 태어난 자식들이 능력을 최대한 발휘할 수 있는 사회'가 우리가 지향하는 사회라고 한다면 현재 우리의 교육 시스템은 충분히 제 역할을 잘 수행하고 있다고 할 수 있을 것이다. 부모가 돈이 많으면 그만큼 자식이 능력을 발휘하는 것이 수월한 사회를 살아가고 있으니 말이다.

그러나 우리나라가 인적자원을 정말 중요하게 여겨서, 경제력과 상관없이 각 사람이 갖고 있는 능력을 최대한 발휘하게끔 만들고자 한다면 이와 같은 상황은 뭔가 문제가 있다고 봐야 하지 않을까?

우리 사회에서 소위 천재라고 할 수 있는 인재들을 미리 선별해서 그들을 위한 교육을 하겠다는 취지인 영재 시스템에 대해서도 뭔가 이상한 점을 발견할 수 있는데, 아이러니 하게도 사교육에 따라서 누구는 영재가 되고 누구는 영재가 되지 못한다는 것이다. 즉 돈이 영재를 만든다는 것이다. 내가 알기로 영재 시스템은 나라를 위해서 미리 특출한 아이들을 선별해서 그 아이들에게 적합한 교육을 하는 것으로 알고 있는데, 그 영재 시스템에 사교육이 꽤나 큰 영향을 미친다는 것이 뭐하자는 것인지 모르겠다. 기사에 따르면 영재학교에 재학 중인 학생의 83%가량이 영재학교에 들어오기 위해서 사교육을 받아야 했다고 대답했는데,[8] 과연 사교육을 받아서 탄생한 특출한 아이가 우리 사회를 얼마나 변화시킬 수 있을까? 기성세대가 청년세대에게 기대하는 그런 수준의 혁신을 가져올 인재들이 그곳에서 길러질 수 있을까? 아니 애초에 영재 교육이라는 것은 영재로 태어난 아이들을 대상으로 하는 것으로 알고 있는데, 만들어진 영재를 대상으로 하는 특별한 교육이 어떤 의미가 있을지 모르겠다. 물론 '영재 학교 출신'이라는 간판이 한 아이가 명문대에 들어가는데 좀 더 유리할지도 모르지만, 그게 영재를 발굴해서 재능을 발휘하게 만드는 것과 무

---

8) 이데일리, [작은육아] 세살 영재 여든까지–영유아까지 번진 영재교육 열풍, 2017.11.24.

슨 상관이 있을까?

내가 알기로 천재란 집에서는 좋은 아들로 학교에서는 모범생으로 뭐 하나 빠지는 것 없이, 다 잘하는 만능인 아이가 아니라, 어떤 부분에서는 정말 뛰어나지만 다른 부분에서는 부족한 아이. 그래서 모든 것들을 일정 수준 이상으로 잘하게끔 만드는 교육으로는 아이의 천재성을 발견할 수 없고, 재능을 발휘하게 만들 수 없는 그런 종류의 아이로 알고 있다.

즉 수학이라는 분야에 있어서는 엄청난 천재성을 보여주지만 국어 실력은 너무 떨어져서 좋은 대학에 들어갈 수 없는 아이. 문학적인 능력은 너무나도 뛰어나지만 다른 과목에서는 부족해서 좋은 대학에 들어갈 수 없는 아이, 곧 천재란 너무나도 뛰어난 능력을 갖고 있지만 만능을 원하는 우리 사회의 교육 시스템 속에서는 결코 재능을 발휘할 수 없는 종류의 아이이기에 특별한 교육을 받을 필요성이 있는 이들이 아닌가라는 것이다. 물론 현재 우리나라에서 말하는 천재나 그런 천재를 위한 영재 교육과는 다르지만 말이다.

나는 우리 사회에 보이지 않은 천재들이 많이 있다고 생각한다. 자신이 정말 천재인지도 모르는, 남들의 눈에는 부족하고 못나 보이는 천재들 말이다. 그리고 그런 천재들을 발견하고 그들이 갖고 있는 재능을 키워줄 수 있는 시스템이 우리 사회에 꼭 필요하다고 여긴다. 그런 아이들 중에서 어른들이 자주 말하는 '사회를 변화시킬 수 있는 인재'가 나올 가능성이 높으니 말이다.

물론 한 아이가 자신이 갖고 있는 재능을 발휘하는 데 있어서 부모의 경제력이 엄청난 영향을 미치는 현재의 상황도 뭔가 개선이 필요하다고 인식하고 있다. 돈이 많은 이들의 자녀를 바탕으로 능력을 계발하고, 그들이 갖고 있는 능력을 바탕으로 우리 사회를 발전시키기 보다는 보다 많은 사람들이 부모의 경제력과 상관없이 자신의 능력을 최대한 발휘하게끔 할 수 있는 교육 시스템이 우리 사회를 발전시키는데 좀 더 효과적이라고 생각하기 때문이다.

양반의 자제들, 곧 평민 이하를 제외하고, 첩의 자식을 제외하고, 여자를 제외한 나머지에서 쓸만한 인재를 발견하고자 했던 조선이, 어떤 결과를 맞이했는지는 조선의 역사가 잘 보여주고 있다. 만약 우리 사회가 갖고 있는 이런 저런 문제들을 해결하기 위해서 가장 필요한 것이 인재라고 한다면, 우리 사회에서 가장 중요하게 여기는 자원이 인적자원이라고 한다면, 무수한 사람들이 갖고 있는 재능을 낭비하는 것이 아니라 좀 더 효과적으로 활용할 수 있는 방안을 찾는 것이 먼저 아닐까?

지금보다 우리 사회가 더욱더 발전하기를 원한다면, 그래서 지금보다 뛰어난 인재들이 많이 필요하다면, 그런 인재를 길러내는 우리 사회의 시스템 또한 지금과는 달라질 필요가 있다는 것이다.

다가올 시기에는 인적자원보다
개성 있는 개인이 더욱 필요하다

우리는 기본적으로 한 사람을 개인으로써가 아닌 전체의 부분으로 보는 것에 익숙하다. 왜냐하면 우리가 개인주의적인 관점보다 전체주의적인 관점에 좀 더 익숙한 문화적 환경에서 자라왔기 때문이다. 개인주의적인 관점에서는 한 사람의 가치는 하나의 집단과 동일한 가치를 갖는다.

그러나 전체주의적인 관점에서 살펴본다면 한 사람의 가치는 하나의 집단을 유지하는데 필요한 만큼의 가치만을 갖는다고 할 수 있다. 그럴 경우에 개개인의 가치는 집단 내에서의 지위에 따라 달라진다고 할 수 있는데, 가령 집단의 우두머리인 독재자의 가치는 집단에 속한 대부분의 사람들을 합한 것만큼의 가치를 갖게 된다고 할 수 있다는 것이다. 왜냐하면 독재자는 공식적으로 그 집단에 가장 필요한 존재라고 인정되기 때문이다. 사람들이 개인적으로 어떻게 느끼던 상관없이 말이다.

과거 나라를 버리고 도망간 임금의 사례나 혹은 독재정권의 당위성, 혹은 지금도 우리나라에서 쉽게 살펴볼 수 있는 한 사람의 개성을 대하는 태도를 본다면 한 사람의 가치보다 집단의 가치가 훨씬 높은 것으로 여겨질 때, 권력을 잡은 소수의 사람들은 실제보다 높은 가치를 갖고 있는 인물로 평가를 받으며, 반대로 집단의 평범한 구성원 중에 하나인 대부분의 사람들은 자신을 본래의 가치보다 낮은 가치를 지닌 존재로 인식하게 될 가능성이 높다는 것이다.

나라를 버리고 도망간 임금이나 보호받지 못하고 죽어가는 평범한 사람들이 가치적인 측면에서 차이가 있을까? 왜 권력자의 비리에 대해서는 '그럴 수도 있지'라고 관대하게 대하면서도 반대로 사회적으로 낮은 지위를 갖고 있는 사람의 잘못에 대해서는 엄격한 것일까? 그것은 우리가 그만큼 개인의 가치보다는 집단의 가치를 우선시 여기는 문화에 속해 있기 때문이라고 할 수 있을 것이다.

가령 '한국은 자원이 없기 때문에 인적자원이 중요하게 여겨진다'라는 말을 살펴보자. 이 말은 우리가 어린 시절부터 지금까지 학교나 언론 혹은 어른들로부터 자주 들어오던 이야기다. 어떻게 보면 이 말은 '그만큼 여러분 한 사람 한 사람은 나라에 중요한 사람들입니다'라는 식으로 들리고는 한다.

그러나 조금 다른 관점에서 생각해본다면 이 말은 사회에서 한 사람의 가치를 석탄이나 석유 혹은 우라늄과 동등하게 인식한다는 것을 의미하는 것이라고 생각해볼 수 있을 것이다. 즉 어린 시절부터 우리가 배워왔던 것은 '너 스스로 얼마나 가치 있는 사람인지 알았으면 좋겠어'가 아닌 '이 사회를 위한 석탄이나 석유, 우라늄이 되어라'라는 식이었다는 것이다.

물론 어떤 사람들은 '그럼 우리를 되게 중요하게 여기고 있는 것 아냐?'라는 생각을 할지도 모르겠다. 석탄이나 석유, 우라늄과 같은 자원은 우리 삶에 꽤나 중요한 역할을 하고 있기 때문이다. 그러나 석탄이나 석유, 우라늄과 같은 자원은 중요하기는 하지만 우리는 석탄이나 석유, 우라늄에 대해서 궁금해 하지 않으며, 그렇다고 그런 자원들의 행복에 대해서 관심을 갖지도 않는다. 그저 석탄이나 석유, 우라늄은 자기 자신을 태우고 나면 버려질 뿐이다. 그것이 그런 자원들의 쓸모니까 말이다.

그런데 우리는 어떤가? 어떤 사람이 우리에게 '이 사회를 위해서(조직을 위해서) 널 희생시키고 버릴 거야. 그 정도로 넌 중요한 존재야'라고 한다면 '내가 그만큼 중요한 존재구나. 역시 난 소중해'라는 생각이 드는가? 이 사회를 위해서 사용되고 버려지는 존재라는 생각이 나를 정말 가치 있게 만들어주고, 내가 높은 자존감을 갖게 만들어주는가?

만약 집단을 위해서 개인을 희생하는 것이 한 사람을 가치 있고, 만족스럽게 만들어주는 것이라고 한다면 왜 사회는 개인의 행복에 관심을 갖지 않는 것일까? 왜 '인적자원'에 대해서 언급하는 이들은 개인의 만족, 자존감, 행복에 대해서 언급하지 않는 것일까? 사회는 우리를 석탄이나 석유, 우라늄처럼 가치 있게 대해주고 있는데 말이다.

이것은 반대로 사회가 사람들을 '쓰고 버릴 존재'라고 여기고 있기 때문은 아닐까? 좀 쓰다가 가치가 다하면 얼마든지 버려도 되는 존재로 생각하고 있기 때문에 개인의 행복보다는 집단의 유익에 좀 더 관심을 갖고 있는 것이 아닌가라는 것이다. 왜냐하면 우리가 석탄이나 석유와 같은 자원을 대하는 태도가 그와 같은 것이기 때문이다.

대체 우리는 언제까지 국가를 위해서 자신을 희생시키는 삶이 올바른 것으로 여겨지는 분위기 속에서 살아야 하는 것일까? 물론 애국심을 갖는 것이나, 나라를 위해서 희생하는 것이 나쁘다는 말을 하고 있는 것은 아니다. 다만 한 사람의 인생의 가치가 '나라에 도움이 되었는가?'로 결정되기에는 한 사람의 가치가 지나치게 과소평가 되는 것이 아닌가라는 말을 하는 것이다.

내가 석탄이나, 석유 혹은 우라늄과 같은 가치를 갖는 인적자원이라, 나라를 위해서 불태워진다면 '와~ 정말 값진 인생을 살았구나.'라고 여겨야 할까? 군대에서 부상을 당한 장병들이 별다른 지원을 받지 못하는 것을 보면서 '그래도 참 값진 희생을 했어'라고 여겨야 할까? 국가 기간산업의 범주에 들어가는 회사에서 자신을 희생해가며 과로로 자신의 신체를 불태우는 것을 '이 시대의 애국자네, 값진 인생을 살고 있네'라고 평가해야 하는 것일까? 그보다는 한 개인을 개인으로서 바라보는 것이 아닌 조직을 위한 자원으로 여기고 있는 우리 사회의 시스템 자체를 문제 삼아야 하는 것이 아닐까?

우리가 근래에 접하고 있는 사회 분위기는 많은 사람들이 이와 같이 한 개인을 조직을 위한 자원으로 여기는 사회의 분위기나 시스템에 문제가 있음을 느끼고 있으며, 그와 같은 사회의 분위기나 시스템이 달라져야 한다는 말에 공감하고 있음을 알 수 있다. 다시 말해서, 인권유린이 '국익을 위해서'라는 슬로건 아래에 파묻히는 것을 당연시 여기던 사회 분위기가 더는 올바른 것이 아니라는 인식을 어느 정도는 사람들이 공유하고 있다는 것이다.

물론 여전히 과거 속에서 살고 계시는 많은 어르신들은 요즘 것들이 조직을 위해서 자신을 희생하지 않으려는 모습을 보고는 '요즘 것들은 끈기가 없어', '요즘 것들은 이기적이야', '요즘 것들은 불평불만만 해', '요즘 것들은 노력은 안하면서 사회 탓만 해'라고 말하며, 꽤나 못마땅한 시각을 갖고 계시다는 것을 잘 알고 있다. 조직을 위해서 개인을 희생하는 것을 당연시 여기던 시절을 살아오신 분들이기에, 그와 같은 관점으로 조직만큼이나 개인의 가치를 중요하게 여기는 요즘 것들이 못마땅하게 느껴지는 것도 충분히 이해할 수 있다.

그러나 과거에 정답이었던, '조직을 위해서 자신을 희생하는 개인'이라는 문장이 지금도 동일하게 정답일 수는 없다는 것이다. 단순히 정서적인 부분에서만이 아니라, 경제나 사회적인 부분에서도 말이다. 지금도 과거 속을 살아가는 분들이 조직을 위해서 자신을 희생하던 시절에는, 조직을 위해서 자신을 희생하면 할수록 산업 경쟁력이 올라가던 시기였다. 개인이 국가에서 밀어주는 산업을 위해서 자신을 희생한다는 것은 더 값싼 노동력을 제공한다는 것이고, 그것은 곧 그 당시 앞선 기술력보다 낮은 가격으로 승부하던 우리에게는 꽤나 큰 유익이 되었을 테니 말이다.

그러나 지금은 그때와 세상이 달라졌다. 다시 말해서, 더 이상 가격 경쟁력으로 세계 시장에서 우위에 서기에는 현실적으로 어려운 상황이 되어버렸다는 것이다. 젊은 청춘들이 저임금 노동에 시달리거나, 두 명이 해야 하는 일을 야근과 과로를 감내하면서 한 명이 해결하는 가성비 노동을 실천한다고 할지라도, 중국을 비롯한 다른 개발도상국가와의 가격 경쟁력 측면에서는 상대가 되지 않는다는 것이다. 기본적으로 한국보다 국민소득이 3분의 1정도 낮은 국가와 가격을 중심으로 경쟁할 수 있을까?

물론 어떤 사업주들은 그게 충분히 가능한 일이라고 생각하시는지, 임금을 개발도상국 수준으로 맞춰서 세계 시장에서 승부를 하려고 하시는 분들도 있는 것 같다. 그러나 기본적으로 그와 같은 사업 전략은 성공할 수 있는 가능성이 극히 낮다는 것이다.

모든 부분에 있어서 한국보다 압도적으로 저렴한 비용으로 제품을 생산할 수 있는 나라들을 저임금을 무기로 어떻게 이길 수 있을까? 우리가 수출하는 품목의 가격 경쟁력을 위해서 임금 수준을 50년 정도 뒤로 후퇴 시켜야 할까? 그래서 중국이나 베트남 등과 가격 경쟁을 해서, 국가의 경쟁력을 끌어 올리는 것이 과연 합리적인 방법이라고 할 수 있을까?

만약 어떤 대통령이 이와 같은 식으로 나라를 운영하려고 한다면 그는 역대급으로 무능한 대통령으로 낙인이 찍힐 각오를 해야만 할 것이다. 그것은 결코 올바른 경제정책이라고 할 수 없기 때문이다. 그런 이유로 우리가 할 수 있는 가장 현실적인 방법이란, 개개인이 갖고 있는 능력을 최대한 끄집어낼 수 있는 사회적인 시스템을 갖추는 것에 있다고 할 수 있는 것이다.

왜 야근이나 긴 노동시간이 문제가 되는가? 그와 같은 식의 근무 환경이 한 명에게 1.5명 정도의 일을 시키는 효과를 내서 인건비를 절약할 수는 있을지 몰라도, 창의력이 좀 더 강조되는 고품질의 제품에 있어서는 좋지 못한 효과를 내기 때문이다.

우리는 3차 산업시대를 살아가고 있으면서, 한편으로는 4차 산업시대를 목전에 두고 있다. 다양한 분야들의 예상치 못한 융합과 그 안에서 비롯될 예상하지 못한 발전들, 인공지능과 자동화로 인한 노동의 대체 등 앞으로 우리가 경험하게 될 환경의 변화는 지금까지 우리가 경험했던 환경의 변화보다 훨씬 엄청날지 모른다.

즉 '우리 때는 말이야'라면서 과거의 관점과, 과거의 가치관을 바탕으로 다가올 시대의 변화에 맞서기에는 시대의 변화가 어른들이 말하는 '우리 때'의 변화보다 훨씬 극심할 수 있기 때문에, 적응에 있어서 어려움을 겪을 수 있을지도 모른다는 것이다.

과거 예수는 유대인들에게 '새 술은 새 부대에 담아야 한다'라는 말을 했다. 이 말은 새로운 변화를 받아들이고자 한다면 새로운 사고방식이 필요하다는 의미와 다르지 않다. 즉 앞으로 다가올 4차 산업 시대에 맞춰서 요즘 것들을 과거의 눈이 아닌 지금의 눈 혹은 미래의 눈으로 바라봐야 하는 시기에 있다는 것이다.

과거에는 개성이라는 것이 불필요했다. 개성보다는 열심히 일하는 사람, 야근과 과로를 감내할 수 있는 사람이 훌륭한 인재로 여겨지는 시기였다. 그러나 그와 같이 열심히 일할 분야가 인공지능이나 자동화로 대체될 수 있는 시기가 된다면 과거의 사고방식으로 어떻게 새로운 환경에 대처할 수 있을까? 24시간 잠도 자지 않고, 조금의 오차도 없이 나보다 더 일을 잘 할 수 있는 자동화된 기기들과 쉬지 않는 두뇌인 인공지능을, 야근과 과로를 바탕으로 싸워 이길 것을 요구할 텐가?

만약 그런 관점으로 다가올 4차 산업 시기를 대비한다면 우리는 4차 산업 시기에 승자보다는 패자의 위치에 자리하게 될지도 모른다. 다른 나라들은 자율주행 차를 타고 다니는 판에, 자율주행차보다 더 운전을 잘하는 방법을 가르치는 셈이니 말이다.

우리에게는 개성을 바라보는 새로운 관점과, 새로운 시스템이 필요하다. 두 사람을 하나로 만드는 교육 시스템이 아닌, 한 사람이 갖고 있는 다양한 능력을 최대한 끌어낼 수 있는 교육 시스템, 개성을 없애야만 보상을 얻을 수 있는 시스템이 아닌, 개성을 발휘할수록 더욱더 효과적일 수 있는 사회적인 시스템이 필요하다는 것이다.

나아가 우리 앞에 당면한 저출산과 고령화의 문제들로 인해서, 조금 더 시간이 흐르고 나면 한 사람의 청년이, 한 사람의 노년층을 부양하는데 더 많은 돈을 부담해야 하는 시기가 찾아올 것이다. 다시 말해서, 지금은 5명에서 한 명의 노인을 부담해야 했으나, 앞으로는 2명에서 한 명의 노인을 부담해야 하는 상황이 발생하게 된다는 것이다.

이와 같은 상황에서 고령화에 대처하는 현명한 방법이 무엇일까? 과거의 산업화 시대의 관점으로 요즘 것들이 과거보다 2배 정도 과로와 희생을 하면 되는 것일까? 한 명이 더 많은 사회 부담을 짊어지기 위해서 더 많은 희생과, 더 많은 과로, 더 저렴한 임금을 받게끔 사회 구조를 변화시켜야 할까? 그보다는 우리 사회가 그동안 방치하고 있었던 개개인의 개성이나 잠재력을 좀 더 끌어내는 방향으로 나아가야 다가올 4차 산업 시기와 고령화에 좀 더 효과적으로 대처할 수 있지 않을까?

우리는 인공지능이나 과학 기술의 발달, 다양한 분야들이 서로 섞이고 섞여서 예상하지 못한 시너지를 일으킬 수 있는 새로운 변화의 시기를 목전에 두고 있다. 그와 같은 변화들은 한 사람에게 과거보다 훨씬 높은 생산성과 일의 효율성을 가져다줄 수 있으나, 한편으로는 제대로 대처 하지 않았을 경우에는 우리 사회가 생각하는 것 이상으로 큰 피해를 입게 될지도 모른다. 가령 환경의 변화에 제대로 대처하지 못하는 무수한 사람들이 일자리를 잃어버리고, 극소수의 사람들만이 새로운 환경 안에서 막대한 수익을 얻게 되는, 지금보다 훨씬 불평등한 사회가 될 수도 있다는 것이다.

이런 상황에서 어른들이 요즘 것들에게 자주 하는 말인 '사람이 마음만 먹으면 환경이 어떻든 얼마든지 극복할 수 있어'라는 식의 생각은 효과적인 대처 방법이라고 할 수 있을까? 산업의 변화를 정신력으로 극복하는 것이 과연 이론적으로 가능한 일이라고 할 수 있을까? 물론 어른들의 관점에서는 인간의 잠재력이라는 것이 무한해서 요즘 것들이 마음만 먹는다면 시대나 환경의 변화에 굴하지 않고 싸워서 이길 수 있다고 믿고 있을지도 모른다.

그러나 오늘날 산업 현장에는 수십 년 전과는 달리 다양한 기계들이 사용되고 있으며, 그와 같은 기계들의 사용으로 우리는 과거에는 쉽게 접할 수 없었던 상품들을 한층 저렴한 가격으로 접하고 있다. 나아가 '과거처럼' 할 것을 요구하는 어른들 또한 강인한 정신력을 바탕으로 엄청난 노동시간을 통해서 만들어진 제품이 아닌 뛰어난 아이디어나, 혹은 기존에 터부시되던 개성을 바탕으로 만들어진 상품들을 충분히 누리고 있는 상황이다. 즉 과거 같지 않다고 요즘 것들을 비난하는 이들도 과거와는 다른 방식으로 만들어진 제품들을 충분히 활용하고 있다는 것이다.

이와 같은 상황에서 어떻게 요즘 것들에게 과거와 같은 사고방식을 요구할 수 있을까? 이미 모든 부분에 있어서 환경과 상황이 과거와 달라졌으며 앞으로는 더욱 큰 변화들이 예고되어 있는데 말이다.

그런 이유로 우리는 지금까지와 마찬가지로 국가와 집단을 위해서 개인을 희생하는 문화와 분위기에서 탈피해, 좀 더 개인을 중심으로 돌아가는 사회를 만들어갈 필요가 있다. 앞으로 다가올 시기는 개인의 영향력이 그 어느 때보다 커지는 시기이기 때문이다.

이미 우리는 10년 전 컴퓨터보다 훨씬 뛰어난 성능을 갖고 있는 스마트폰을 매일 들고 다니고 있으며, 그 안에서 개인이 만들어낸 다양한 콘텐츠들을 접하고 있다. 즉 기술의 발달이라는 토대 위해서 소셜미디어의 발달, 다양한 영상 매체들의 발달로, 과거 엄청난 자본을 바탕으로 거대한 조직만 생산할 수 있었던 콘텐츠들을, 개인이 큰 비용 없이 생산할 수 있는 현재를 살아가고 있다는 것이다.

우리는 긍정적인 영향이든 혹은 부정적인 영향이든 트위터나 페이스북 등 SNS에 남긴 짧은 문장이 굉장히 빠른 속도로 수많은 사람들에게 영향을 미치는 현실을 마주하고 있다. 더는 방송이라는 분야가 거대한 건물을 바탕으로 수많은 인력을 통해서만 제작할 수 있는 분야가 아닌, 개인도 자신의 공간에서 저렴한 비용으로 방송을 제작할 수 있는 상황이 도래한 것이다.

지금도 수십 년 전과 비교한다면 천지가 개벽하는 상황이라고 할 수 있는데, 앞으로는 이와 같은 변화들이 지금보다 훨씬 더 빠르게, 그리고 훨씬 넓은 범위로 퍼져 나감으로써, 지금의 변화보다 훨씬 극심한 변화들이 나타날 거라고 말해진다. 즉 과거 기업이나 거대한 조직에서만 가능한 일을 지금은 한 개인이 할 수 있게 된 것처럼, 다가올 시대에는 그 범위와 넓이 등 효율성이 지금보다 훨씬 높아지는 상황이 도래한다는 것이다.

한 개인이 자신의 아이디어를 바탕으로 3D프린팅으로 집에서 소량의 제품을 만드는 상황을 상상해보자. 수십 년 전에는 거대한 규모의 공장에서 비싼 설비와 많은 인력을 동원해서 만들 수 있었던 제품들이, 3D프린팅 기계를 통해서 자신의 집에서 많은 비용을 들이지 않고도 한 개인의 힘만으로 만들어 낼 수 있는 상황이 도래한다면 우리가 살아가는 환경은 어떻게 변할까?

한 개인이 오롯이 자신만의 아이디어와 노력으로 3D프린팅한 제품을 인터넷을 통해서 판매하고, 드론으로 배달을 하는 상황을 상상해보자. 한 개인이 사회에 미칠 수 있는 영향력이라는 것이 과거에 비해서 얼마나 큰 폭으로 달라질 수 있는지 가늠이 가는가?

사람들이 원하는 제품들을 각각의 사람들을 위해서 맞춤식으로 제작하고, 자신의 드론으로 배달하는 상황, 즉 제품을 생산하고 유통하는 측면에 있어서 보다 손쉽게 자신이 갖고 있는 영향력을 발휘할 수 있는 상황이 된다는 것이다.

이때 만약 우리가 사회의 변화에 대처하지 못한 채, 그저 조직을 위해서 희생하는 개인만을 키워 내거나 혹은 그러한 개인이 될 것을 아이들에게 요구한다면, 우리는 다가올 변화의 시기에 영향력을 발휘하지 못하는 상황에 처할지도 모른다. 청년들의 정신력이 과거와 달리 나약해졌기 때문이 아닌, 기성세대가 다가올 시대를 대비해서 적절하게 사회를 변화시키지 않았기 때문에 말이다.

물론 나는 모든 책임이 기성세대에게 있다고는 여기지 않는다. 그러나 높은 위치에 있을수록, 영향력이 클수록, 더 많은 책임을 짊어질 수밖에 없다는 논리를 바탕으로 생각해본다면, 많은 청년들이 사회에 첫발을 내딛지도 못한 상황에서 그들에게 미래를 대비하는 것에 대한 책임을 오롯이 짊어지게 만드는 것은 너무 무책임하다는 것이다.

사회를 변화시킬 수 있는 영향력이 있는 이들은 아무것도 하지 않은 채, 이제 막 사회에 첫발을 내딛은 혹은 아직 사회에 첫발을 내딛지도 못한 이들에게 다가올 미래에 걸맞게 사회를 변화시킬 것을 요구하는 것이나 혹은 그들의 현재를 보고는 '요즘 것들을 보면 우리나라의 미래가 암담해'라는 식으로 청년들의 미래에 대해서 부정적인 언급을 하는 것은 그리 책임감 있는 모습은 아닐 것이다.

한 나라에서 가장 영향력 있는 이들은 아무것도 하지 않은 채, 영향력을 얻고자 하는 청년들에게 사회의 변화의 책임을 오롯이 짊어지게 만드는 것이 어떻게 책임감 있는 모습이라고 할 수 있을까? 그보다는 요즘 것들을 걱정하는 기성세대가 좀 더 책임감을 갖고 우리 사회를 '요즘 것들이 자신이 갖고 있는 잠재력을 최대한 발휘할 수 있는 사회'가 되도록 변화시켜 나가는 것이, 아무것도 하지 않은 채 요즘 것들을 한심하게만 여기는 것보다 훨씬 낫지 않을까?

우리는 점점 개성이 중요해지는 시기를 맞이하고 있다

우리는 종종 신문을 통해서 '생산성'에 대한 이야기를 접하고는 한다. 즉 우리나라의 노동 생산성이 낮다면서, 선진국과 비교해서 우리나라 노동계의 문제점들을 언급하는 내용을 접하곤 하는데, 이와 같은 식의 내용들이 많이 다뤄지다 보니 우리는 노동 환경을 다루는 경영에 있어서도 수준 차이가 있다는 것을 종종 망각하게 되는 것 같다.

다시 말해서 개인의 잠재력을 최대한 끌어낼 수 있는 환경에 대한 것보다는 환경이 어떻든 개인의 정신력으로 생산성을 끌어 올리는 쪽에 초점이 맞춰지는 경우가 많다는 것이다.

그러나 뛰어난 능력을 갖고 있는 사람이 열악한 환경에서 자신이 갖고 있는 능력을 최대한 발휘할 수 있는 경우는 얼마나 될까? 아인슈타인이 지금 우리나라에 태어난다면 얼마나 큰 업적을 이룰 수 있을까? 빌게이츠나 마크 저커버그가 한국에서 태어났다면 마이크로소프트나 페이스북이라는 거대한 기업을 만들 수 있었을까?

그들이 뛰어난 이들임은 분명하지만 그들이 그와 같은 거대한 기업을 만들 수 있었던 이유 중 하나는 그들이 살고 있는 사회가 그들이 갖고 있는 잠재력을 끌어내는데 유리했기 때문이라는 것은 부인하지 못할 것이다.

우리나라에서도 종종 대기업의 창업자들을 조명하면서 그들이 근면 성실하고 포기하지 않으며, 도전정신으로 무장하고, 앞을 내다보는 뛰어난 통찰력을 갖고 있었기 때문에 지금과 같은 기업을 만들어 낼 수 있었다는 식의 이야기를 한다. 그러나 동일한 나라지만 시대가 그들의 창업과 그들이 창업한 기업을 성장시키는데 유리했음은 부인할 수 없을 것이다.

만약 환경이 그들의 창업과 창업한 기업을 성장시키는데 아무런 영향도 미치지 않았다고 말한다면, 그들은 지금 태어난다고 할지라도, 동일한 기업을 만들 수 있어야 마땅할 것이다.

그러나 한편으로는 환경과 상관없이 개인의 노력만으로 대기업을 만들어내는 것을 인정한다면, 우리나라는 수십 년 전 이후로 많은 일자리를 만들어낼 뛰어난 인재들을 거의 길러내지 못했음을 인정하는 꼴이 되어버리고 만다. 즉 우리나라의 교육 시스템, 나아가 우리 사회를 이끌어갔던 이들이나 이끌어가고 있는 이들이 인재를 길러내는 데 실패했다는 이야기와 다르지 않다는 것이다.

지금 우리나라의 경제계를 주름잡는 기업들은 하나같이 수십 년 전 창업한 기업들이 대부분이다. 즉 가까운 시기에 창업해서 대기업의 반열에 오른 기업들은 거의 찾아볼 수가 없다는 것이다. 그렇다면 이것은 우리 사회의 시스템 자체가 평범한 이들을 길러내는데 치중한 나머지 양질의 일자리를 만들어낼 뛰어난 기업가들을 길러내는 데는 심각한 문제가 있음을 증명하는 것이 아닐까?

만약 어른들이 자주 말하는 것처럼 요즘 것들이 문제가 있어서 대기업의 대부분이 수십 년 전 창업한 기업인 거라면, 이와 같은 상황은 '우리 때는 안 그랬는데, 요즘 것들이 문제야'라는 식의 이야기를 말하는 그 시대의 태어난 기성세대가 건국 이래로 가장 특별한 세대라는 말이 되어버리고 만다. 왜냐하면 기성세대의 말을 들어보면 그들이 말하는 '우리 때'에서만 뛰어난 아들이 나온 것처럼 느껴지니 말이다.

이 말을 500년 역사의 조선에 적용시킨다면 조선의 전반기에만 인재들이 많았고, 후반기에는 인재들을 찾아볼 수 없게 되었다는 식의 이야기도 충분히 성립할 수 있다. 그러나 우리는 역사 시간에 조선의 후기에 쓸만한 인재가 없었던 이유는 신분에 따라서 사람을 구별하고, 적자인지 혹은 서자인지에 따라서 사람을 구별하며, 성별에 따라서 사람을 구별하고, 가문이나 당파에 따라서 사람을 구별하다 보니 인력풀이 굉장히 좁아져서 쓸만한 인재들을 뽑지 못한 것이라고 배웠다.

즉 조선 초기에는 하늘로부터 엄청난 축복을 받아서 인재들이 넘쳐났으나, 조선의 후기에는 하늘이 조선을 버려 인재들이 없어지게 만든 것이 아니라, 세종이 귀하게 여겼던 장영실과 같은 인물들이 조선의 후기에는 아무리 대단한 능력을 갖고 있어도 자신의 능력을 발휘할 수 없었기 때문에 인재가 없었다는 것이다.

다시 말해서 조선의 전기에는 뛰어난 능력을 갖고 있는 인물들이 자신의 능력을 최대한 발휘할 수 있는 사회였지만 조선의 후기에는 아무리 뛰어난 능력을 갖고 있다고 할지라도, 서자로 태어나지 않고, 평민이 아니며, 힘 있는 가문의 남자로 출생을 해야만 잠재력을 발휘할 수 있는 사회였다는 것이다.

이런 관점에서 어른들이 보기에 요즘 것들이 과거와 달리 부족해 보이는 원인을 찾는다면, 그 원인은 요즘 것들이 태생적으로 나약하고, 부족하기 때문이 아니라 그들을 그렇게 만든 사회와 시스템에서 찾을 필요가 있을 것이다. 천지신명과 삼신할매가 요즘 것들만 특별하게 한심한 이들로 태어나게 만들었다고 믿는 것이 아니라면 말이다.

즉 어른들이 느끼는 요즘 것들이 갖고 있는 다양한 문제의 원인은 요즘 것들이 아닌 어른들의 문화, 어른들의 시스템에서 비롯되었을 가능성이 높다는 것이다. 권위를 중요하게 여기는 한국 사회를 볼 때, 요즘 것들의 모습이란 기성세대가 요구하는 문화와 시스템에 잘 적응한 모습일 가능성이 높으니 말이다.

여기서 말하는 기성세대의 문화, 그들이 요구하는 시스템이라는 것은 뛰어난 이들이 도무지 나타날 수가 없게 만드는 시스템, 곧 다가올 시기에 정말 가치 있고, 필요하다고 인식되는 개성, 독특한 색깔을 올바르지 않은 것으로 만들어버리는 시스템, 평범하게 사는 것이 '싹싹하다' 혹은 '사회생활 잘한다'라고 여겨지며, 자신만의 색깔을 갖고 있는 이들은 '너 그렇게 살면 안 돼'라는 조언을 받아야만 하는 문화와 시스템을 의미한다.

생각해보자. 노량진에서 수십만의 청년들이 공무원이 되기 위해서 노력하는 현실을 보고는 '쯧쯧 요즘 것들은 도전 정신이 없어'라고 이야기를 하면서도, 한편에서는 자신만의 길을 발견하고 도전하는 이들에게 '네가 그런다고 성공할 수 있을 것 같아?', '네가 사회를 아직 몰라서 그래. 포기하고 공무원 시험이나 준비해' 등등 평범하게 살아갈 것을 요구하는 상황에서 어떻게 도전을 하고 남과 다른 아이디어나 혹은 자신만의 잠재력을 발휘할 수 있을까? 도전을 한다고 해도, 실패에 대한 리스크가 압도적으로 큰 판에, 요즘 것들의 상당수가 공무원이라는 안정된 꿈을 꾸는 것을 과연 이상하다거나 틀렸다고 말할 수 있을까? 즉 우리 사회가 먼저 변해야만 한다는 것이다. 개인이 좀 더 자신의 재능을 발휘하기 쉽도록, 좀 더 평범함보다는 개성이 중요하게 여겨지도록 말이다.

아직 4차 산업혁명이 도래하지 않았다고 할지라도, 많은 부분에 있어서 과거 10년 전에는 상상할 수 없었던 일들이 우리 사회 곳곳에 일어나고 있다. 가령 누가 이렇게 개인 방송이 많은 이들에게 인기를 얻게 되고, 또 쉽게 개인이 방송을 할 수 있는 상황이 되리라고 예상했을까?

누구는 블로그를 통해서 예상하지 못했던 이익을 얻기도 하고, 누군가는 페이스북이나 인스타그램을 통해서 예상하지 못했던 인기와 이익을 얻기도 한다. 누군가는 많은 나라를 여행한 경험들을 책으로 써서 많은 유익을 얻기도 하고, 누군가는 자신만의 스타일을 판매해서 이익을 얻기도 한다.

이와 같은 상황들은 10년 전에는 결코 상상할 수 없었던 상황이라고 할 수 있다. 다시 말해서, 10년 전에 비해서 개성을 바탕으로 이익을 얻을 수 있는 기회와 그 이익의 크기가 훨씬 커졌으며, 이와 같은 상황은 앞으로 더욱더 심해지게 될 거라는 말이다.

어른들이 '우리 때는 말이야……'라고 말하는 그 시절에는 거의 대부분의 사람들이 제품에서 디자인이 이렇게까지 중요하게 되리라고는 생각하지 못했을 것이다. 왜냐하면 그때는 디자인보다 제품의 품질이 더 중요한 시기였기 때문이다.

그 당시에는 만들면 팔리는 시절이었다. 각 가정마다 TV 혹은 전화기 등이 막 보급되는 시기였고, 그런 상황에서 회사들은 굳이 예쁜 TV나 예쁜 전화기 등에 크게 신경 쓸 이유가 없었다. 그저 좋은 품질을 갖고 있으면 팔리는 상황이었으니 말이다. 그러나 지금은 그때와 달리 기술의 발전으로 인해서 적은 자본으로 과거에 대기업들이 만들었던 제품들보다 훨씬 좋은 품질의 제품들을 생산할 수 있는 상황이 되었다. 지금 판매되는 20만 원 미만의 핸드폰이 과거 100만 원을 호가하던 핸드폰보다 더 성능이 좋은 상황이 되었다는 것이다. 그러다보니 과거에 비해서 핸드폰이란 제품을 생산하기 위한 허들이 굉장히 낮아져서, 공급이 수요보다 많은 상황이 발생하게 되었다.

즉 사람들이 원하는 것 이상으로 다양한 핸드폰들이 만들어지고 있는 상황이라는 것이다. 이런 상황에서 사람들은 더는 과거처럼 제품의 품질을 따지면서 핸드폰을 고르기 보다는 그동안 주목하지 않았던, 제품이 갖고 있는 고유한 개성, 다른 핸드폰과의 '다름'에 집중하는 상황이 발생하게 된 것이다.

이것은 핸드폰을 예로 들어서 설명했을 뿐, 실상은 우리가 접하는 거의 대부분의 제품들이 이처럼 디자인이나 독특한 개성을 바탕으로 선택되고 있는 상황이라고 할 수 있다. 과거에는 옷이 없어서 입을 것이 없었으나, 이제는 예쁘지 않으면 아무리 좋은 옷도 잘 팔리지 않으며, 과거에는 음식이 없어서 먹을 것이 없었으나, 지금은 똑같은 음식도 데코레이션이나 분위기가 중요한 시기가 된 것이다.

세스 고딘은 자신의 저서인 『보랏빛 소가 온다』에서, 세상에는 살 것이 너무 많아서 정말 특별하지 않으면 팔리지 않는다고 이야기를 한다. 즉 좋은 제품을 사람들에게 홍보해서 판매하는 시기가 아닌, 제품 자체가 홍보가 되는 시기가 도래했다는 것이다. 생각해보면 우리가 생각할 수 있는 거의 모든 제품들이 마음만 먹으면, 비용을 지불하기만 하면 구입할 수 있는 상황이 되었다. 선이 없는 이어폰, 말로 명령을 내릴 수 있는 인공지능 스피커, 얼마 후에는 운전을 대신 해주는 자동차까지 구입할 수 있을 것이다.

그러나 여기서 문제가 되는 것은 그런 제품들이 한두 개가 아니라는데 있다. 우리가 구입하고 싶은 제품을 인터넷에서 검색해보면 뭘 사야 할지 모를 만큼 엄청난 종류의 상품들을 보게 된다. 그런 가운데 우리는 어떤 제품을 구입하게 될까? 우리는 그와 같이 엄청난 종류의 제품들 중에서 이미 널리 알려진 제품들 아니면, 독특한 제품을 구입하게 된다는 것이다. 다른 제품과 뭔가 다른 특징을 갖고 있는 제품, 독특한 디자인, 독특한 특징들을 갖고 있는, 일종의 보라색 소와 같은 상품 말이다. 이런 현상이 단순히 상품에만 해당하는 것일까?

어른들은 종종 청년 실업에 대해서 '눈이 너무 높다' 혹은 '요즘 것들은 인내심이 없어'라는 식으로, 요즘 것들이 눈만 높고 참을성이 없기 때문에 이와 같은 상황이 비롯되었다고 말한다. 그러나 『한국 경제, 경로를 재탐색합니다』라는 책에 따르면 우리나라는 제조업 중심의 산업 사회에서 서비스업 중심의 탈 산업사회로 산업구조가 변했는데, 기본적으로 서비스업은 제조업에 비해서 일자리 창출 능력이 현저히 떨어진다고 언급한다. 다시 말해서, 사회의 구조가 점점 양질의 일자리가 없어지는 구조로 나아가고 있다는 것이다.

이런 상황에서 우리는 어떤 선택을 해야 할까? 개성이라고 하는 것을 생각 없는 애들이나 하는 것, 혹은 불량한 애들이나 갖고 있는 것으로 여기는 지금의 분위기는 괜찮다고 할 수 있을까? 아니 도전을 하더라도 남과 다른 아이템을 발견하고 그것을 상품화 시켜야 하는데, 다른 것을 받아들이지 못하는 사회에서 어떻게 기성세대가 원하는 도전이 나타날 수 있는가라는 것이다.

과거 모든 양반은 주자학의 전문가가 되어야 했고, 모든 평민은 농민이 되어야만 했던 조선시대와 같이, 모든 아이들이 똑같은 교육을 받고 비슷비슷한 유형의 사람이 되는 지금의 상황이 과연 괜찮다고 할 수 있을까? 기성세대가 원하는 평범한 삶을 살아가는 아이에게 '모범생'이라는 딱지를 붙여주고, 기성세대가 생각하지 못했던 삶을 살아가는 아이에게는 '불량학생'이라는 딱지를 붙이는 지금의 상황은 괜찮은 것일까?

조선시대에 양반은 농업과 상업에 종사할 수 있었으나, 아무도 종사하려고 하지 않았다. 양반이 농업과 상업에 종사하는 것을 부끄러운 것으로 여겼기 때문이었다.[9] 즉 양반 사회에서 일종의 일탈 혹은 불량 양반이 되는 셈이었다. 마찬가지로 조선의 평민에게 있어서 상공업에 종사한다는 것은 천한 일을 하는 것과 다름이 없었다. 조선 사회가 농업을 가장 중요한 것으로 여기고, 상공업을 농사를 짓기 싫어하는 문제 있는 이들만 하는 것으로 여겼기 때문이었다.[10]

그러나 우리는 조선의 패망이 조선의 사회가 말하는 불량한 이들, 즉 사회가 요구하는 인재상에 부합하지 않는 불량한 인물들이 부족했기 때문임을 알고 있다. 모든 양반들이 주자를 잘 알지 못해서 조선이 망한 것이 아니라, 모든 양반들이 주자만 알고 있어서 망했다는 것이다. 모든 평민들이 농업에 종사하지 않아서 조선이 망한 것이 아니라 상업이나 공업에 종사하는 평민이 부족했기 때문에, 조선이 망했다는 것이다.

왜 우리는 평범한 사람이 되는 것을 '바르다'라고 이야기 하며, 평범하지 않은 사람이 자신에게 적합한 재능을 발견하고 자신의 길을 개척해 나가는 것을 '불량하다'고 이야기 하는 것일까? 정작 기성세대가 말하는 도전이니 혁신이니 변화니 하는 것들은 그런 다름 곧 사회적인 불량함에서 나올 수 있는 것인데 말이다.

---

9) 『조선은 왜 무너졌는가』 정병석 지음, 시공사. 152~153p

10) 『조선은 왜 무너졌는가』 정병석 지음, 시공사. 87p

고려를 개혁하고자 했던 정도전은 고려에 있어서 불량한 학자였다. 조선에 새로운 사상이나 지식을 가져오고 싶어 했던 소현세자는 인조에게 있어서 불량한 자식, 불효자식과 같았다. 정조는 또 어땠을까? 왜 정조가 숱한 위기를 당해야 했을까? 그것은 정조라고 하는 임금이 그 당시 기득권 세력의 입장에서는 불량한 임금이었기 때문이 아니었는가?

우리는 너무 쉽게 다름에 대해서 '틀렸다'라고 이야기 한다. 너무 쉽게 다른 것에 대해서 '불량한 것'이라고 이야기 한다. 정작 우리 사회에 필요한 것은 무수한 불량한 이들을 길러내는 데 있는데 말이다. 내가 지금 말하고 있는 '불량하다'는 말의 의미는 '무례하다'를 의미하는 것이 아니다. 폭력적이고, 이기적이고 범죄를 저지르는 것을 의미하는 것이 아니라, 그저 다른 것을 의미한다. 다른 생각, 다른 관점, 다른 행동, 다른 삶을 살아가는 것을 의미한다. 우리는 자주 그저 다르다는 이유로 '불량하다'고 평가받게 되곤 하니 말이다.

기성세대와 다른 생각을 하고 있다는 이유로, 기성세대와 다른 행동을 한다는 이유로, 기성세대와 다른 삶을 살아가고 있다는 이유로, 기성세대는 자주 요즘 것들이 바르게 살고 있지 않다고 언급한다. 요즘 것들이 과거에 비해서 한층 불량해졌다고 말이다. 그러나 요즘 것들이 기성세대와 다르다는 것이 과연 틀린 것일까? 과연 치료 받을 필요가 있다고 말할 수 있을까? 어쩌면 다른 것을 받아들이지 못하는 기성세대에게 문제가 있는 것은 아닐까?

우리 사회는 아이들에게 개성을 가질 수 있는
시간과 여유를 주지 않고 있다

　　　　　　　　우리는 종종 말을 재밌게 하는 사람들을 보면서
'나도 저 사람처럼 말을 잘하고 싶다'라고 생각하고는 한다. 그럼 무엇이
말을 재밌게 혹은 말을 재미없게 만드는 것일까? 만약 우리가 말을 재밌
게 하는 사람의 이야기와 말을 재미없게 하는 사람의 이야기를 가만히 들
어본다면, 말을 재밌게 하는 사람의 경우에는 어디서 들은 것도 자신의
것으로 소화시켜서 이야기를 하는 반면에, 말을 재미없게 하는 사람의 경
우에는 단순히 누군가의 말을 전달하는 형식으로 말한다는 것을 살펴볼
수 있다.

　즉 신문을 보거나 책을 읽으면 더는 그 사람의 말을 들을 필요가 없는,
단순히 사실들을 나열하는 식으로 말하는 사람은 듣는 사람의 입장에서
재미없지만, 신문이나 책의 내용을 자신만의 이야기로 소화시켜서 말하
는 사람은 책이나 신문을 보기보다는 도리어 그 사람의 이야기를 듣고 싶

어진다는 것이다. 이와 같은 차이는 과연 어디서 비롯되는 것일까? 왜 자신이 소화시킨 누군가의 이야기는 재미있는 반면에, 단순히 남의 이야기를 전달하는 식의 이야기는 재미가 없는 것일까?

그것은 말에도 개성이 존재하기 때문이라고 할 수 있을 것이다. 즉 내가 어디서 들은 이야기를 나만의 것으로 소화시켜서 이야기를 한다면 그것은 세상 어디에도 없는 오직 나만의 이야기가 되어버리기 때문에 듣는 사람은 내게 집중할 수밖에 없고, 내 이야기에 재미를 느끼게 된다는 것이다.

가령 경제라는 딱딱한 이야기를 두 사람이 들었다고 해보자. 이때 어떤 사람은 경제라는 딱딱한 이야기를 경제학자에게 들은 그대로 전달하는 반면에, 어떤 사람은 자신이 처한 환경이나 상황에 맞게끔 자신만의 경제 이야기로 소화시켜서 이야기를 한다고 해보자. 그럼 우리는 누가 말해주는 경제 이야기를 듣고 싶을까?

아마 대부분의 사람들이 경제학자의 이야기를 그대로 전달하는 이야기보다는 치킨집 사장님이 말해주는 치킨과 관련된 경제 이야기처럼 자신이 소화시킨 경제 이야기를 더욱 듣고 싶어 할 것이다. 그것은 어디서도 들을 수 없는 그 사람만의 이야기이기 때문이다. 이와 같이 개성이라고 하는 것은 나와 멀찍이 떨어진 어떤 곳에 존재하는 것이 아니라 우리 삶에 꽤나 가깝고 밀접한 곳에 자리하고 있다.

여기서 개성을 가짐으로써 자신이 좀 더 매력적인 사람이 된다고 말하면, 개성을 갖고 싶어 하지 않을 사람이 누가 있을까? 거창하게 마케팅이니 사회니 경제니 하는 것들을 뒤로하고, 그저 친구에게, 혹은 어떤 이성에게 나를 좀 더 매력적인 사람으로 느껴지게 만드는 것이 개성이라고 한다면, 아마 많은 이들이 개성에 관심을 보일 것이다.

왜냐하면 많은 이들에게 개성이라는 단어는 왠지 나와 멀리 떨어져 있는 것처럼, 혹은 예술 계통에 종사하는 일부의 사람들에게만 해당하는 단어처럼 느껴지지만 매력이라는 단어는 나의 어제나 오늘, 나의 내일에도 굉장히 큰 영향을 미치고 있다고 인식하기 때문이다.

가령 똑같은 외모에, 똑같은 옷차림을 하고 어디서 들은 이야기를 전달해주는 사람 곧 책을 읽어주는 듯이 이야기를 하는 사람과, 자신이 소화한 자신만의 이야기를 꺼내는 사람. 과연 이 두 사람 중에서 어떤 사람이 더 상대방에게 매력적으로 느껴질까?

만약 우리가 하루라는 시차를 두고 이 두 사람을 만나게 된다면 거의 대부분은 후자의 사람에게서 매력을 느낄 것이 분명하다. 왜냐하면 전자가 하는 이야기는 왠지 어디서 들어본듯한 이야기인 반면에 후자의 사람은 좀 더 상황에 맞는, 좀 더 자신만의 이야기를 꺼내기 때문이다.

마찬가지로 옷에 대해서 이야기를 해봐도, 우리가 어떤 사람은 옷을 잘 입고, 어떤 사람은 옷을 잘 입지 못한다고 인식하는 기준은, 단순히 얼마나 유행하는 옷을 걸쳤는가가 아니라, 얼마나 자신의 체형이나 외모, 혹은 성격이나 분위기에 맞는 스타일을 하고 있는가에 따라서 옷을 잘 입는지 아니면 옷을 잘 입지 못하는지를 구분하게 된다고 할 수 있다. 즉 외적인 스타일 또한, 자신의 이야기가 담겨 있는 스타일과, 자신과 상관없이 어디 TV에서 본 듯한 스타일은 매력을 느끼는 정도가 다르다는 것이다.

그런 관점에서 볼 때 만약 우리가 자신만의 이야기를 갖고 다른 사람들과 구별될 수 있을 때, 우리는 사람들이 나를 재미있어 하고, 내게 흥미를 보이며, 내게 관심을 갖는 것을 보게 될 수밖에 없을 것이다. 왜냐하면 내게 다른 사람들에게서 볼 수 없는 다름이 느껴지기 때문이다.

만약 우리가 조금만 주변 사람들을 관찰해보면 공부를 열심히 했던 사람에게서는 개성이 없다고 느끼는 경우가 많은 반면에 공부를 소홀히 한 사람들에게서는 개성을 느끼는 경우가 많다는 것을 알 수 있다. 즉 우리는 어린 시절부터 부모님의 말씀을 잘 듣고, 선생님의 말씀을 잘 들으며 주변 어른들이 원하는 삶을 살아간 이들에게서는 개성이 잘 느껴지지 않는 반면에, 부모님 속도 좀 썩히고, 선생님에게 자주 혼나기도 하며, 주변 어른들이 탐탁지 않게 여기는 이들에게서는 개성을 느끼는 경우를 자주 접한다는 것이다. 그러다보니 자연스럽게 '개성이 있다'는 것을 '불량하다', '바르지 않다'라고 인식하게 되는 것 같다.

즉 '남들과 다르다'의 의미를 단순히 '개별적이다', '그 사람만의 개성이 있다'는 의미의 '다르다'로 인식하는 것이 아니라 '공부를 소홀히 하고, 부모님이나 선생님의 말을 잘 듣지 않고, 사회가 정한 규칙을 자주 어기는 사람'이라는 의미가 포함된 '다르다'로 여긴다는 것이다.

그러나 이것은 단순히 개성이 공부를 좋아하지 않는 불량한 이들의 특징이기 때문이 아니라, 우리나라의 교육 시스템이 지나칠 정도의 많은 시간과 노력을 암기하고, 외우고, 문제를 푸는 것에 쏟게 만들기 때문이라고 생각해볼 수 있다. 즉 공부를 잘 하면 자신에 대해서 생각할 시간이 없어서 개성을 가질 여유가 없고, 공부에 시간을 쏟지 않으면 그만큼 자신에 대해서 충분히 생각하게 되기 때문에 개성을 갖게 되는 경우가 많다는 것이다.

어디 학창시절뿐인가? 대학에 들어가고 나면 학점이나 스펙을 위한 공부, 취업을 위한 준비가 필요하고, 취업을 하고 나면 많은 양의 업무에 시달리기 때문에, 이런 구조에서 개성을 갖는다는 것, 곧 자신에 대한 생각을 하면서 시간을 보낸다는 것은 '착실하지 않다', '게으르다', '불량하다', '책임감이 없다' 등등의 의미와 동의어처럼 여겨질 수밖에 없는 것이다. 내가 어떤 사람이고, 무엇을 좋아하고 싫어하는지, 어떤 삶을 살아가기를 원하는지 등등 나 자신을 위해서 시간을 쓰고, 노력을 하는 만큼 사회와 집단의 요구에서 멀어지는 셈이니 말이다.

나는 이것이 공부에 많은 시간을 투자하게 만드는 교육 시스템을 갖고 있는 나라들, 특히나 동아시아 국가의 사람들보다 서양 사람들이 좀 더 개성 있어 보이는 이유라고 생각한다. 즉 동양과 서양 사람들이 자신에 대해서 생각하는 시간의 차이가, 동양과 서양 사람들이 갖고 있는 개성의 차이를 만들어내는 데 일조하고 있다는 것이다.

가령 동일한 연령대의 두 사람이 한 사람은 학생의 본분이라면서 오롯이 자신의 시간과 에너지를 암기와 문제를 푸는데 써야 하는 반면에, 한 사람은 학생의 본분이라면서 자신에 대해서 알아가는 시간을 갖는다면, 전자보다는 후자의 사람이 좀 더 개성 있을 가능성이 높다고 할 수 있지 않을까? 나아가 성인이 되고 난 뒤에는 학점과 취업준비를 위해서 자신에 대해서 고민하고 생각할 시간이 사치처럼 여겨지고, 취업을 하고 난 뒤에는 과도한 업무로 인해서 자신에 대해서 고민하고 생각할 시간이 사치처럼 여겨지기 때문에, 여기에서부터 우리 사회가 갖고 있는 다양성의 부족이나, 쏠림 현상 등이 나타나는 것이 아닐까라고 생각한다는 것이다.

아이러니 한 것은 우리가 우리 자신에 대해서 충분히 고민하고 생각해 볼 시간을 빼서 투자한 공부가 정작 삶에서는 별로 사용되지 않는다는 것이다. 가령 우리가 많은 시간을 들여서 공부했던 수학 공식들은 삶에서 얼마나 사용되고 있을까? 많은 공식들을 암기하고 무수한 문제 풀이를 했지만 막상 사회에 나가고 나면 핸드폰에서 계산기를 꺼내서 계산하게 되는 경우가 많으며, 좋은 대학에 가기 위해서, 스펙을 쌓기 위해서 영어에 많은 시간을 쏟고 많은 노력을 기울이지만 정작 외국인과의 대화는 어려워하고, 막상 영어를 잘 사용하지도 않는 일을 하게 되는 경우가 많다. 즉 영어를 잘해야 좋은 대학에 들어갈 수 있고, 영어에 대한 스펙이 좋아야 취업을 할 수 있는데, 취업을 하고 나면 정작 열심히 공부한 영어를 잘 사용하지 않는 경우가 많다는 것이다. 이런 사실은 우리나라의 교육이 그만큼 효율적이지 않다는 것과 다르지 않다.

우리나라의 교육이 효율적이지 않다는 것은 통계적으로도 확인할 수 있는데, 실제로 OECD에서 각국의 15세 학생들을 대상으로 조사한 통계(2012년)에 따르면, 우리나라 학생들의 학업 성취도는 OECD 회원국 가운데 수학 1위, 읽기 1~2위, 과학 2~4위였으며, OECD 회원국을 포함한 전체 65개국 중에서는 수학 3~5위, 읽기 3~5위, 과학 5~8위로 최상위권에 속하는 것으로 조사되었지만, 학업성취도를 학습시간으로 나눠서 공부시간대비 학업성취도를 평가하는 학습효율화지수에서는 OECD 평균인 72.1점보다 낮은 65.4점으로 최하위권에 속하는 것으로 조사되었다.

이 말은 우리나라 학생들의 높은 학업 성취도는 우리나라 학생들이 머리가 좋아서도 아니고 우리나라의 교육 시스템이 너무 뛰어나서도 아니고 그저 공부시간이 다른 나라에 비해서 압도적으로 많기 때문이라는 것이다. 게다가 이렇게 공부를 많이 하는데, 학생들이 공부에 흥미를 느끼는 수준은 OECD 최하위권이며, 학생들을 대상으로 조사한 행복지수(2012년)는 69.29로 4년 연속 OECD 23개국 중 23위인 최하위로 조사되었다고 한다.[11] 이와 같은 사실은 우리나라의 교육 시스템이 많이 공부하면서도 공부는 싫어하며, 죽고 싶어 하는 아이들을 길러내고 있다는 것과 다르지 않다.

여기서 낮은 행복지수를 빗대어 '죽고 싶어 하는 아이들'이라는 말을 쓴 이유는 실제로 10~30대의 청소년, 청년층의 사망 원인 1위가 자살이기 때문이다.[12] 어떻게 보면 '요즘 것들은 나약해', '요즘 것들은 끈기가 없어', '요즘 것들은 도전정신이 부족해' 등등 그렇게나 요즘 것들의 정신 건강을 걱정하시는 분들이 많은 나라에서, 요즘 것들의 사망 원인 1위가 자살이라는 것은 뭔가 좀 아이러니하다고 할 수 있을 것 같다.

---

11) 『레드퀸 레이스의 한국 교육』, 장원호 지음, 푸른길, 10~13p
12) 하루 36명, 40분마다 1명 자살하는 나라…… 13년째 OECD 1위, 연합뉴스, 2018.01.23.

달리 말하자면 요즘 것들의 정신 상태가 과거와 다르다는 것을 알고 있었다면, 그에 따른 대비를 하거나 어떤 조치가 있어야 할 텐데 그에 따른 조치가 전혀 없었다는 말이 되기 때문이다. 가령 내 자식이나 내 주변 사람이 자살할 것 같다는 생각이 든다면 '죽으면 어쩔 수 없지. 정신이 나약한 게 문제지 어쩌겠어?'라며 방관할 수 있을까? 어떻게 해서든 잘못된 선택을 하지 못하게 막으려고 들지 않을까?

그러나 청소년, 청년층의 사망 원인 1위가 자살임에도 불구하고, 마음의 병이 있는 청소년이나 청년들이 그렇게 많이 존재하는데도 불구하고, 우리 사회에서 요즘 것들의 정신 상태에 대해서 비난하는 말들만 들릴 뿐, 요즘 것들의 정신을 건강하게 만들고자 하는 노력은 찾아볼 수 없는 이유는, 요즘 것들의 정신건강을 걱정하는 분들께서 진심으로 요즘 것들의 정신이 건강하기를 바라고 있지 않기 때문이라고 할 수 있을 것이다.

즉 요즘 것들의 가치를 사회 발전을 위한 부품 정도로 여기기 때문에, 요즘 것들이 행복하지 않은 것이나 자살률이 높은 것보다는, 요즘 것들의 정신적인 문제가 사회의 발전이나 경제성장에 얼마나 방해되는지만 신경 쓰고 있다는 것이다.

물론 나는 어떤 사람이 오랜 시간에 걸쳐 형성한 가치관이 한 순간에 달라질 수 있다고 여기지 않는다. 바꿔 말해서 기성세대가 요즘 것들을 바라보는 관점, 요즘 것들을 대하는 태도가 고작 책 한 권이나 몇 마디의 말로 달라질 것이라고 생각하지 않는다는 것이다.

그러나 기성세대가 요즘 것들을 사회의 발전, 경제성장을 위해서 기꺼이 희생시킬 수 있는 부품 정도로 여긴다면 그렇게 중요하다는 인적자원을 활용이라도 제대로 하라는 것이다. 요즘 것들의 정신 건강을 위해서가 아니라 기성세대의 욕망을 효과적으로 채우기 위해서 말이다.

왜 세계적인 기업들이 자신들의 노동환경을 개선하기 위해서 노력하는 것일까? 왜 창의적인 인재를 원한다며 야근과 과로로 직원들을 희생시키는 일을 하지 않는 것일까? 그것은 적절한 휴식을 제공하고, 좋은 노동환경을 제공하는 것이 좀 더 높은 수익을 보장할 수 있기 때문이 아닌가?

다시 말해서, 법이 허락하는 한도 내에서 가능한 많이 일하게 만드는 것보다는 적절한 휴식과 좋은 노동환경을 제공함으로써, 적게 일하고도 훨씬 나은 성과를 내게 만드는 것이 기업의 입장에서 이익이 되기 때문에, 노동환경의 개선에 나서고 있다는 것이다.

짐 콜린스가 쓴 『좋은 기업을 넘어 위대한 기업으로』라는 책에 따르면, 15년간 주식시장의 평균수익률보다 최소 3배 이상의 수익률을 올린 기업들은 다른 평범한 기업들과는 달리 일보다는 사람을 먼저 생각하는 경영철학을 갖고 있었다고 말한다. 즉 목적을 설정하고 목적에 부합하는 인재들을 뽑는 것이 아니라 회사에 적합한 인재들을 먼저 뽑고 난 뒤에 그들과 같이, 어디를 목적지로 하는 것이 좋은지를 결정했다는 것이다.[13] 우리 사회를 예로 들자면, 먼저 개개인이 자신의 능력을 최대한 발휘할 수 있는 환경을 조성한 뒤에 그들과 함께 우리나라를 어떻게 발전시켜 나갈지

---

13) 『좋은 기업을 넘어 위대한 기업으로』, 짐 콜린스, 이무열 옮김, 김영사, 79~80p

를 고민하는 것이라고 할 수 있을 것이다.

그러나 현재 우리 사회의 모습은 어떤가? 우리 사회를 실질적으로 이끌어가고 있는 기성세대들은 나라의 미래가 요즘 것들에게 달려 있다는 말을 자주 언급하면서도, 나라를 어떻게 발전시켜 나가야 하는지에 대해서는 요즘 것들에게 발언권을 주고 싶어 하지 않는다. 다시 말해서, 기성세대가 짜 놓은 한국의 발전 계획에 청년세대를 장기말로 쓰고 싶어 한다는 것이다. 그러다보니 요즘 것들이 이런 저런 이야기를 꺼내면 '요즘 것들은 버릇이 없다', '요즘 것들은 머리만 크고 생각할 줄을 모른다', '우리 때는 말이야……' 와 같은 식의 이야기들이 나올 수 있는 것이다. 요즘 것들을 어떻게 사용할지 계획을 다 짜놓았는데, 요즘 것들이 머리가 커서 어른들의 말을 듣지는 않고 자기 멋대로 하려고만 하기 때문에 말이다.

그러나 우리 사회가 겪고 있는 문제들이 단순히 어른들이 짜 놓은 계획에 요즘 것들이 자신을 희생해가며 동참하지 않았기 때문에 비롯되는 현상이라고 말할 수 있을까? 요즘 것들이 정신적으로 나약해서 기성세대의 계획을 따르지 못하며, 도전정신이 없어서 기성세대의 계획을 따르지 못하고, 참고 견딜 수 있는 인내가 부족해서 기성세대의 계획에 따르지 못하는 게, 우리 사회가 겪고 있는 문제의 원인이라고 말할 수 있을까?

그것보다는 나라를 어떻게 발전시켜 나가야 할지를 계획하는데 있어서 요즘 것들의 참여를 막았기 때문은 아닐까? 다시 말해서, 요즘 것들이 자신이 어떤 환경에서 자신들의 능력을 잘 발휘할 수 있는지, 자신들의 능력을 발휘하지 못하게 만드는 것은 무엇인지를 말하지 못하게 만들고는 어른들의 말에 순종할 것만을 요구하고 있었던 것은 아닌가라는 말이다.

난 지금 정치적인 참여의 범위를 늘릴 필요가 있다는 식의 말을 하고 있는 것이 아니다. 그보다는 우리나라의 교육이 기성세대의 계획에 쓸 장기말을 기르는 식의 교육이 아니라, 아이들이 좀 더 자유롭게 자신만의 관점으로 세상을 바라보고, 자신의 관점으로 생각하며, 어른들이 말해주는 내가 아닌 스스로 발견한 자아를 바탕으로, 사회에서 영향력을 가질 수 있어야 한다고 말하고 있는 것이다.

달리 말해서 말 잘 듣는 착한 아이가 되어야만 사회에서 영향력을 행사할 수 있는 것이 아니라, 기성세대와 다른 생각, 다른 관점, 다른 개성을 갖고 있는 아이들 또한 자신의 위치에서 충분히 영향력을 행사할 수 있는 사회가 되어야 한다고 말하는 것이다.

과거 중국의 삼국시대에 내시의 양자로 변변치 못한 배경을 갖고 있던 조조는, 천하를 차지하는 방법에 대한 원소의 질문에 대해서, '천하의 힘 있고 지혜 있는 인물들에게 맡기고 도를 가지고 그들을 다스린다면 천하를 차지하는 것도 어렵지 않을 것입니다.'[14]라고 말했다. 즉 자신이 계획을 짜고, 인재들을 그 계획에 사용하는 것이 아니라, 인재들을 먼저 모으고 난 뒤에, 그들이 각각의 자리에서 자신이 갖고 있는 능력을 잘 발휘하게 만들어주는 것이 필요하다고 여긴 것이다.

실제로 조조는 그 당시 능력을 썩히고 있던 많은 뛰어난 인물들이 자신

---

14) 『자치통감7』 사마광 지음, 권중달 옮김, 삼화, 361~362p

의 능력을 최대한 발휘할 수 있는 환경을 제공해줬는데, 능력 있는 사람을 알아보고 그들을 적절한 위치에 세운 뒤에, 믿고 맡기는 식으로 나라를 운영을 했다는 것이다.

이런 식의 나라 운영은 사람보다 일을 중요하게 여긴 원소라는 인물과 확연한 차이를 보였는데, 인재를 자신의 계획에 사용할 장기말 정도로 여긴 원소는 결국 대기업과 중소기업의 차이만큼 세력이 열세였던 조조에게 패해서 자신의 땅을 모두 조조에게 넘겨주고 말았다.

즉 뛰어난 인재들이 자신이 갖고 있는 능력을 최대한 발휘하게끔 만든 조조에게, 뛰어난 인재들을 자신의 계획에 따라 움직이는 장기말로 취급한 원소가 세력의 차이에도 불구하고 패했다는 것이다.

개인이 자신의 능력을 최대한 발휘하게 만든 뒤에 같이 계획을 짜는 것과, 먼저 계획을 짜고 거기에 필요한 인재를 계획에 투입시키는 것에는 차이가 있다. 전자는 인재들이 원하는 계획을 짜기 때문에 개개인이 갖고 있는 능력을 사회를 위해서 온전히 사용되게 만들 수 있는 반면에, 후자의 경우는 권위자가 짠 계획이 효과적이지 않을 경우 개개인이 갖고 있는 재능을 낭비하게 만들 수 있는 것이다. 그런 이유로 사람을 중요하게 여긴다면 목적을 중심으로 계획을 짜는 것이 아니라, 사람을 중심으로 계획을 짤 필요가 있다는 것이다.

이런 관점에서 우리 사회의 교육은 어떠한가? 한 개인이 자신을 발견하고, 자신을 가장 행복하게 만들 수 있는 삶을 살아가게 만들고 있는가? 자신이 갖고 있는 재능을 가능한 효과적으로 발휘하게끔 만들고 있는가?

그보다는 붕어빵을 찍어내는 것처럼 사회와 기업들의 필요에 맞는 인재들을 찍어내는 식의 교육이 이뤄지고 있지는 않은가?

아마 대부분의 사람들이 공감하겠지만 우리나라의 교육은 뭔가 공부를 위해서 공부하는 느낌이 강하다. 즉 한 아이가 자아를 발견하고, 자신에 대해서 만족하며, 행복한 삶을 살아가는 방법들에 대해서 배우기보다는 얼마나 많이 공부했는가? 로 평가하는 시험에 통과하기 위해서 공부 하는 느낌이 강하다는 것이다. 정작 그렇게 공부한 것이 사회에 나가면 별로 사용되지도 않고, 다시 공부해야 하는 경우도 많은데 말이다.

실제로 우리나라의 수능시험을 만든 사람도 대학에서 공부할 수 있는 기초적인 소양을 측정하는 목적으로 수능시험을 만들었지만, 지금은 수능시험이 대학에서 쉽게 사람을 구별할 수 있도록 학생들을 서열화시키는 도구가 되었다고 언급했다.[15] 이 말은 우리나라의 교육 시스템이 옆 자리의 누군가를 떨어트리기 위한 공부, 혹은 탈락하지 않기 위한 공부를 하고 있다는 것이며, 옆 자리의 또래들과 경쟁을 해야 하기 때문에 꼭 필요한 것만 배우는 것이 아니라 그리 필요하지 않은 것까지 잔뜩 배우고 있다는 것이다. 그래야 누군가를 떨어트릴 수 있으니 말이다.

이것은 아무리 봐도 학생을 중심으로 하는 교육보다는 관리자를 중심으로 하는 교육에 가깝다고 할 수 있지 않을까? 즉 우리나라의 교육 시스템에서 주연은 학생들이 아니라, 품질 좋은 인적자원을 효과적으로 공급

---

15) 수능 창시자가 '수능 폐지' 주장하는 이유, WIKITREE, 2017.04.04.

받는 이들에게 있는 것처럼 느껴진다는 것이다.

사실 한 사람을 고작 몇 십 개의 문제들로 평가한다는 것은 평가를 당하는 사람의 입장에서는 굉장히 불합리하게 느껴질 수 있다. 내가 갖고 있는 다양한 가치들을 고작 몇 십 개의 문제들을 통해서 보여주기에는 부족하다고 느껴지니 말이다.

그러나 평가하는 입장에서는 평가에 들어가는 시간이나 비용이 적으면 적을수록 효과적일 것이다. 적게 투자하고도 손쉽게 쓸만한 인적자원을 다량으로 확보할 수 있으니 말이다. 생각해보자. 왜 대학이라는 목적을 제외하고 나면 거의 쓸데가 없는 것을 배우는데 많은 시간들을 낭비해야만 하는 것일까? 아이들이 쓸데없는 것들을 공부하는데 쏟는 시간은 본래 자신을 발견하는 방법을 배우고, 자신의 개성을 발견해서 그것들을 표현할 수 있는 시간이 될 수도 있었는데 말이다.

물론 공부를 많이 하는 것은 중요하다. 어떤 일이든 노력이 있어야 그만큼의 성과가 나오니 말이다. 그러나 사회에 나가보면 많이 하는 것이나, 열심히 하는 것보다 잘하는 것이 더 중요하다는 것을 알게 된다. 열심히 노력하는 것보다 좋은 결과를 내는 것이 훨씬 중요하다는 것이다. 가령 제대로 된 코치도 없이, 매일 매일 죽어라고 딱딱한 모래 운동장에서 공을 차는, 골을 넣지 못하는 축구 선수보다, 좋은 코치의 지도 아래 푹신푹신한 잔디 운동장 위에서 적당히 운동하며 골을 잘 넣는 축구 선수가 경기에서는 훨씬 중요한 것처럼 말이다.

마찬가지로 우리 사회는 공부를 많이 하는 것이 얼마나 중요한지에 대해서 자주 언급한다. 공부를 많이 하는 것을 '열심히 사는 것', '효도하는 것', '착한 것' 등으로 표현하며 공부를 많이 하는 것이 얼마나 중요하고 선한 것인지를 자주 언급한다는 것이다. 그러나 아이러니 한 것은 우리보다 훨씬 적게 공부를 하고도 훨씬 뛰어난 결과들을 나오게 만드는 나라들이 있다는 것이다.

이상하지 않은가? 우리보다 공부를 훨씬 적게 한 아이들이 엄청난 시간을 공부에 쏟는 우리나라의 학생들과 대등한 혹은 그 이상의 결과를 낸다니 말이다.[16]

이런 사례들은 우리가 그렇게나 강조하던 교육의 중요성이 내실은 소홀하게 여기면서 외형만 중요하게 여기는 식이었다고도 말할 수 있을 것이다. 성적은 최상위권이라고 할 수 있지만 성적을 제외한 거의 모든 부분은 최하위권이니 (공부 시간이나 사교육 시장은 세계 최고 수준이면서 시간대비 학업 성취도나, 행복도는 낮은 것처럼) 말이다.

게다가 나라에서 그렇게나 중요하게 여기는 '인재 양성 과정'을 통과하고 나면 '인재가 없다', '요즘 것들은 시키는 것밖에 못해', '요즘 것들은 나약해, 도전정신이 없어'라는 기성세대의 하소연이 기다리고 있으니, 우리나라의 교육 과정이 인재를 제대로 길러내고 있지 못하다는 것을 기성세대 역시 인정하고 있다는 것이 아니고 뭐겠는가?

---

16) '경쟁 없는 협력수업' '학교는 열린공간' 교육 최강국 비결. 전남일보. 2017. 10. 30.

우리 사회에서 '개성 있다'는 말은
'싸가지 없다'는 말과 같은 의미를 갖는다

내가 느끼기기에 우리 사회에서 한 사람이 자신의 다름을 인식하고, 자신의 다름을 표현하는 데 가장 어려움을 겪는 부분, 혹은 가장 중요해 보이는 것은, 다름을 틀렸다고 인식하는 사람들과의 관계를 어떻게 형성할 것인지에 대한 것 같다. 즉, 내가 나답게 살아가는 것을 오답으로 여겨서 평균에 해당하는 나로 바뀌기를 기대하는 사람들, 그런 사회적인 내가 될 것을 요구하는 주변의 사람들과 어떤 식으로 관계를 형성할 것인가가 개성 자체만큼 중요한 고민거리라는 것이다.

우리는 종종 '개성'이라고 하는 단어를 생각할 때, 그것을 단순히 개인적인 관점에서만 생각하고는 한다. 아마 평범하지 않은 사람으로 살아간다는 것이 어떤 것인지 거의 경험해보지 못했기 때문에 '내가 개성 있는 사람이 된다' 혹은 '나답게 살아간다'라는 말을 단순히 '내가 어떻게 살아가는가?'와 관련해서만 생각하게 되는 것 같다. 정작 많은 사람들이 평범해지기 위해서 노력하는 이유는 다름에 대한 사람들의 태도 때문인 경우가 많은데 말이다.

가령 어떤 사람이 조금이나마 자신이 갖고 있는 다름을 인식하고, 개성 있는 사람, 나답게 사는 사람으로 살아간다고 해보자. 그럼 그때부터 그 사람은 '다름'을 이유로 사람들에게 비난을 당하거나, '다름'을 이유로 비웃음거리가 되거나 혹은 주류에 속하지 못해서 비주류로 살아가야만 하는 상황에 처하게 될 가능성이 높다. 단지 다르기 때문에 말이다.

개성을 갖고 있는 사람이 이와 같은 상황을 겪게 된다면 그 사람은 우리 사회에서 개성을 가진 사람으로 살아가기 위해서는 자신의 개성을 발견하는 것만큼이나, 자신이 발견한 개성을 사람들로부터 지킬 수 있는 지혜, 혹은 지킬 수 있는 수단들이 중요하다는 인식을 하게 될 수밖에 없을 것이다.

가령 어떤 사람이 경제적인 수단을 바탕으로 내게 평범할 것을 요구한다면 난 그 사람으로부터 내가 갖고 있는 개성을 지킬 수 있을까? 어떤 사람이 권위를 바탕으로 내게 평범할 것을 요구한다면 난 권위를 갖고 있는 사람으로부터 개성을 지킬 수 있을까? 개인의 입장에서 개성을 갖는다는 것은 이처럼 단순히 '난 나야'라고 인식하고 살아가는 것이 아니라, 내 개성을 호시탐탐 노리는 사람들로부터 내가 갖고 있는 개성을 적절히 지키는 삶을 살아가는 것과 다르지 않다는 것이다.

우리 사회는 개인보다는 집단의 가치를 좀 더 중요하게 여기는 사회라고 할 수 있다. 유교의 문화와 군대의 문화가 공존하고 있으며, 이와 같은 문화 속에서 우리는 개성을 갖는 것이 집단에 피해를 줄 수 있다는 식의 인식을 무의식적으로 학습하는 성장과정을 거쳤을 것이다. 내가 개성을 갖게 되면, 내가 가진 개성으로 인한 어려움을 나 혼자만 겪게 되는 것이 아니라, 내 주변 사람들 또한 내가 가진 개성 때문에 피해를 입을 수밖에 없다는 인식 말이다.

그러나 가만히 생각해보면 내가 가진 개성이 다른 사람들에게 피해를 줄 수 있다는 말은 조금 이상하게 들린다. 아마 이와 같은 이야기를 듣고도 '전혀 이상하지 않은데?'라고 여기는 사람들은 그만큼 집단주의적인 사고방식을 갖고 있는 사람이라고도 할 수 있을 것이다.

왜냐하면 개인의 '다름'이 다른 사람에게 피해를 줄 수 있다는 것을 대부분의 사람들이 사실로 여길 때, 그것은 다름을 갖고 있는 개인의 문제라기보다는 개인의 다름을 불쾌하게 여기거나, 개인의 다름에 피해 받았다고 느껴지게 만드는 사회의 문제라고 할 수 있기 때문이다.

가령 내가 갖고 있는 피부색이 다른 누군가에게 피해를 줄 수 있을까? 내가 갖고 있는 인종이나 국적, 성별이 다른 누군가에게 피해를 입힐 수 있을까? 혹은 내가 갖고 있는 문화적인 특징들이 다른 누군가에게 피해를 입힐 수 있을까? 나만이 갖고 있는 고유한 성격적인, 혹은 신체적인 특징들이 다른 누군가에게 피해를 줄 수 있을까? 아마 어떤 이들은 이와 같은 질문에 대해서 '피해를 줄 수 있다'고 답변할지도 모른다. 왜냐하면 모든 사람들이 지켜야만 하는 일반적인 규범을 어겨서 입은 피해를, 개성으로 인한 피해로 인식하는 이들이 많기 때문이다.

가령 특정한 피부색을 가진 사람이 누군가를 때려서 상대방에게 피해를 입혔다면 그것은 그 사람이 갖고 있는 피부색이 상대방에게 피해를 입힌 것일까? 혹은 어떤 특정한 국가의 사람이 다른 누군가에게 피해를 입혔다면 그것은 특정 국가가 다른 사람에게 피해를 입힌 것일까? 특정한 직업, 특정한 목소리를 가진 사람이 다른 사람에게 입힌 피해가 어떻게 그 사람이 갖고 있는 고유한 직업이나 목소리가 입힌 피해가 될 수 있을까? 어떤 혈액형을 가진 사람이 다른 사람에게 피해를 입혔다고? 그럼 그것이 특정한 혈액형으로 인한 문제가 될 수 있는가?

만약 개성을 갖고 있는 누군가가 다른 사람에게 피해를 입힌 상황에 대해서 '그 사람이 갖고 있는 고유한 개성이 다른 사람에게 피해를 준 것인가?'라는 질문이 던져진다면 우리는 뭐라고 대답하게 될까? 만약 우리가 하는 대답이 '그래. 그런 개성을 갖고 있는 사람들은 다 나쁜 애들이야'라고 한다면, 우리가 상상하는 이상적인 사회는 특정한 인종, 특정한 국적, 특정한 개성을 지닌 사람들만 살아가는 사회라고 할 수 있을 것이다. 실제로 독일의 히틀러는 그와 같은 세상을 꿈꿨다. 그렇기에 열등한 인종이라고 여긴 인종에 대해서 거리낌 없이 학살을 할 수 있었던 것이다. 그들이 갖고 있는 인종이라는 '다름'이 독일이라는 집단 전체에 피해를 끼친다고 인식했기 때문이다. 그러나 우리가 여기서 알아야 하는 것은, '개성'과 '개성을 갖고 있는 사람이 문제를 일으킨 것'은 같지 않다는 것이다.

다른 것은 틀린 것이 아니다. 다른 것은 무례하거나 불량한 것도 아니다. 그저 내 주변에 있는 사람들과 다를 뿐이다. 많은 이들이 오른손으로 밥을 먹는다고 해서 오른손으로 밥을 먹는 것이 정답은 아니며, 왼손으로 밥을 먹는 것이 틀린 것이나 예의 없는 것이 되는 것도 아니라는 것이다. 그럼에도 우리는 자주 다수의 사람들과 다른 생각, 다른 관점, 다른 행동을 하는 것을 예의가 없는 것으로, 틀린 것으로, 일탈로 여겨지는 것을 경험하고 있다. 우리 사회가 갖고 있는 예의의 기준이 개인을 중심으로 하는 것이 아니라 집단을 중심으로 하고 있기 때문이다. 즉 집단적인 행동, 집단적인 생각, 집단적인 삶을 살아가는 것을 예의 바른 것으로 인식하기 때문에 개인을 중심으로 하는 생각이나 행동, 삶을 살아가는 것은 쉽게 공격당한다는 것이다. 그럼 어디서부터 어디까지가 예의가 되며, 어디서부터 어디까지가 개성이라고 할 수 있을까? 실제로 이와 같은 질문은 꽤나 중요한데, 왜냐하면 예의의 범위를 정확하게 인지하면 할수록 좀 더 효과적으로 나다운 삶을 살아갈 수 있고, 또 내가 가진 개성을 '틀렸다'고 말하는 사람들로부터 개성을 지켜낼 수 있기 때문이다.

사실 우리 사회에서 '다름'을 '틀렸다'고 인식하는 많은 이들은 공통적으로 개성과 예의를 잘 구별하지 못한다는 특징을 갖고 있다. 그러다보니 누군가가 갖고 있는 다름에 대해서 쉽게 '무례하다'고 느끼곤 하는 것이다. 그저 나답게 행동했을 뿐인데 말이다. 그렇다면 개성과 예의를 쉽게 구별하지 못하는 사람들이 인식하는 예의바름의 범주는 어디서부터 어디까지일까? 일반적으로 '다름'을 '틀렸다'고 인식하는 이들이 갖고 있는 예의의 범주는 '다름'이 거의 존재하지 않는 지독한 평균값을 예의로 인식하는 경향이 있다. 바꿔 말해서 대부분의 사람들이 하는 행동, 대부분의 사람들이 하는 생각, 대부분의 사람들이 하는 일, 대부분의 사람들이 갖고 있는 가치관을 예의라고 인식한다는 것이다. 거기서 조금이나마 벗어나는 순간, 그들은 내가 갖고 있는 '다름'에 대해서 '무례함'이라는 딱지를 붙여버리고 만다.

그럼 예의란 구체적으로 무엇을 의미하는 것일까? 일반적으로 우리가 알고 있는 예의의 뿌리라고 할 수 있는 '공자'는 '타인에 대한 존중하는 마음이 외적으로 표현된 것'을 예의라고 정의했다. 가령 내가 어떤 사람을 존중하는 마음을 갖고 있다고 해보자. 그때 나는 상대방을 존중하는 마음을 갖고 있는 것 자체만으로는 상대방에게 내가 갖고 있는 존중하는 마음을 전달할 수 없을 것이다. 그렇기 때문에 내가 갖고 있는 존중하는 마음을 상대방이 느낄 수 있게끔 하는 외적인 형태가 나타날 수밖에 없는데, 그것을 예의라고 한다는 것이다. 그러나 우리가 일상 속에서 접하는 일반적인 예의라는 것은 이와 같은 존중하는 마음이 겉으로 표현된 것이라기보다는 정형화된 형식을 실천하는 것에 가깝다고 할 수 있다. 다시 말해서 상대방을 존중하는 마음이 없어도, 상대방을 전혀 존중하지 않고도 예의바른 사람이 될 수 있다는 것이다. 이런 상황에서 개성을 갖고 있는 사람들이 요구받는 '예의'라는 것은 존중을 바탕으로 하는 예의가 아니라, 다르지 않은 형태에 치중될 가능성이 높다. 즉 다르지 않은 행동, 다르지 않은 말, 다르지 않은 형식을 예의라는 이름으로 요구받게 된다는 것이다.

다름을 갖고 있는 사람이 예의의 기준에 맞추기 위해서 자신이 갖고 있는 다름을 감춰야 한다면, 그것이 예의라고 한다면, 우리는 사람들이 갖고 있는 예의의 정의 자체가 바르지 않다는 생각을 가질 필요가 있다. 즉 많은 사람들이 '이것이 예의다'라고 말한다고 해서 그들이 말하는 예의가 정답이 되는 것이 아니라, 예의의 뿌리를 살펴봄으로써, 그들이 갖고 있는 예의의 정의가 정도에서 벗어나 있지는 않은지 살펴봐야 한다는 것이다. 가령 우리가 자주 경험하는 기분 나쁜 예의에 대해서 생각해보자. 왜 어른의 말을 듣기만 하고 나는 말하면 안 되는 걸까? 왜 연장자는 아무것도 하지 않고 나이가 어린 사람이 모든 것을 다 해야만 하는 것일까? 왜 내 의견이 없이 어른들이 시키는 대로만 해야 하는 것일까? 그것도 예의라는 이름으로 말이다.

우리는 이와 같이 어른의 말을 듣기만 하거나, 혹은 어른들은 아무것도 하지 않고 나이 어린 사람만 일을 하거나, 여기서 조금이라도 벗어나는 것에 대해서 '싸가지 없다'는 소리를 듣는 것을 자주 경험하면서 자라왔다. 바꿔 말해서, 권위를 갖고 있는 인물들이 나보다 약한 사람, 내 권위 아래에 있는 사람들을 전혀 존중하지 않는, 어떻게 보면 그들의 입장에서만 존중하는, 그들만의 예의를 우리 사회에서는 자주 경험한다는 것이다. 그렇다면 우리는 한 사람의 '다름'이 '무례함'이 되는 사회 분위기에 대해서 '다름'이 바르지 않은 것인지 아니면 우리가 갖고 있는 예의의 정의가 바르지 않은 것인지에 대해서 생각해 볼 필요성이 있지 않을까? 어째서 '존중하는 마음의 외적인 표현'이라는 정의를 갖는 예의가 나보다 어린 사람, 나보다 지위가 낮은 사람, 혹은 을인 사람이, 기분이 나빠도 참아야만 하는 것이 되어버렸을까? 개성 때문에? 아니면 요즘 것들이 싸가지 없기 때문에 그들이 기분 나빠하는 것일까?

예의를 강조하는 많은 어르신들은 자신의 예의에 대해서 기분 나빠하는 요즘 것들에 대해서 그들이 싸가지가 없기 때문에, 그들의 마음에 존중하는 마음이 없기 때문이라는 진단을 내리고는 한다. 그러나 어쩌겠는가? 어르신들의 예의, 권위를 갖고 있는 사람들의 예의, 직장 상사들의 예의에서 나에 대한 존중이 전혀 느껴지지 않고, 도리어 나를 무시하는 듯한 느낌이 드는데 말이다. 아니면 나를 무시하는 듯한 상대방의 예의에 전혀 기분 나쁜 마음을 갖지 않는 것이 나이가 어린, 지위가 낮은, 을이 가져야만 하는 기본적인 예의인 것일까? 우리는 어떤 부분에서 무엇이 잘못된 것인지 잘 알고 있다. 다시 말해서, 우리가 일상적으로 접하고 있는 예의라는 단어가 실제 예의의 정의에서 꽤나 벗어나 있다는 것이다. 개인의 다름을 무례로 바꿔버릴 만큼 말이다. 이것은 마치 강력한 약효로 인해서 건강한 세포까지 없애버리는 무시무시한 백신과 같다고 할 수 있는데, 우리가 자주 경험하는 예의는 작은 무례함을 없애기 위해서 개인의 개성까지 없애버리는 무시무시한 힘을 갖고 있기 때문이다.

　상대방을 존중하는 마음이 전달되는 형태가 예의라고 하는데, 만약 개성을 포기해야만 존중함을 느낄 수 있는 사람이 있다면 어떨까? 즉 내가 나다운 내가 아닌, 사회적인 내가 되어야만 존중함을 느낄 수 있는 사람이 우리 앞에 있다면 어떻게 해야 할까? 감정을 감추고, 표정을 감추며, 말과 행동을 상대방이 원하는 대로 꾸며야만 존중을 느낄 수 있는 사람이 있다면, 싸가지 없는 사람이 되지 않기 위해서 가능한 상대방이 원하는 가면을 써야만 하는 것일까? 만약 우리 앞에 '사회적인 나'라는 가면을 써야만 존중을 느끼는 사람이 있다면 우리가 해야 할 최선은 그 사람이 원하는 나로 살아가는 것이 아닌, 그와 같은 사람을 가까이 하지 않는 것에 있을 것이다. 상대방이 내게 바라는 기준을 맞춰주면서 함께 한다는 것은 내가 없어져야만, 내가 불행을 느껴야만 가능하기 때문이다. 그렇기에 우리는 어쩔 수 없는 경우를 제외하고는 가능한 거리를 두는 선택을 하면서, 내가 표현하는 존중을 존중으로 받아들일 수 있는 사람들과 가까이 할 필요가 있다.

사실 우리는 어린 시절부터 자신을 발견하는 시간들을 거의 갖지 못하고, 그저 권위를 갖고 있는 누군가가 시키는 대로 살아가는 것을 '올바름'으로 여기는 문화 속에서, 권위를 갖고 있는 인물이 시키는 것을 가능한 교과서적으로 성취하기 위한 성장과정을 거쳐 왔다. 바꿔 말해서 개성을 발견할 수 있는 기회를 제공받지 못했기 때문에 개성을 통해서 알아볼 수 있는 예의와 무례를 구분하는 방법, 나아가 예의를 가장한 무례한 사람을 멀리해야 한다는 사실조차도 제대로 파악하지 못한 채 어른이 되었다는 것이다. 왜 참아야 하는가? 물론 참아야만 하는 상황은 우리 삶에서 꽤나 자주 접할 수 있다. 그러나 과연 그와 같은 상황 곧 '예의'라는 감투를 쓰고 돌아다니는 무례한 사람을 멀리하기 위해서 우리는 얼마나, 어떤 노력을 기울여 왔는가? 과연 최선을 다했다고 할 수 있을까? 내가 갖고 있는 나다운 삶을 살아가기 위해서 최선을 다했는가? 그보다는 안정을 위해서 가능한 자신의 나다움을 죽여 가며 내 개성을 빼앗아 가려는 이들과 잘 어울리기 위해서 노력하는 삶을 살아가지 않았는가?

물론 '어쩔 수 없으니까'라는 말도 충분히 일리가 있다. 어쩔 수 없는 많은 부분들이 존재한다. 그러나 어쩔 수 없어서 참아야 하는 노력만큼, 나다움을 지키기 위한 노력은 충분히 기울였는가라는 말을 하고 있는 것이다. 아마 대부분의 사람들이 무례함이라는 낙인을 피하기 위해서, 내가 갖고 있는 개성을 감추기 위한 노력, 나의 나다움을 존중하지 않는 무례한 예의를 참기 위한 노력에는 열심을 낸 반면에, 자신의 개성을 발견하고, 내가 갖고 있는 개성을 지키기 위한 노력은 그만큼 하지 않았을 것이다. 나를 불행하게 만드는 사람들을 멀리해야 한다는 사실조차도 몰랐을 테니 말이다.

어떻게 보면 우리는 어린 시절부터 줄곧 존중하는 것의 중요성만 들어왔지 존중받는 것이 얼마나 중요한지에 대해서는 거의 접하지 못했기 때문에, 무례함을 무례함으로 인식하지 못하는 이들이 많은 것 같다. 왜냐하면 자신을 존중하는 것은 곧 무례함을 알아챌 수 있는 시력과 연결되어 있다고 할 수 있기 때문이다.

내가 존중받지 못함에 익숙하다면 어떻게 상대방의 무례함을 무례함으로 인식할 수 있을까? 예의라는 옷을 입고 나를 존중하지 않는 것을 존중받는 것이라고 인식하는 삶을 살아왔다면 어떻게 상대방의 무례함을 무례함으로 여겨서, 나에 대한 무례함에 대해서 방어할 수 있겠는가라는 것이다.

만약 내가 나다운 삶을 살아가고자 한다면, 자신의 개성을 발견하고 그것을 표현하는 삶을 살아가고자 한다면, 우리는 우리 사회에 예의 없는 사람들이 얼마나 많은지 볼 수밖에 없을 것이다. 아이러니 한 것은 예의가 정말 강조되는 우리 사회에서 이상하게 예의가 없는 사람들이 굉장히 많다는 것이다. 또 특이한 것은 예의가 없는 사람일수록 '예의'라는 단어를 더 많이 사용한다는 것이다.

왜 갑질을 참아주는 것이 예의인가? 왜 아픈 것을 아프다고 말하지 않는 것이 예의가 될 수 있는가? 왜 권위를 갖고 있는 인물들이 마음대로 행동하는 것에 침묵할 줄 아는 것이 예의가 될 수 있는가?

만약 우리가 연장자, 지위가 높은 자 등 권위를 갖고 있는 인물들 가운데 얼마나 무례한 사람이 많은지를 볼 수 있다면, 우리는 막연하게 어른들의 말에 순종하는 식의 예의, 혹은 권위를 갖고 있는 인물들에 순종하는 식의 예의가 사람들에게 얼마나 많은 피해를 끼치고 있는지를 알 수 있을 것이다.

많은 젊은이들이 아파하는 이유는 단순히 그들이 청춘이기 때문이 아니다. 사회적인, 구조적인 문제들이 그들이 겪는 아픔의 이유 중에 하나겠지만, 또 다른 이유 중 하나는 '요즘 것들은 싸가지가 없어'라고 말하는 어른들 중에 무례한 어른들이 많기 때문이라고 할 수 있다.

우리 사회 곳곳의 중요한 자리에는 많은 예의 없는 어른들이 자리 잡고 있다. 필연적으로 그런 이들 아래에서 일을 해야 하는 청춘들은 그들의 무례함을 '이것이 예의야'라고 되뇌면서 참아낼 수밖에 없는데, 존중받지 못함을 참아내는 시간들이 반복된다면 자연히 마음이 아픈 사람이 되는 게 당연하지 않은가? 누군가가 마음을 자꾸 때리는데, 전혀 방어하지 않고 맞고만 있다면, 쓰러질 수밖에 없는 것이 당연하지 않은가? 가뜩이나 방어하는 방법을 아무도 가르쳐주지 않았는데 말이다.

우리 사회는 지나칠 정도로 예의를 강조하면서도 무례함에 대해서 너무나도 관대하다. 그리고 이와 같은 문화는 개성을 존중하지 않는 것을 예의로 인식하게 만듦으로써 개성을 발견하고, 자신의 개성을 예의 안에서 표현하는 방법을 배워야 하는 아이들이 개성을 발견하고 표현할 수 있는 기회를 박탈해버린다. 즉 개성이라는 씨앗이 자라기에는 환경이 너무 척박하다는 것이다. 이런 상황에서 우리는 기본적으로 내가 갖고 있는 다름이 무례함이 아니라는 것을 인식할 필요가 있다. 즉 나다움은 무례가 될 수 없으며, 반대로 내가 갖고 있는 개성을 무례함으로 취급하는 사람이 도리어 무례한 사람이라는 인식을 가질 필요가 있다는 것이다.

철학은 우리에게 예의의 탈을 쓴
무례한 이들을 알아보고 대처하게 만들어준다

내가 보기에 철학이라는 학문은 우리 사회에서 그 자리가 꽤나 위태위태한 것처럼 느껴진다. 학문의 질적인 측면에 있어서, 우리나라의 철학 수준이 낮기 때문에 '철학'이라는 학문의 자리가 위태롭다는 것이 아니라, 철학이 대부분의 사람들의 관심 밖에 위치하고 있다는 이유로 철학이 위태롭다는 말을 하고 있는 것이다. 즉 수학이나 과학은 우리 사회에서 어떤 쓸모가 있는지 잘 알려져 있고, 사람들이 수학이나 과학 등의 학문에 대해서는 실용적이라고 인식해서 관심을 갖는 반면에 인문학, 그중에서도 철학이라는 학문은 그것이 대체 우리 삶에 어떤 '쓸모'가 있는지 알지 못하기 때문에, 철학을 배운다는 것은 '쓸데없는 것을 배우는 것'으로 인식된다는 것이다. 그러나 과연 철학이 아무짝에도 쓸모없는 것일까?

철학은 우리로 하여금 우리의 존재에 대해서 답을 발견하게 만들어준다. 즉 '나는 누구인가?'라는 질문에 어떻게 답해야 하는지를 말해준다는 것이다. 만약 철학이 이와 같이 나의 존재 곧 '나는 누구인가?'라는 질문에 답을 발견하게 해주는 학문이라고 한다면, 철학이라는 학문은 우리 삶에 있어서 결코 쓸모없는 학문이라고 할 수 없을 것이다. 왜냐하면 나답게 살아가기 위해서, 그리고 다른 사람과의 관계에 있어서도 가장 핵심적인 부분은 '나는 누구인가?'에 대해서 내가 어떤 답을 갖고 있는가? 이기 때문이다.

가령 우리가 무례한 사람과의 관계를 형성하는데 있어서 상대방을 적절하게 멀리하고자 한다면 우리는 기본적으로 '사람이란 무엇인가?', '사람은 어떠해야 하는가?'에 대한 답을 바탕으로 할 수밖에 없다. 다시 말해서, 내가 갖고 있는 사람의 정의, 그중에서도 올바른 사람의 정의에 의해서 상대방을 바르지 않은 사람이라고 판단할 수 있어야 비로소 상대방을 멀리할 수 있게 된다는 것이다.

그러나 만약 '사람이란 무엇인가?', '무엇이 선인가?'와 같은 철학적인 문제에 제대로 된 답을 갖고 있지 않다면 우리는 무례한 사람을 예의 바른 사람으로 여기거나 혹은 악한 사람을 선한 사람으로 여김으로써, 무례하거나 나쁜 사람들에게 적절하게 대처하지 못해 어려움을 겪을 수밖에 없을 것이다.

공자는 말하기를 군자는 '선한 사람은 그를 좋아하고, 악한 사람은 그를 미워하는 사람'이라고 말했다. 바꿔 말해서 내가 사람이 무엇인지, 어떻게 살아야 올바른 삶을 살아가는 것인지, 선이 무엇인지에 대한 확실한 답을 갖고 있다면 선한 사람을 가까이 하고, 악한 사람을 멀리하려고 할 것이고, 선한 사람들 또한 내가 선하게 살고자 하기 때문에 나를 좋아하고, 악한 사람들은 내가 선하게 살고자 하기 때문에 미워하게 된다는 것이다.

선이 무엇인지 알아야 선을 행할 수 있다. 어떤 사람이 좋은 사람이고, 어떤 사람이 나쁜 사람인지 알아야 선한 사람을 가까이 하고, 악한 사람을 멀리할 수 있다. 단지 나이가 많다고 그 사람이 선한 사람이 아니며, 단지 지위가 높다고 그 사람이 선한 사람이 아니며, 나이가 많거나 지위가 높다고 가까이 해야 하는 것도 아니라는 것이다.

그러나 우리는 학창 시절에 철학적으로 사고하는 방법, 사물의 본질에 대해서 생각하는 시간들을 거의 갖지 못한 채 그저 눈에 보이는 성과에 가치를 두는 식의 교육 과정을 거쳐 왔다. 점수가 몇 점인지가 교육에 있어서 가장 중요한 덕목인 것처럼, 삶의 이유가 시험 성적이나 통장에 적힌 숫자를 높이는 것에 있는 것처럼 배워왔다는 것이다.

사람을 겉으로 보이는 몇 개의 숫자로 평가하는 것을 당연하게 여기면서, 사람을 겉으로 보이는 외모, 옷, 차, 학벌 등으로 평가하는 것이 어떻게 문제가 될 수 있을까? 다시 말해서, 한 아이를 평가하는 기준이 오롯이 겉으로 드러나는 성적뿐이고, 그런 평가를 받아오던 아이들이 성인이 되어 똑같이 겉으로 보이는 것으로 사람을 평가하고 있을 뿐인데, 왜 아이들을 몇 개의 숫자로 평가하는 것은 당연한 것으로 여기고, 사람을 외모로 평가하는 것은 나쁜 것으로 여기느냐는 것이다.

물론 나는 지금 외모지상주의를 옹호하기 위해서 이 말을 하고 있는 것이 아니다. 그보다는 우리 사회의 외모지상주의가 문제라고 한다면 몇 개의 숫자로만 아이들을 평가하는 것 또한 문제를 삼아야 한다는 것을 말하는 것이다.

외모를 보지 말고 마음을 봐야 한다고? 아이들의 마음은 보지 않고 성적으로만 평가하는 것은 아무렇지도 않게 여기면서? 아이러니 하게도 우리 사회는 어린 아이들을 눈에 보이는 몇 가지의 숫자로 평가하는 것을 꼭 필요한, 당연한 것으로 여기면서, 그 아이들이 커서 눈에 보이는 몇 가지의 외적인 조건으로만 사람을 평가하면 '요즘 애들은 너무 조건만 따지는 것 같아. 우리 때는 안 그랬는데 말이야', '요즘 애들은 너무 외모에만 신경 쓰는 것 같아'라고 이야기를 한다는 것이다.

웃기지 않는가? 나라가 아이들을 외모로 평가하는 것은 문제 될 것이 없는데, 요즘 것들이 사람을 외모로 평가하는 것은 문제가 되니 말이다. 어른이 아이들을 성적으로 평가하는 것은 문제될 것이 없는데, 요즘 것들이 사람을 외모로 평가하는 것은 문제가 되니 말이다.

숫자 몇 개가 높아지니 낮아지니에 따라서 사랑을 많이 받거나 적게 받게 되는 것과 통장에 숫자가 몇 개가 찍혀 있는가에 따라서 사람을 달리 평가하는 것이 어떻게 다른 일이 될 수 있을까? 성적으로 평가하는 것은 당연한 것이고 돈으로 평가하는 것은 나쁜 일이라고? 똑같이 외모로만 사람을 평가하고, 똑같이 몇 개의 숫자로 사람을 평가하는 것인데? 운동을 해도 1이니 2니 3이니 등수를 매기고, 놀이를 해도 등수를 매기고, 뭘 해도 사람을 순위 나누기 좋아하는 교육을 받아오면서 돈이 얼마나 많은가? 키가 얼마나 큰가? 외모가 얼마나 아름다운가? 어떤 차를 타는가? 사는 동네가 강남인가? 강북인가? 등으로 각 사람의 등수를 나누는 것을 어떻게 문제라고 할 수 있을까?

만약 외적인 조건으로 사람의 순위를 나누는 것이 문제라고 한다면, 우리 사회는 아이들에게 문제 있는 교육을 하고, 문제 있는 방식으로 아이들을 길러낸 셈이 되고 만다. 즉 오른손으로 때리면 나쁜 것이지만 왼손으로 때리면 나쁘지 않은 것이 아니라, 왼손으로 때리건, 오른손으로 때리건 둘 다 '나쁘다'라고 이야기를 하라는 것이다.

왜 어른이 아이를 외적인 조건으로 평가하는 것은 당연하게 여기면서 요즘 것들이 외적인 조건으로 사람을 평가하는 것은 문제를 삼는가? 둘 다 똑같은 짓을 하고 있을 뿐인데 말이다. '성적은 얼마나 나왔니?', '대학은 어디 들어갔니?', '어디 취업했니?', '만나는 애는 어떤 일한데?', '사귀는 애는 어디 대학 다닌데?' 온통 외적인 조건에 대한 관심만을 드러내면서, 요즘 것들이 똑같이 외적인 조건에만 관심을 보이면, 마치 나라의 기강이 흔들리는 것처럼, 세상이 끝나가는 것처럼 '말세야 말세, 요즘 것들은 왜 이렇게 조건으로 사람을 평가하는 것일까?'라고 여기는 것이 이상하지 않은가라는 것이다.

요즘 것들이 기성세대에게 듣는 질문의 거의 대부분은 하나같이 외적인 것들이다. 돈, 학벌, 집안, 외모 등등 말이다. 꿈이 뭔지 가치관이 뭔지 어떤 생각을 갖고 살아가고 있으며 또 어떤 사람으로 어떻게 살아가야 하는지 등등 만약 기성세대가 요즘 것들에게 '젊은 애들이 겉으로 보이는 것만이 아닌 보이지 않는 것에도 관심을 가졌으면 좋겠어'라는 말을 하고 싶다면 기성세대가 먼저 보이는 것으로 사람을 평가하는 것이 아닌 보이지 않는 것으로 평가하는 모습을 보여줄 필요가 있다는 것이다. 어른들을 본받고, 어른들에게 순종할 것을 요구받는 사회에서 어른들이 외모로 사람을 평가하는데, 어린 애들이 무슨 수로 마음을 보고 사람을 평가할 수 있을까?

철학은 기본적으로 보이지 않는 실체를 파악하는 학문이다. 쉽게 말해서 외모를 보지 않고 사람의 마음을 보게 만들어주는 학문이라고도 할 수 있을 것이다. 어떻게 보면 기성세대가 청년세대에게 요구하는 이상적인 모습인, 조건으로 사람을 평가하기 보다는 마음을 보고 사람을 평가하는 방법을 가르쳐주는 학문이라고도 할 수 있다.

그러나 외모지상주의의 사회, 외적인 것만 가치 있게 여기는 사회에서 보이지 않은 실체를 탐구하는 학문인 철학은 대다수의 사람들에게 실생활에 거의 필요하지 않은, 쓸모없는 학문으로 여겨지고 있는 상황이다. 사실 철학을 어떻게 해야 하는지, 어떻게 공부를 해야 하는지조차 많은 이들이 알지 못하고 있으니 말이다.

사실 철학이라는 것은 그저 본질을 탐구하는 것에 지나지 않아서, 수학을 싫어하는 사람도 일상생활에서 이런 저런 계산을 하며 수학을 하는 삶을 살아가고 있는 것처럼, 사람들은 대부분 어느 정도는 철학적인 삶을 살아가고 있다고도 할 수 있다. 왜냐하면 '나는 어떤 사람인가?', '내가 잘하고 있을까?', '내가 옳은 걸까? 그 사람이 옳은 걸까?'와 같은 생각들이 하나같이 철학적인 생각이기 때문이다. 돈이나 지위에 따라서 선과 악, 옳음과 그름을 판단하는 것이 아니라 외적인 조건을 제외하고 보이지 않는 선이니 악이니, 예의니 무례니 하는 것을 탐구하는 것 자체가 이미 철학적인 사고라는 것이다.

사실 대부분의 사람들이 느끼는 '철학을 한다'라는 단어의 의미는 뭔가 어려운 철학책을 읽고 공부해야 하는 것처럼 여겨질지도 모르지만 철학에 대한 책을 전혀 읽지 않아도, 유명한 철학자에 대해서 전혀 알지 못해도, 보이지 않는 것을 탐구한다면 그 사람은 이미 철학을 하고 있는 것과 다르지 않다는 것이다. 그런 이유로 한창 자신에 대해서 고민할 10대 시절에 충분히 자신에 대해서 생각할 시간만 주어진다면, 어느 정도 보이지 않는 것의 가치를 알아보고 평가할 수 있게 된다는 것이다. 그런 생각들이 바로 철학이니 말이다.

과거에는 우리가 아무짝에도 쓸모없다고 여기는 동양 철학으로 무장한 사람들로부터 높은 수준의 정치적인 기술들이 발현되었다. 왕권을 강화시키려는 왕, 신권을 강화시키려는 신하, 서로 다른 가치관이나 서로 다른 철학적인 답을 갖고 있는 집단끼리의 정치적인 다툼 등등 우리가 생각할 수 있는 관계기술의 가장 고급적인 측면들이 이와 같은 철학을 바탕으로 전개되었다. 어떻게 그럴 수 있었을까? 아무짝에도 쓸모없는 동양 철학만 배운 왕이 어떻게 노련한 신하들을 다룰 수 있었을까? 어떻게 쓸모없는 동양 철학만을 머릿속에 가득 채운 신하들이 권력의 중심인 왕으로부터 권한을 빼앗고, 자신들의 권한을 강화시킬 수 있었을까?

그것은 그들이 '사람은 무엇인가?'를 다루는 철학을 바탕으로 하고 있었기 때문이라고 할 수 있다. '사람은 무엇인가?'라는 질문에 대한 답변으로부터 '사람을 어떻게 대해야 하는가?' 혹은 '사람을 어떻게 다스려야 하는가?'라는 파생된 답들이 나오기 때문이다.

가령 'O형인 사람은 이러이러한 사람'이라는 정의를 내렸다고 해보자. 그럼 단순히 'O형은 이런 사람이야'에서 끝나는 것이 아니라 O형에 대한 정의로부터 O형인 사람을 어떻게 대해야 하는지, 나아가 A형이나 B형, AB형인 사람은 어떤 사람이고 그들은 또 어떻게 대해야 하는 지까지 나아가게 된다는 것이다.

우리는 종종 아무짝에도 쓸모없어 보이는 유교라는 철학이 왜 이렇게 오랜 시간동안 살아남을 수 있었는지를 궁금하게 여긴다. 그리고는 '조상들은 너무나도 어리석고 멍청해서, 유교라는 쓸모없는 학문들에 집착했던 거야'라는 답을 내리곤 한다.

그러나 조금 다른 관점에서 유교라고 하는 동양 철학이 이렇게까지 오랜 시간 살아남을 수 있었던 이유가 과연 조상들이 어리석었기 때문일까라는 생각을 해볼 필요가 있다. 우리 조상들은 하나같이 멍청이들이었을까? 너무 멍청하고 어리석어서 새로운 학문을 받아들이는데 소극적이었던 것일까?

만약 우리가 개성에 대해서 부정적인 인식을 하는 어른들을 이해할 수 있다면 새로운 학문을 받아들이는데 소극적이었던 과거의 조상들 또한 이해하게 되는데, 왜냐하면 과거의 조상들이 새로운 학문에 소극적이었던 것과, 많은 어른들이 개성에 대해서 부정적인 것은 동일한 원인을 갖고 있기 때문이다. 곧 그들이 쓸모없는 가치관이나 학문에 집착하는 사람들이기 때문이 아닌, 그들이 갖고 있는 가치관이나 학문이 꽤 쓸모 있기 때문에 새로운 것에 소극적이게 되었다는 것이다.

우리 조상들은 그리 어리석지 않았다. 또한 개성에 대해서 부정적인 인식을 갖고 있는 어르신들 또한 어리석지 않다. 어른들이 자주하는 말처럼 기성세대를 바탕으로 우리나라는 엄청난 발전을 이룩할 수 있었고, 조선이라는 나라는 500년 동안 무너지지 않을 수 있었다. 물론 조선이라는 나라가 많이 휘청거린 시간들도 있었지만 500년간 많은 어려움들 속에서도 나라가 유지되었다는 것은 그들이 갖고 있는 철학을 바탕으로 하는 통치체계나 정치적인 방법들이 꽤나 효과적이었다는 것을 증명하는 셈이 된다. 그렇기에 그들은 자신들이 갖고 있는 가치관이나 생각들을 쉽게 버릴 수가 없었던 것이다. 지금까지는 충분히 훌륭했고, 효과를 발휘했으니 말이다.

왜 어른들이 청년들에게 '우리 때는 말이야……'라면서 지금의 현실적인 문제들을 해결하는 데 있어서 조금의 거리가 있어 보이는 과거의 방법들을 자주 이야기 하는 것일까? 그것은 그들이 말하는 방법들이 과거의 상황에서는 꽤나 쓸만했기 때문이다. 아니 어쩌면 매우 효과적이었을 수도 있다. 그런 이유로 그들은 시대나 상황이 변해도 그들에게 효과를 경험하게 해줬던 방법들을 쉽게 외면할 수가 없는 것이다.

그런 관점에서 보면 조선이 망한 이유는 유교라는 철학이 쓸모없어서라기보다는 도리어 공자의 시대로부터 수천 년간 유교의 철학이나 유교에 바탕을 둔 정치가 굉장히 효과적이라는 것이 역사적으로 증명되었고 실제적으로도 경험했기 때문이라고 할 수 있다. 즉 유교라는 철학이 나라를 다스리는데 있어서 너무나도 쓸모 있었기 때문에 새로운 학문이나 체계의 가치를 객관적으로 볼 수 없었고, 그래서 받아들일 수가 없었던 것이다.

일본은 어째서 새로운 체계들을 쉽게 받아들일 수 있었을까? 그것은 그들이 갖고 있는 가치관이나 체계가 쓸모없다는 사실을 페리 제독이 이끈 함대를 통해서 물리적으로 인식할 수밖에 없었기 때문이었다.

조선 또한 다르지 않았다. 일본이 무력을 바탕으로 조선과 강화도에서 불평등 조약을 체결하고 난 뒤로, 조선은 그들이 갖고 있는 유교라는 철학이 가장 쓸모 있는 학문이 아닐 수도 있다는 생각을 하게 되었고, 이것은 곧 조선을 지배하고 있던 유교적인 가치관에서 벗어나 서양의 문물이나 그들의 체계 등을 받아들이려는 시도로 이어졌다. 즉 일본에 의해서 조선이 갖고 있는 유교적인 철학의 쓸모가 생각만큼 크지 않다는 것을 알게 되었고, 나아가 서양의 문물이나 그들의 체계가 생각 외로 쓸모가 있다는 것을 인식하게 된 것이다.

이것은 달리 말해서 일본에 의한 개항이 일어나기 전까지 조선 사회에서 유교라고 하는 철학은 지나칠 정도로 유용하고 쓸모 있는 학문으로 받아들여졌음을 생각해볼 수 있다. 왜냐하면 완전 바보, 멍청이가 아닌 이상 우리는 나쁜 것이나 쓸모없는 것을 추구하기 보다는 좋은 것과 쓸모 있는 것을 추구하기 때문이다.

조선이 좀 더 일찍 유교라는 철학의 쓸모가 그렇게까지 크지 않다는 것을 파악할 수 있었더라면, 혹은 좀 더 일찍 유교라는 철학의 실질적인 가치를 인식하고, 서양의 문물이나 제도의 가치를 인식할 수밖에 없는 상황을 경험했었더라면 조선이라는 나라는 좀 더 빨리 새로운 환경에 적응했을지도 모르는 일이다.

실제로 불교를 중심으로 하던 고려라는 나라에서 유교를 중심으로 하는 조선으로 나라가 변하던 시기를 생각해보면, 우리 조상들은 불교를 중심으로 하는 철학과 통치 체계의 쓸모보다 유교라는 철학이 좀 더 나은 쓸모를 가졌다고 인식하는 과정이 들어 있음을 발견할 수 있다. 다시 말해서, 500여 년 전에는 유교를 중심으로 하는 철학과 통치체계가 가장 쓸모 있었다는 것이다. 유교에서 그와 같은 쓸모를 인식한 우리 조상들은 불교를 중심으로 한 기존의 철학과 통치체계를 버리고 유교를 중심으로 한 철학과 통치체계를 갖출 수 있었다. 다만 이와 같은 과정이 조선 시대에는 너무 늦게 그것도 일본으로 인한 불평등 조약으로부터 시작되었다는 점이 문제가 되었을 뿐이다.

만약 조선을 향한 과거 외부 세력의 침략이 유교라는 철학이 그리 쓸모 있지 않다는 것을 느끼게 만들어 줬더라면, 임진왜란으로 인한 조총 기술의 습득처럼 보다 나은 철학과 통치 체계를 인식할 수 있는 충격을 조선에 줬더라면 어쩌면 우리는 다른 조선의 역사를 배우고 있을지도 모르는 일이다.

다시 말해서, 유교라는 동양 철학의 가치는 조선 후기 새로운 문물과 가치관을 받아들이지 않아도 될 정도로 이상적인 쓸모를 갖고 있는 것도 아니었고, 그렇다고 쓸모없다고 평가절하할 정도로 가치가 없는 것도 아니라는 것이다. 그저 500여 년간 조선이라는 나라가 유지될 수 있게끔 만들어줄 정도의 쓸모를 가졌으나, 청과, 일본으로부터 조선을 지킬 수 있을 정도의 쓸모를 갖고 있지는 못했다는 것이다.

이처럼 철학이 갖고 있는 가치를 정확하게 인식할 수 있다면 우리는 철학에 과거 우리 조상들이 갖고 있었던 믿음처럼 절대적인 가치를 부여할 수는 없겠지만 반대로, 오랜 시간 조선을 유지되게 만들었던 쓸모 정도는 충분히 우리 것으로 만들 수 있다는 이야기가 된다. 그중에서도 무례한 사람들이 누구이며 그들을 어떻게 대해야 하는지, 혹은 내가 갖고 있는 '다름'을 인정해주고 좀 더 나답게 살아갈 수 있게 도와줄 수 있는 사람들이 누구이며, 그들을 어떻게 대해야 하는지는 배울 수 있다는 것이다.

'앎이란 사람을 알아보는 것이다'라고 했던 공자의 말[17]처럼 유교를 바탕으로 한 통치 철학은 기본적으로 좋은 사람을 알아보고 그들을 가까이 하는 것이자 반대로 나쁜 사람을 알아보고 그들을 멀리하는 것이 핵심이었다고 할 수 있기 때문이다. 그런 이유로 우리가 철학에서 쓸모를 발견할 수 있다면 나답게 살아가기 때문에 발생할 수 있는 어려움을 조금이나마 방어하고, 괜찮은 사람들을 가까이 함으로써 도움을 받을 수 있다는 것이다.

---

17) 『공자』, 공자 지음, 김형찬 옮김, 홍익출판사, 140p

가령 우리 사회에서 자주 접할 수 있는 어른답지 않은 어른에 대해서 생각해보자. 많은 이들이 어른들을 공경해야 한다는 이야기만 듣고 자라왔기 때문에 어른답지 않은 어른들을 어떻게 대해야 하는지 알지 못한다. 그러다보니 어른답지 않은 어른들이 내게 무례해도, 나를 함부로 대해도 그저 속앓이만 하는 경우들이 있는 것이다.

그러나 유교에 있어서 공자만큼 중요한 인물인 맹자는 '임금이 임금답지 않다면 그가 어떻게 임금일 수 있는가?'라고 말했는데, 이 이야기는 어떤 임금이 맹자에게 '신하가 임금을 시해하는 것을 올바르다고 할 수 있습니까?'라는 질문에서 비롯되었다.

'신하가 임금을 죽이거나 몰아내는 것은 예의가 아니다'라는 식의 이야기를 듣고 싶었던 왕의 질문에, 맹자는 '임금이 임금답지 않으면 이미 임금이 아닌 죄인에 불과한데 어떻게 죄인을 몰아내는 것이 올바르지 않은 일이 될 수 있겠습니까?'라는 식으로 답한다. 즉 임금 같은 임금만이 임금으로써의 대우를 받을 수 있으며, 임금이 임금답지 않다면 그 임금은 도리어 백성에게 반역한 죄인이기 때문에 더는 임금으로 대하지 않아도 된다는 것이었다.[18]

이것을 우리 사회에서 흔히 볼 수 있는 어른 같지 않은 어른에 적용시켜본다면 어른들이 무례해도, 어른들이 어른답지 않아도 무조건 어른으로써 존중해야 하는 것이 아니라, 어른답지 않은 어른은 이미 어른이 아

---

18) 『맹자』, 맹자 지음, 박경환 옮김, 홍익출판사, 73p

니기 때문에 어른으로 대하지 않아도 된다는 말이 될 것이다.

물론 이 말을 문자 그대로 받아들여서 어른답지 않은 어른을 함부로 대해도 된다는 식으로 이해하는 것은 곤란하다. 왜냐하면 어른에 대한 존중의 문화를 갖고 있는 우리나라에서는 적당히 지켜야 하는 선이 있으며, 그것을 넘어설 때는 도리어 내가 더 큰 피해를 입을 수도 있기 때문이다. 가령 회사에서 상사가 상사답지 않다고, 그를 상사로 대하지 않을 수 있을까?

만약 그런 식으로 행동한다면 그는 회사 생활에 있어서 굉장히 큰 어려움을 겪게 될 것이 분명하다. 나아가 사회에서도 어른답지 않은 어른을 함부로 대하는 모습이 사람들에게 보일 경우에는 똑같이 잘못을 했다고 할지라도 나이가 어린 쪽이 더 나쁜 짓을 한 것으로 인식이 되기 때문에, 나 자신을 위해서 적당한 선에서 맞춰주되, 마냥 잘해주지 않았다고 죄책감을 가칠 필요도 없고, 굳이 존중하기 위해서 애쓸 필요도 없다는 말을 하고 있는 것이다. 어른답지 않은 어른은 이미 어른이 아니기 때문이다.

또한 우리가 자주 경험하게 되는 오지랖에 대해서 생각해보자. 한비자에서는 이와 같은 고사를 언급한다.

옛날 한(韓)나라의 임금이 잠이 들었는데, 임금의 모자를 관리하는 사람이 임금의 자는 모습을 보고 임금이 춥게 자는 것을 안쓰럽게 여겨, 임금의 옷을 관리하는 사람을 대신해서 임금에게 두꺼운 옷을 덮어줬다. 아침에 임금이 일어나보니 자신에게 따뜻한 옷이 덮어져 있는 것을 보고는 감동했으나 이내 옷을 관리하는 자와, 자신에게 옷을 덮어준 모자를 관리하는 자 둘 다를 벌했다.[19]

한비자는 한(韓) 나라의 임금이 사소한 정보다는 공적인 관점에서, 자신의 영역을 넘어서는 행동이 나라의 기강을 흔들리게 만들 것을 우려했기 때문에 이와 같은 일을 했다고 말한다. 이것을 좀 더 현실적인 관점에서 이야기를 해보면 갓 들어온 신입이 대리와 친해졌다고 대리의 업무 영역을 넘본다면 어떨까? 사장이 신입을 너무나도 아껴서, 신입이 직접 해결해야 하는 일들을 대신 해준다고 하면 어떨까? 차장은 과장의 일을 넘보며, 과장은 차장의 일을 넘보게 된다면 회사는 어떻게 될까?

이런 식의 회사를 사람들은 종종 '가족'같은 회사라고 말한다. 가까운 친인척들 위주로 돌아가는 회사. 너무 가깝고 친해서 직함만 있을 뿐 위아래가 뚜렷이 구분되지 않는 회사 말이다. 사람들은 이런 회사에서 일하는 것을 굉장히 힘들어 한다. 어느 장단에 맞춰야 할지를 알 수 없기 때문이다.

한비자는 이와 같이 자신의 포지션이 아닌 남의 영역을 침범하는 것을 내버려두게 된다면. 종국에는 신하들이 임금의 영역까지 넘보게 되는 일이 발생하게 될 것이라고 말한 것이다. 즉 오지랖이라는 싹이 점점 자라나고 나면 위아래가 뒤바뀌는 일들이 일어날 수 있음을 주의하라는 것이다.

---

19) 『한비자』, 한비 지음. 김원중 옮김. 글항아리. 74~75p

이것을 우리 삶에 적용시켜 본다면 나를 위한다면서 이런 저런 불필요한 조언을 해주는 사람에게 적절하게 대처하지 않을 경우, 어느덧 그 사람을 위한 삶을 살아가고 있는 자신을 발견하게 될지도 모른다는 것이다. 다시 말해서 예의를 가장한 무례함으로부터 적절하게 자신을 지켜내지 않는다면, 어느덧 내 삶의 영역이 상대방에게 넘어가게 되어서, 자신을 위한 삶이 아닌 다른 누군가를 위한 삶을 살아가게 될 가능성이 높다는 것이다.

그런 식의 오지랖을 가진 이들은 상대방의 삶의 영역에 멋대로 들어가서 원하지 않는 도움을 주는 것을 예의라고 여긴다. 즉 자신의 포지션을 넘어서 상대방의 영역까지 들어가서 상대방에게 도움이 되는 일을 해주는 것이 정말 상대방에게 유익하다고 생각한다는 것이다.

그러나 윗사람이 일을 잘 못한다고, 윗사람을 너무 아끼는 마음에 아랫사람이 윗사람의 일에 간섭하기 시작한다면 어떨까? 아니면 반대로 아랫사람이 일을 잘하지 못해서 윗사람이 아랫사람에게 하나하나 간섭하고, 조언을 하기 시작한다면 어떨까?

만약 자신의 영역을 넘어서는 조언, 곧 오지랖에 적극적인 대처를 하지 않는다면 어느덧 난 내 삶의 영역에서 나를 위한 이런 저런 간섭과 조언을 해주는 사람의 아바타와 같은 삶을 살게 될 가능성이 농후하다. 그렇기에 사람을 대할 때, 자신의 포지션을 지키지 않는 사람, 다른 사람의 삶의 영역에 들어가서 그 사람을 위한 도움을 주는 걸 꺼려하지 않는 이들을 보게 된다면, 적절하게 거리를 두고, 우리의 삶의 영역에 그런 이들이

들어오지 못하게끔 적극적인 대처를 할 필요가 있다는 것이다.

만약 우리가, 상대방의 오지랖이 나를 위하는 마음에 그렇게 한다고 여겨 받아주기 시작한다면, 어느덧 나의 삶이 그 사람을 위해서 봉사하는 삶을 살아가게 되어 버릴 것이다. 즉 상대방의 영역에 들어가는 것을 조금도 꺼려하지 않는 오지라퍼들을 존중해서 아무런 쓸모가 없는 조언들을 받아주고, 리액션을 해주다보면 그들은 나의 삶의 영역에 들어가 나를 보다 나은 사람이 되게 만들어 줬다는 성취감을 느껴 더욱더 가까이 다가오며, 더욱더 많은 것들을 함께 하고, 바꿔 주고 싶어 할 것이라는 말이다.

여기서 말이 함께 한다는 거지, 실상은 '더 많이 내가 원하는 사람이 되어줘'라는 말과 다르지 않다. 그렇기에 애초에 '난 너의 말을 듣고 싶은 생각이 없어'라는 것을 적극적으로 어필해야 할 필요성이 있는 것이다. 왜냐하면 오지랖을 가진 이들은 상대방에게 조언을 해주고, 상대방이 들어주지 않으면 굉장히 기분 나빠 하기 때문에 처음부터 거절해야지, 조언을 들어주다가 거절하기 시작하면 '무시 받았다'라고 여겨서 트러블이 발생할 수 있기 때문이다.

그렇기에 애초에 타인의 영역에 쉽게 들어오는 이들, 내가 갖고 있는 고유의 영역을 건들고자 하는 이들을 만나게 된다면, 바로 거절할 수 있는 준비태세를 갖추고 있을 필요가 있다는 것이다. 그러지 않으면 결과적으로 불필요한 트러블을 일으키며 끝나게 될 테니 말이다.

철학은 이처럼 겉으로 보이는 모습, 겉으로 보이는 행동이나 말을 바탕으로 상대방의 보이지 않은 실체를 파악하고, 상대방에 따라서 어떻게 행동해야 할지를 말해준다. 스펙을 쌓는 데는 유익하지 않을 수 있으나 사람을 대하거나, 나답게 살아가는 데 있어서는 생각 이상으로 많은 도움을 줄 수 있다는 것이다.

물론 모든 사람들이 반드시 철학을 배워야 한다고 말하고 있는 것은 아니다. 어떤 이들에게는 사람을 알아보고, 어떻게 대해야 하는지, 내가 누구이고 나답게 사는 것이 무엇인지를 아는 것이 별로 중요하지 않은 것으로 여겨질 수 있으니 말이다.

그러나 혹시 나는 누구이며, 어떻게 살아야 하는지, 나를 둘러싼 사람들은 어떤 사람들이며 그들을 어떻게 대해야 하는지에 대해서 관심을 갖고 고민하고 있는 사람이 있다면, 철학에 관심을 가져보는 것이 도움이 될 수 있다는 것이다.

철학은 '다름'을 기준으로 하는 구분이
무의미하다고 말한다

철학은 기본적으로 우리에게 '나는 누구인가?'라는 질문을 던진다. 나아가 내 앞에 있는 사람에 대해서도 '내 앞에 있는 사람은 대체 누구인가?'라는 식의 질문을 하게 만든다. 바꿔 말해서 우리의 사고를 좀 더 안쪽으로 끌어 내린다는 것이다. 내 마음, 내 몸, 그리고 세상이 어떻게 존재하고 있는지 등등. 그리고 이와 같은 존재론적인 질문은 우리에게 내가 갖고 있는 개성과 다른 사람이 갖고 있는 개성에 대해서 좀 더 폭넓은 관점을 가질 수 있는 기회를 제공해준다. 가령 힌두 철학에서 상대성은 거짓이라며 선과 악, 빛과 어둠, 남자와 여자 등 서로 상대적이라고 할 수 있는 다양한 가치들이 본질적으로는 상대적이지 않다고 말하는 것처럼 말이다. 어떻게 보면 말도 안 되는, 겉만 그럴듯해 보이는 이야기처럼 느껴질 수도 있을 것이다.

그러나 상대성을 부정하는 철학적인 이야기는 우리로 하여금 개성을 단순히 우리 존재의 일부로 바라보게끔 만드는 역할을 한다. 가령 내가 갖고 있는 피부색이나 국적, 언어나 인종과 같은 '다름'이 누군가에게는 자신과 남을 구분하는 역할을 하지만, '상대적인 것은 실체가 없다'라고 말하는 힌두 철학을 받아들인다면 이와 같은 구분 자체가 실체가 없는 의미 없는 짓이라는 것을 발견하게 된다는 것이다.

사실 유전학적으로 보면 흑인과 백인의 차이보다는 백인과 백인의 차이가 훨씬 크다고 한다. 겉으로 보기에는 확연하게 달라보일지라도, 유전학적으로 바라보면 서로 다른 피부색을 갖고 있는 두 사람이, 동일한 피부색을 갖고 있는 두 사람보다 유전학 적으로 훨씬 가까울 수 있다는 것이다. 나아가 유전학적인 관점에서는 민족이라는 개념 자체도 실체가 없는 개념이라고 말하는데, 유전학적으로 보면 동일한 민족 안의 개개인들은 하나의 민족으로 묶을 수 있을 만큼 유전적으로 비슷하지 않으며, 반대로 서로 다른 민족에서도 민족을 나눌 수 있을 정도로 유전적인 다름은 발견되지 않기 때문이다.[20]

그렇다면 생각해보자. 우리가 한국인과 비 한국인을 구분하는 개념이, 뚜렷한 실체가 있는 것이 아닌 문화적인 개념에 불과하다면 우리와 다른 인종, 다른 피부색을 갖고 있으나 한국문화를 갖고 있는 이들을 받아들이지 못할 이유가 어디에 있을까? 다시 말해서, 우리 민족과 이방인이라는 상대적인 개념을 바탕으로 비슷한 유전자를 갖고 있는 두 사람을 나눌 이

---

20) 『개성의 힘』, 마르쿠스 헹스트슐레거 지음, 권세훈 옮김, 열린책들, 44~45p, 59p

유가 어디에 있는가라는 것이다.

물론 근래 들어서 우리 사회가 점점 다양성을 존중하는 추세이며, 피부색이나 인종이 아닌 문화를 바탕으로 한국인이라는 개념을 인식하는 방향으로 나아가고 있음을 알고 있다. 그러나 여전히 많은 이들은 한국인의 특징을 대부분의 사람들이 갖고 있는 피부색이나 인종적인 특징에 바탕을 두고 있으며, 이와 같은 생각에서 우리 민족과 이방인이라는, 다를 것 없는 두 사람을 구분하곤 한다.

이렇게 나와 다른 사람을 구분하는 생각은 우리로 하여금 나와 다른 이들에 대해서 쉽게 공감하지 못하게 만들어 버리는데, 우리는 내 곁에 있는 누군가에 대해서 구분하는 마음을 가지면 가질수록, '이 사람과 나는 달라'라는 생각이 크면 클수록 타인에 대해서 쉽게 공감하지 못하기 때문이다. 왜 과거와 달리 요즘은 사람과 많은 부분에서 '다르다'고 할 수 있는 동물들을 함부로 대하지 않고, 도리어 존중하고자 하는 것일까? 그것은 근래 들어서 많은 이들이 동물을 '사람과 다르지 않다'고 인식하게 되었기 때문일 것이다.

그러나 이와 달리 동물을 사람과 완전히 다른 존재, 즉 닮은 구석이 조금도 없는 이질적인 존재로 인식한다면 어떻게 될까? 동물과 사람을 완전히 구분해서 하늘과 땅의 차이보다 훨씬 큰 갭이 존재한다고 인식하는 경우에 우리는 동물의 괴로움, 아픔, 고통 등에 대해서 무감각해지는 것을 경험하게 될 것이다. 다시 말해서 동물을 학대함에도 불구하고, 조금의 문제의식도 느끼지 못할 수 있다는 것이다.

어떻게 히틀러는 아무렇지 않게 수백만의 유대인들을 학살할 수 있었을까? 많은 사람들이 히틀러나 그와 같은 독재자들이 일으킨 무자비한 학살에 대해서 '어떻게 사람이 그럴 수 있었을까?'와 같은 식의 생각을 하고는 한다. 가까운 예로 일제 강점기에 일본이 조선에 저질렀던 일들이 있을 것이다. 그들이 조선과 중국에서 행했던 각종 만행들을 보면서 우리는 종종 '어떻게 사람이 그럴 수 있었을까?'와 같은 식의 생각을 하고는 한다. 나 역시 과거에 역사책을 볼 때마다 어떻게 그들은 아무렇지 않게 이와 같은 일들을 행할 수 있었을까? 라는 의문을 항상 품었었다.

여기에 대해서 내가 철학에서 발견한 답은 사람이 구분하는 마음을 없앤다면 나와 다른 종류의 생물들, 짐승에 대해서도 공감할 수 있게 되고 한없이 따뜻해질 수 있지만, 반대로 구분하는 마음을 갖게 된다면 나와 똑같은 생김새에, 아무리 닮은 사람이라고 할지라도 한없이 차가워질 수 있다는 것이다.

히틀러가 수백만의 유대인들을 학살할 수 있었던 이유, 나치에 속한 이들이 수백만의 유대인들을 학살할 수 있었던 이유는 간단하다. 히틀러를 비롯한 나치는 독일인이었고, 유대인들은 비슷한 생김새, 동일한 언어, 동일한 옷차림을 하고 있었으나 아리안인과는 구분된 유대인이었기 때문이다. 마찬가지로 일본이 조선과 중국에 행했던 만행들이 가능했던 것은 그들이 일본인과는 구분된 조선인과 중국인이었기 때문이었다.

설령 동일한 인종에 비슷한 생김새를 갖고 있는 이들이라고 할지라도 말이다. 나와 다른 나라 사람이었기에, 나와 다른 조상을 갖고 있었기 때문에 그들은 조선인과 중국인을 죽이고 괴롭게 하는 데 있어서 무덤덤해질 수 있었다. 왜? '나와 다르니까' 말이다.

우리가 나이, 학력, 지역, 국적, 성별 등으로 인한 차별을 살펴볼 때, 어떤 원인에서 그와 같은 차별이 일어나게 되었는지를 살펴보게 된다면 차별의 원인이 나와 너, 혹은 내가 속한 무리와 그렇지 않은 무리에 대한 구분으로부터 비롯됨을 알 수 있다는 것이다. 그렇다면 반대로 나와 너 혹은 내가 속한 무리와 내가 속하지 않은 무리가 서로 다르지 않음을 알게 된다면 어떤 일이 일어나게 되는 것일까?

힌두 철학에서는 신을 천의 얼굴을 갖고 있는 존재라고 표현하곤 한다. 여기에 대해서 어떤 이들은 '그들이 믿는 신은 얼굴이 천 가지인가 봐?'라는 식으로 생각하기도 하는데, 정확하게 말하자면 힌두교에서 말하는 천의 얼굴을 갖고 있는 신이라는 개념은 '세상의 모든 것이 곧 신의 표현이다'라는 것을 의미하는 것일 뿐 실제로 신이 그와 같은 형상을 갖고 있는 것을 의미하는 것은 아니다. 다시 말해서 수많은 다양성들의 본질은 하나에 불과하다는 것이 '천의 얼굴을 갖고 있는 신'이라는 말의 의미인 것이다.

이것을 사람들에게 적용시켜본다면, 성별이나 피부색 등에 주목해서 볼 때는 그 사람과 내가 다른 부류의 사람인 것처럼 여겨질 수 있지만 '나는 누구인가?' 곧 '사람이라는 존재는 무엇인가?'에 대한 철학적인 답을 발견할 수 있다면 나와 다른 이질적인 존재처럼 느껴졌던 이들이 나와 다르지 않다는 것을 느낄 수 있게 된다는 것이다.

나와 너는 본질적으로 다르지 않다. 예수는 '네 이웃을 네 몸과 같이 사랑하라'고 말했는데. 이런 이야기가 나올 수 있었던 배경에는 나와 네가 본질적인 측면에 있어서 다르지 않다는 인식이 깔려 있었기 때문이라고 할 수 있을 것이다. 왜 우리는 실체가 없는 기준을 바탕으로 나와 너를 구분하는 것일까?

힌두 철학 혹은 노자, 장자의 철학에서는 이런 구분 자체가 실체가 없으며, 서로 달라 보이는 상대적인 것들이 실제로는 하나를 표현하는 각각의 다른 면임을 말해준다. 즉 우리가 나와 다름을 갖고 있는 누군가를 차별하게 만드는 근거가 철학적인 관점에서는 실체가 없다는 말을 하고 있는 것이다. 이런 관점에서 보면 개성을 갖고 있는 다양한 사람들을 적 혹은 이방인으로 인식하는 것보다, 포용하는 마음을 갖는 것이 우리의 존재에 비춰볼 때 좀 더 본질에 가깝다고 할 수 있을 것이다.

왜 근래 들어서 많은 이들이 '문화적 다양성'이라는 말을 하고 있는 것일까? 왜 다양성에 대해서 목소리를 높이고 있는 것일까? 만약 서로 다른 인종, 서로 다른 국적, 서로 다른 문화의 차이가 도무지 좁힐 수 없는, 실체가 있는 차이라고 한다면 '다양성을 인정해야 한다'는 말은 어처구니없는 말이라고 할 수 있을 것이다. 그것은 마치 태양이 서쪽에서 뜨고 동쪽으로 진다거나 혹은 티베트 고원에 요정들이 살고 있다거나 혹은 유럽 어딘가에 하늘을 날아다니는 돼지가 살고 있다는 말과 같아서, 바보 같은 말처럼 여겨질 것이다.

물론 과거에는 오랑캐가 선비와 어울린다는 것을 도무지 있을 수 없는 일, 동화 같은 이야기로 여겼던 시기가 있었다. 유대인과 개를 동일하게 취급한다거나 혹은 국적에 따라서 1등 시민과 2등 시민으로 나눈다거나 혹은 인종에 따라서 우열을 나누거나 피부색에 따라서 사람과 짐승으로 나누는 것이 상식처럼 받아들여지던 시기가 고작 100여 년 전의 일이다. 그러나 지금은 수많은 사람들이 '다양성을 존중해야 한다'는 말을 '있을 수 없는 일', '동화 같은 이야기'로 여기는 것이 아닌 '상식적인 이야기', '성숙한 의식' 등으로 여기고 있다.

이것은 인종의 차이, 국적의 차이, 문화의 차이, 성별의 차이 등, 서로 좁힐 수 없는 차이라고 생각했던 많은 것들이 한걸음 뒤에서 보면 본질적으로는 그렇게까지 다르지 않다는 것을 발견했기 때문일 것이다. 다시 말해서, 사회가 성숙해져감에 따라서 힌두 철학이나, 노자와 장자의 철학 혹은 불교에서 말하는 것과 같이 나와 너, 혹은 다름을 기준으로 우리 편과 네 편으로 구분하는 것이 다 무의미하다는 것을 많은 이들이 인식했기 때문에 '다름'에 있어서 관용적인 태도를 취하게 되었다는 것이다.

사람들이 남과 다른 개성을 갖고 있는 이들을 쉽게 비판하거나 좋지 않게 바라보는 이유는 그들과의 작은 차이를 굉장히 크게 인식해서, 그들을 자신과 너무나도 다른 이질적인 존재라고 여기기 때문이다. 즉 사소한 차이를 바탕으로 나와 너를 구분하기 때문에, 남과 다른 개성을 갖고 있는 이들에 대해서 '넌 틀렸어'라고 말하게 된다는 것이다.

그러나 대부분의 사람들이 오른손으로 밥을 먹는다고 해서 왼손으로 밥을 먹는 것을 '틀렸다'고 말할 수 있을까? 나와 내 주변 사람들이 왼손으로 밥을 먹는 것을 좋아하지 않기 때문에, 왼손으로 밥을 먹는 이들에게 '쓸데없는 짓 하지 말고, 평범하게 살아'라고 말할 수 있는 것일까?

앞서 언급한 '천의 얼굴을 갖고 있는 신'이라는 표현과 같이, 개성이라고 하는 것은 하늘과 땅의 거리만큼 엄청난 차이를 만들어내는 조건이 아니라 단순히, 오른손으로 밥을 먹는 사람과 왼손으로 밥을 먹는 사람의 차이처럼 작은 차이에 불과하다는 것이다. 그런 이유로 남들이 다 오른손으로 밥을 먹기 때문에, 왼손으로 밥을 먹는 사람이 오른손으로 밥을 먹어야 하는 것이 아니라 오른손으로 밥을 먹는 사람과 왼손으로 밥을 먹는 사람이 서로 이해하고 공존할 수 있는 방법을 고민하는 것이 오른손잡이와 왼손잡이 모두에게 더욱더 유익한 일이 될 수 있다는 것이다.

강자의 조건이라는 책에 따르면 역사적인 강대국들 곧 로마, 몽골, 영국과 같은 강대국들은 하나같이 다양성과 개개인이 갖고 있는 개성에 대한 관용을 갖고 있었다고 말한다. 즉 서로 다른 개성을 갖고 있는 이들이 저마다의 개성으로 국가를 위해서 헌신하게끔 만드는 시스템을 갖고 있었기 때문에, 동일한 인종, 동일한 언어, 동일한 특징을 바탕으로 유지되던 무수한 나라들을 지배할 수 있었다는 것이다.

가령 몽골에 대한 것만 해도, 우리는 몽골이 세계를 정복할 수 있었던 비결을 단순히 몽골의 기마병이 굉장히 강력했기 때문이라고 생각하지만 막상 그 당시 몽골제국에 대한 역사적인 사실들을 살펴보면, 그들이 세계를 정복하는데 몽골의 기마병만큼이나 다양한 인종, 다양한 언어, 다양한 국적, 다양한 개성을 갖고 있는 이들이 큰 역할을 했음을 발견하게 된다. 즉 어떤 문제에 있어서는 중국의 군사 전문가를 이용하고, 어떤 문제에 있어서는 페르시아의 기술자나 전문가를 이용하고 심지어는 화약과 관련해서는 이집트인들을 이용하는 등, 몽골인만으로 해결할 수 없는 무수한 문제들을 세계 각국의 전문가들을 활용해서 해결했다는 것이다.[21]

이와 같은 일은 그 당시 몽골에 세계 각국의 다양한 개성을 갖고 있는 이들을 몽골이라는 나라의 발전을 위해서 적극적으로 활용할 수 있는 관용이 존재하고 있었기 때문에 가능했다고 말한다. 여기서 관용이라는 단어를 사용한 것은 그 당시 몽골을 위해서 일한 각국의 전문가들이 결코 강제적으로 몽골을 위해서 일한 것이 아니었기 때문이다. 그 당시의 몽골의 전문가들은 마치 회사의 주주가 회사의 이익을 위해서 노력하듯이, 몽골이라는 나라에서 좋은 대우와 존경을 받았기 때문에 자발적으로 몽골을 위해서 헌신했다는 것이다.[22]

이것은 우리가 다름에 대해서 관용하는 태도를 보이는 것이 단순히 개성을 갖고 있는 한 개인에게만 유익한 것이 아니라 사회적으로도 유익함을 잘 설명해준다. 즉 우리 사회가 개성에 대해서 관용하는 태도를 보일수록, 우리에게 닥쳐올 혹은 대면하고 있는 무수한 문제들을 보다 쉽고, 보다 효과적으로 해결할 수 있게 된다는 것이다. 가령 오른손으로 해결해야 하는 문제에 있어서는 오른손잡이를 활용하고, 왼손으로 해결해야 하는 문제에 있어서는 왼손잡이를 활용해서 문제를 해결하는 것처럼 말이다.

---

21) 『강자의 조건』, 이주희 지음, EBS MEDIA 기획, MID, 122~123p

22) 『강자의 조건』, 이주희 지음, EBS MEDIA 기획, MID, 117p

왜 불평하면 안 되지?

        대런 애쓰모글루, 제임스 A. 로빈슨이 지은 『국가는 왜 실패하는가』라는 책에 따르면 대부분의 사람들이 자신의 능력에 따라서 보상을 얻을 수 있는 포용적인 제도를 갖고 있는 나라는 경제가 발전하는 반면에, 소수의 엘리트층이 대다수 사람들의 이익을 착취하는 제도를 갖고 있는 나라는 실패한다고 언급한다. 즉 경제 발전의 과정은 한 개인이 갖고 있는 능력을 얼마나 끌어낼 수 있는가, 한 개인이 자신의 잠재력을 최대한 끌어낼 수 있게끔 얼마만큼의 인센티브를 제공할 수 있는가에 달려 있다는 것이다.

  그런 관점에서 아프리카의 많은 나라들이 가난한 이유는 결코 나태하고 게으르기 때문이 아니라 열심히 일해도, 열심히 일한 결과를 누군가가 가져가기 때문이라고 말한다. 다시 말해서 한 개인이 자신의 노력으로 뭔가를 성취해도 그 성취의 결과를 소수의 엘리트층이 가져가기 때문에 열심히 노력하기 보다는 차라리 아무것도 하지 않는 것이 도리어 이익이 되는 것이 아프리카의 가난한 나라들의 현실이라는 것이다.

내가 노력해도 그 노력이 내 것이 되지 않는다면? 아니 내가 노력하는 것이 도리어 내게 해를 입히는 상황이 찾아오면 어떻게 할 것인가? 그래도 난 애쓰고 노력하게 될까? 우리가 뭔가를 얻기 위해서 노력한다는 것은 내가 갖고 있는 능력과, 노력에 따른 적절한 보상이 내게 주어질 수 있다는 확신이 있기 때문일 것이다. 그러나 이와 같은 확신이 결여되는 순간 우리는 노력하지 않게 된다는 것이다.

물론 우리나라의 상황은 개인이 자신의 능력을 제대로 발휘하기 어려운 사회적인 제도를 갖고 있는 빈곤한 나라들과 같지 않다. 오히려 제도적으로 개인의 능력을 억압하는 많은 나라들에 비하자면 엄청난 자유를 누리고 있다고 말할 수 있을 것이다. 흔히 '헬조선'이라고 말하는 청년들에게 '잘 먹지도 못하고, 입지도 못하는 빈곤한 나라들에 비하면 엄청난 혜택을 누리고 있는데 요즘 것들은 불평만 해'라고 말하는 어른들의 말처럼 말이다.

그러나 지금보다 더 행복해지고 싶고, 더 풍요롭고 싶고, 더 많은 것들을 누리고 싶어 하는 것이 인간 아닌가? 과거 세대가 우리나라의 발전을 위해서 많은 노력을 기울인 이유 역시 조선시대에 비하자면 엄청난 혜택을 누리고 사는 것임에도 불구하고, 그보다 더 많은 것들을 누리며 살고 싶었기 때문이 아닌가? '조선 말기에 비하자면 지금도 충분히 좋은 환경이지'가 아니라 '일본인들이 누리는 것들을 누리고 싶다', '미국인들이 누리는 것들을 나도 누리고 싶다', '유럽인들처럼 살아보고 싶다'라는 욕망이 우리 사회를 발전시킨 원동력이 아니었는가라는 것이다.

특히 지난날 뉴스에서는 일본과 한국의 경제 상황에 대한 비교가 자주 등장했었고 또 지금도 종종 비교하는 것을 볼 수 있는데, 이와 같은 비교의 원인은 사람들에게 '일본처럼 살고 싶다' 혹은 '일본보다 더 잘 살고 싶다'라는 욕망이 있기 때문이 아니고 뭐겠는가?

사회에 불만을 제기하는 청년들에 대해서 '요즘 것들은 왜 이리 불만이 많아. 지금도 충분히 잘 먹고 잘 살고 있는데 말이야. 우리 때는 말이지……'라고 생각하는 어른들이 있다면, 그들에게 물어보고 싶다. '왜 조선시대에 비하자면 엄청난 혜택을 누리고 있는데, 우리나라를 발전시키기 위해서 노력하신 건가요?', '왜 150년 전 세도가들에게 착취당하던 시절에 비하자면 엄청난 혜택을 누리고 있었는데, 왜 우리나라의 발전을 위해서 노력하신 건가요?'라고 말이다.

기성세대들이 우리 사회의 발전을 위해서 많은 노력을 기울인 것은 그 당시 상황에 만족하지 못했기 때문이었다. 더 맛있는 것을 먹고, 더 좋은 옷을 입고, 더 좋은 차를 타고, 더 좋은 집에서 살고 싶으니까, 기성세대들은 노력할 수밖에 없었다는 것이다. 근데 왜 기성세대가 과거에 가졌던 불만족에 대해서는 인정하면서도 반대로 지금의 청년들이 갖고 있는 불만족은 부정당해야 하는가?

과거 고성장 시기에 일본처럼 살고 싶었던 기성세대들의 욕망처럼 지금의 많은 청년들은 유럽인들처럼 살고 싶어 한다. 허세나 허영이 아니라 그들의 삶이 지금 우리의 삶보다 훨씬 좋아 보이기 때문에 말이다.

만약 이것을 허영이니 허세라고 말한다면 가난한 나라의 사람들이 유럽으로 향하는 이유에 대해서는 뭐라고 말할 수 있을까? 아메리카 드림을 꿈꾸며 미국으로 건너가는 세계 각국의 사람들에 대해서는 뭐라고 말해야 할까? '온 세계가 허영과 허세로 가득해. 온 세상 사람들이 아무도 감사할 줄을 몰라. 말세야 말세'라고 말해야 할까?

우리는 미국이라는 나라의 경제 발전의 원동력이 미국에서의 성공을 꿈꾸며 세계 각지에서 미국으로 건너온 이들임을 알고 있다. 전 세계에서 가장 뛰어나고 능력 있는 이들이 자신이 갖고 있는 능력을 바탕으로 보다 나은 삶을 살기 위해서 미국으로 향한다는 것이다. 자신이 갖고 있는 능력을 발휘하기도 좋고, 자신이 갖고 있는 능력을 제대로 발휘하기만 한다면 자신이 살던 나라보다 훨씬 나은 보상과 훨씬 나은 삶을 살 수 있으리라고 생각하기 때문에 말이다.

그런데 왜 미국을 향하는 무수한 사람들, 유럽을 향하는 무수한 사람들의 욕망은 인정하면서도, 보다 나은 삶을 바라는 요즘 것들의 욕망은 허세이자 허영이라고 말하는 걸까? 과거 젊은 것들이 갖고 있었던 불만족이 우리 사회가 발전할 수 있었던 원동력이었는데, 세계 각국의 사람들이 갖고 있는 현재에 대한 불만족이 미국이라는 나라가 발전할 수 있는 원동력인데, 어떻게 그것을 없애야만 하는 것으로 인식할 수 있는 것일까? 만족을 모르는 욕망이 우리가 입는 옷, 우리가 먹는 음식, 우리가 경험하는 많은 것들을 좀 더 나은 방향으로 변화시켜줬는데, 왜 요즘 것들에게는 욕망을 터부시 여겼던 과거 선비들의 삶을 강요하는 것일까? 백성들의 욕망을 터부시 여겼던 사대부들로 인해서 조선이 어떤 결말을 맞았는 지는 잘 알고 있지 않은가?

왜 조선이 일본에 의해서 망해야 했을까? 왜 세계 각국에 뒤쳐질 수밖에 없었을까? 그것은 왕이나 세도가들만이 욕망을 인정받고, 그들만이 이익을 추구할 수 있었기 때문이 아닌가? 유교의 세계관에 따라서 백성들의 욕망과 이익을 추구하는 행위는 억압하면서도 자신들의 욕망과 이익은 적극적으로 추구한 결과가, 권력을 가진 소수의 사람들만 잘 먹고 잘 살았던 사회를 만든 것이 아닌가? 근데 왜 요즘 것들의 욕망에 대해서, 과거 조선시대와 동일한 잣대를 들이대려고 하는 것일까? 왜 더 나은 삶, 더 나은 환경, 더 좋은 것들을 누리고 싶은 그들의 욕망을 나쁜 것으로 규정하는 것일까? 정작 우리나라의 경제개발이라고 하는 것 자체가 더 나은 삶, 더 나은 환경, 더 좋은 것들을 누리기 위한 욕망이 바탕이 되어 일어난 것인데 말이다.

물론 여기에 대해서 부인하는 이들도 있을 것이다. 경제개발을 위해서 노력한 이유가 순수하게 나라를 위하는 마음 때문이었다고 말이다. 그러나 만약 경제개발로 인한 유익이 개개인에게 돌아가는 것이 아니라 정부에게 돌아가는 시스템이었다면 어땠을까? 대부분의 사람들이 나라를 위해서 열심히 일하고, 그로 인한 수익은 소수의 정치인들과, 정부가 누렸다면 어땠을까? 우리는 거기에 대한 좋은 예를 알고 있다. 그런 나라가 바로 북쪽에 있으니 말이다.

38도 선을 조금만 넘어가면 기성세대들이 요즘 것들에게 요구하는 이상을 실현하는 국가가 존재한다. 즉 개인의 욕망은 억압되고, 이익을 추구할 수 없으며, 인민이 참고 견디는 만큼 특권층이 배불리 먹고 사는 사회가 바로 우리 위쪽에 자리 잡고 있다. 웃긴 것은 북한을 그렇게 욕하는 이들이, 요즘 것들에게 북한 인민들의 마인드를 가질 것을 요구한다는 것이다. 환경이 열악해도, 상황이 좋지 않아도, 나라에 충성하면서 참고 견디는 마인드. 이것이 북한의 특권층들이 인민들에게 요구하는 것이 아닌가?

그와 달리 우리나라가 북한에 비해서 이만큼 잘 먹고 잘 살고 있는 이유 중에 하나는, 나라의 모든 이들이 자신의 이익을 추구할 수 있는 사회 시스템을 갖고 있기 때문이 아닌가? 즉 요즘 것들이 갖고 있는 욕망이 문제인 것이 아니라, 욕망을 적절하게 추구할 수 없는 시스템이 문제라는 것이다.

사람은 누구나 맛있는 음식을 먹고 싶고, 좋은 옷을 입고 싶고, 좋은 집에서 살기를 원한다. 그러나 어떤 이들은 이와 같은 욕망을 실현하기 위해서 남의 것을 훔치거나 남을 속이는 반면에, 누군가는 새로운 아이디어를 짜내거나, 열심히 공부하거나 열심히 일을 한다. 이때 전자의 경우는 사회에 피해를 끼치게 되지만 후자의 경우에는 사회적으로 이익이 된다. 이때 우리는 남의 것을 훔치는 이의 욕망은 나쁜 것이고, 열심히 일하는 사람의 욕망은 선한 것으로 여겨야 할까?

그렇지 않다. 남의 것을 훔치는 이의 욕망이나 열심히 일하는 사람의 욕망은 다르지 않다. 다만 욕망을 실현하는 방법에 있어서, 한 사람은 남에게 피해를 줘서라도 자신의 욕구를 만족시키려고 하는 것이고, 다른 한 사람은 사회에 이익이 되는 방법으로 자신의 욕망을 만족시키려고 할 뿐이다. 즉 도둑과 성실한 노동자의 차이는 욕망 자체에 있는 것이 아니라, 욕망을 추구하는 방법에 있다는 것이다. 사회적으로 피해를 입히는 방법으로 추구하는가, 아니면 사회적으로 이익이 되는 방법으로 추구하는가의 차이 말이다.

또한 삶의 모습에 있어서 현저한 차이를 보이는 북한 사람들과 남한 사람들에 대해서 생각해보자. 북한 사람들의 욕망과 남한 사람들의 욕망이 서로 다르기 때문에 북한 사람들의 삶과 남한 사람들의 삶의 모습이 다른 것일까? 북한 사람들은 의식주에 있어서 적은 것에 만족하기 때문에 그들의 삶은 잘 먹지 못하고, 잘 입지 못하고, 잘 살지 못하는 것일까?

반대로 남한 사람들은 욕심이 많아서 의식주에 있어서 풍족해야 만족하기 때문에 북한 사람들에 비해서 좋은 옷을 입고, 맛있는 것을 먹으며, 풍족하게 살아가는 것일까? 우리는 북한 사람과 남한 사람의 삶의 모습이 다른 이유, 북한 사람들은 자신들의 욕망을 만족시키지 못하는 삶을 살아가고 남한 사람들은 좀 더 자신들의 욕망을 만족시키는 삶을 살아가는 이유가 북한에서 태어난 이들과 남한에서 태어난 이들이 서로 다른 욕망을 갖고 있기 때문이 아니라, 사회 시스템의 차이임을 알고 있다. 다시 말해서, 똑같은 욕망을 갖고 있는 두 사람이 욕망을 억압하는 사회 시스템을 갖고 있는 북한에서 태어나는가, 아니면 욕망을 실현하는데 도움이 되는 사회 시스템을 갖고 있는 남한에서 태어나는가에 따라서 삶의 모습이 완전히 달라진다는 것이다.

이와 같은 북한과의 비교는 언뜻 '북한에 비하면 얼마나 좋은 환경에서 살고 있는데, 요즘 것들은 만족할 줄을 몰라'라고 말하는 기성세대의 이야기에 힘을 실어주는 것처럼 보이기도 한다. 그러나 내가 하고 싶은 말은, 욕망 자체에는 아무런 문제가 없다는 말을 하고 있는 것이다. 다시 말해서, 북한 사람과 남한 사람의 삶이 다른 이유는 북한 사람들이 갖고 있는 욕망은 악하고, 남한 사람들이 갖고 있는 욕망은 선하기 때문이 아니라, 북한은 개개인의 욕망을 억압하는 사회 시스템을 갖고 있는 반면에 남한은 개개인의 욕망을 실현하기에 좋은 사회 시스템을 갖고 있기 때문이라는 것이다.

그런데 왜 북한에 대해서 비난할 때는 개인의 욕망을 실현하지 못하게 만드는 북한의 사회 시스템을 비난하면서도, 사회에 대해서 불만족을 이야기 하는 남한의 청년들에게는 욕망이 문제라는 듯이 말을 하는 것인가?

물론 기성세대가 청년들이 말하는 불만족에 대해서 비난하는 이유는 '북한에 비하자면 남한은 별다른 문제가 없는 사회 시스템을 갖고 있다'는 이유 때문일 것이다. 즉 '사회 시스템이 좋지 않은 나라에 비하자면, 과거 못 살던 시절에 비하자면, 지금 우리나라는 충분히 괜찮은 시스템을 갖고 있기 때문에 적당히 감사하면서 살아가라'는 말일 것이다.

그러나 우리가 생각해볼 필요가 있는 것은, 우리 사회가 돌아가는 원동력이 우리 사회의 많은 이들이 자신의 환경이나 상황에 만족하지 않는데 있다는 것이다. 왜 우리나라의 기업들이 좀 더 좋은 품질의 자동차, 좀 더 좋은 성능과 좀 더 좋은 디자인의 스마트폰을 만들어 내는 것일까? 왜 기업들은 자꾸만 새로운 제품을 만들고 새로운 아이디어를 생각하며, 사회를 변화시킬 수 있는 뭔가를 생각해내는 것일까? 자신의 삶에 대해서 너무나도 만족하기 때문에? 그들이 북한에 태어나지 않은 것이나, 과거 우리나라가 어려운 시절에 태어나지 않은 것에 대해서 감사하는 마음을 갖고 있기 때문에? 그보다는 현재에 만족하지 못하기 때문에, 사람들이 갖고 있는 불만족을 발견하기 때문이 아닌가? 다시 말해서, 세계적인 기업들은 현재의 자신에게 만족하지 않기 때문에, 사람들이 은연중에 갖고 있는 불만족을 발견해서 그것을 가장 효과적으로 채워줄 수 있는 제품이나, 시스템을 만들어내고 이윤을 창출하고 있다는 것이다.

그런데 왜 우리 사회의 기성세대들은 요즘 것들에게 만족하지 못하는 것이 문제라고 말하면서, 불만족을 발견해서 그것을 채워줄 수 있는 기업가들이 많이 나오기를, 우리나라의 기업들이 세계인들의 불만족을 채워줄 수 있는 혁신적인 제품을 만들어내기를 바라는 것일까? 이것은 마치 '나는 요즘 것들이 한식을 세계에 널리 알릴 수 있기를 원해. 그렇지만 요즘 것들이 쌀밥에 김치로 만족할 수 있었으면 좋겠어.'라고 말하는 것과 뭐가 다른가?

쌀밥에 김치가 만족스럽지 않을 때, 밥에 김치를 넣어서 비빈다거나 혹은 김치를 볶는다거나 혹은 여기에 다른 재료를 넣어서 새로운 음식을 만드는 등의 좀 더 색다른 요리들에 대한 욕구가 생겨난다. 불만족스럽기 때문에 만족을 위해서 좀 더 혁신적인, 기존에 없던 요리들, 세계인들의 입맛을 사로잡을 수 있는 한식이 나올 수 있다는 것이다. 그런데 여기에 대해서 단순히 쌀밥과 김치에 만족할 수 있어야 한다고? 예전에는 그렇게 먹고 살았으니까 지금도 그렇게 살아야 한다고? 이게 말이 되는 소리인가?

기성세대들은 참 이상하게도, 요즘 것들이 갖고 있는 욕망이 올바르지 않다고 지적하면서도 자신들이 갖고 있는 욕망은 적극적으로 요즘 것들에게 강요한다. 사회의 발전? 경제성장? 지금에 만족할 수 있다면 그런 게 왜 필요한 걸까? 왜 요즘 것들이 파이를 더 키우기 위해서 노력해야 하는 걸까? 국가를 위해서? 사회를 위해서? 국가와 사회를 위해서 한국이라는 나라가 좀 더 세계적으로 강대국이 되도록 노력한다?

이와 같은 슬로건들을 가만히 살펴보면 기성세대가 지금의 한국이라는 나라의 영향력, 한국 경제가 세계 경제에서 차지하는 비중과 순위 등에 만족하지 못하기 때문에 하는 소리가 아닌가라는 생각을 하게 된다.

왜 일본보다 더 잘 살아야 할까? 왜 한국이 세계에 많이 알려져야 할까? 왜 우리나라가 지금보다 더 강한 나라가 되어야 할까? 만약 우리가 지금의 상황에 만족할 수 있다면 그런 것들을 추구할 이유가 없어지는데 말이다.

어떻게 보면 기성세대가 요즘 것들에게 자주 하는 말인 '만족할 줄 알아야 해'라는 말은 '너희들의 욕망이 아닌 우리들의 욕망을 실현시켜줘'라는 말과 크게 다르지 않을 것이다. 왜냐하면 그들이 주장하는 이야기들을 들어보면, 요즘 것들이 사회에 대한 불평을 버리고 만족할 때 얻어지는 이익이, 요즘 것들의 이익이 아닌 기성세대가 원하는 이익이기 때문이다.

'너무 대기업만 바라보지 말고 눈을 낮춰라?' 이와 같은 이야기를 가만히 살펴보면 '중소기업의 일자리 부족, 한국 경제에 악영향'이라는 슬로건을 발견할 수 있다. 즉 현재의 한국에 만족하지 못하며, 좀 더 나은 한국을 원하는 기성세대의 욕망을 실현하기 위해서는 중소기업에 적은 돈을 받고, 좋지 않은 환경에서 일하며, 묵묵히 참고 견디는 젊은 애들이 많이 필요한데, 요즘 것들은 그런 곳에서 일하려고 하지 않는다는 것이다. 기성세대의 욕망을 실현시켜줄 생각은 하지 않고, 자기들의 욕망만 실현시키려는 이기적인 생각을 가졌기 때문에 말이다.

또 공무원이 되려고 하는 수많은 요즘 것들을 보면서 기성세대는 자주 '요즘 것들은 너무 도전정신이 없어'라는 이야기를 한다. 그러나 이와 같은 말이 왜 나왔는지를 생각해보자. 왜 기성세대는 자주 공무원 시험을 준비하는 이들을 보면서 '요즘 것들은 도전정신이 없어, 너무 안정만 추구해'라고 이야기를 꺼낼까? 이와 같은 이야기는 '청년들이 공무원 시험에 올인 하는 사회 이대로 괜찮은가? 다른 나라는 젊은 창업가들이 국가 경제에 활력을 불어 넣는데 한국만 역행'이라는 슬로건과 연결해볼 수 있을 것이다. 즉 청년들이 페이스북이나 우버 혹은 에어비엔비와 같은 혁신적인 기업을 만들어서 좀 더 강하고 영향력 있는 한국을 기대하는 기성세대의 욕망을 실현시켜줘야 하는데, 그들이 기성세대의 욕망은 생각하지 않고, 자신들의 욕망만 생각해서 공무원 시험에 매진하는 것이 기성세대가 요즘 것들에게 도전정신이 없다고 말하는 이유라는 것이다.

그러나 여기서 아이러니 한 것은 요즘 것들의 행동에 대해서 문제제기를 하는 이들은 요즘 것들의 상황에 대해서 별다른 고민을 하지 않는다는 것이다. 도전? 그럼 실패에 대한 리스크는 누가 책임져 주지? 사회적인 안전망이 거의 없는 상태에서, 절벽을 기어오르지 못하고 떨어지게 된다면 다시는 올라가지 못하게 될지도 모르는데? 우리나라는 자영업자의 비율이 OECD 평균보다 10% 이상 더 높은 나라이며, 맥도날드의 전 세계 매장 숫자보다 2배 더 많은 숫자의 치킨집을 보유하고 있는 나라이기도 하며, 나아가 자영업자 절반이 월수입 80만 원 이하라고 하는데,[23]지금보다 더 많이 창업해서 더 많이 망해야만 한다는 것일까?

또한 요즘 것들이 눈만 높아서 대기업만 원한다는 말에 대해서도 생각해보자. 『한국 경제 경로를 재탐색합니다』라는 책에 따르면 OECD 통계상 우리나라의 저임금 노동자의 비율은 OECD 평균인 16.5%보다 높은 23.7%로 25.1%인 아일랜드와 24.9%인 미국 다음인 3위에 해당한다고 말한다. 그러나 여기에 다른 나라에 비해서 월등히 높은 자영업자의 비율을 감안해, 영세 자영업자까지 포함시킨다면 저임금 노동자의 비율은 1위가 될 거라고 언급하고 있다.[24]

이 사실은 모든 저임금 노동자가 청년들이라고 할 수는 없지만, 기성세대가 생각하는 것 이상으로 많은 숫자의 청년들이 저임금 노동을 하고 있거나, 저임금 노동자로 살아가게 될 것을 의미한다. 바꿔 말해서 우리나라는 '눈이 낮아서 저임금을 받으며 일하는 노동자'의 비율이 세계 최고 수준이라는 것이다. 그런데 더 많은 숫자의 사람들이 저임금 노동자가 돼야 한다고? 이미 세계 최고 수준인 저임금 노동자의 비율이 더 높아져야

---

23) 『한국경제, 경로를 재탐색합니다』 김태일 지음, 코난북스, 307~310p
24) 『한국경제, 경로를 재탐색합니다』 김태일 지음, 코난북스, 288p

160

만 한다고? 누굴 위해서?

성공하는 한 사람의 창업자를 위해서 무수한 실패자가 나오길 원하며, 나라를 위해서 무수한 청년들이 저임금 노동자가 되길 원하는 것이 정말 요즘 것들을 위하는 기성세대의 진심 어린 조언이라고 할 수 있을까? 그것보다는 나라의 발전, 혹은 경제성장이라는 기성세대의 욕망을 위해서 요즘 것들이 희생하기를 바라기 때문은 아닌가? 경제성장이 좀 안되면 어떤가? 기성세대가 말하는 '우리 때' 보다는 훨씬 잘 살고 있는데 말이다.

정치에 문제가 있으면 또 어떤가? 아프리카의 부정부패가 만연한 나라들에 비하면 엄청나게 잘하고 있는데 말이다. 그뿐인가? 중동에 테러를 일삼는 젊은 것들과 우리나라의 젊은 것들을 비교하면 또 어떤가? 수많은 청년들이 갱단으로 활동하고 있는 남미와 비교해 본다면 또 어떤가? 신기한 것은 아프리카나 남미의 빈곤한 나라의 환경과 우리나라의 환경을 비교하며 저임금에도 만족할 것을 요구하는 기성세대들이, 정작 요즘 것들을 비난할 때는 선진국의 청년들과 비교한다는 것이다. 사회적인 안전망이 잘 갖춰진 선진국 청년들의 도전정신 혹은 사회적인 안전망이 잘 갖춰진 선진국 청년들의 사회에 대한 만족도처럼 말이다.

나는 지금 이미 충분하기 때문에 안주할 필요가 있다는 이야기를 하고 있는 것이 아니다. 우리나라가 더 발전하기 위해서, 경제를 성장시키기 위해서 노력하는 것이 나쁘다는 이야기를 하는 것도 아니다. 다만 솔직해지자는 말을 하고 있는 것이다.

청년들이 사회에 불만을 이야기 하는 것, 현재에 만족하지 않는 것은 결코 나쁜 것이 아니다. 만약 청년들이 갖고 있는 불만족이 올바르지 않은 것이라면, 그런 청년들에게 만족하지 못하고 그들을 못마땅하게 보는 기성세대 또한 올바르지 않다고 해야 옳다.

그런데 왜 한쪽의 불만족은 나쁜 것이 되고, 다른 한쪽의 불만족은 올바른 것이 되는가? 불만족이 나쁘다면 청년들의 불만족이나 기성세대의 불만족이 모두 나쁜 것이 되어야 하고, 반대로 불만족이 나쁜 것이 아니라면 청년들의 불만족이나 기성세대의 불만족이 모두 건전한 의사 표현이 되어야 하는데, 왜 연령대에 따라서 다른 잣대를 들이대는가?

사실 애초에 불만족을 표현하는 것, 욕망을 추구하는 것 자체를 문제가 있다는 식으로 여기는 것이 문제였다고 할 수 있다. 왜냐하면 우리 사회의 근간을 이루고 있는 자본주의의 기반이 바로 그와 같은 욕망의 추구와 맞닿아 있기 때문이다. 우리가 배우는 경제학은 욕망을 추구하는 합리적인 개인의 행동을 연구한다. 다시 말해서, 우리가 욕망을 추구하는 존재가 아니라고 한다면 우리가 밟고 있는 자본주의 사회의 기반이 존재할 수가 없다는 것이다.

아무도 새로운 것을 원하지 않고 지금에 만족하는 현자와 같은 삶을 살아가고 있는데, 무슨 새로운 것이 생겨나고, 보다 나은 사회가 될 수 있을까? '전보다 낫다'라는 생각의 기반은 과거의 삶에 대한 불만족을 기반으로 해야 하는데, 불만족하지 않다면 어떻게 전보다 '낫다'는 생각을 할 수가 있느냐는 말이다.

힌두교나 불교에서 말하는 것과 같이 지금에 충분히 만족하고 있다면 우리는 여전히 과거를 살아가고 있을 가능성이 높다. 다시 말해서 기성세대가 자주 말하는 '우리 때'에서 크게 변하지 않은 지금을 살아가고 있을 가능성이 높다는 것이다. 굳이 기존에 없던 새로운 것들, 혁신이니 창조적이니 하는 것들을 누려야 할 이유도 필요도 없으니 말이다.

그러나 지금 한국 사람들의 삶의 모습을 보면 과거 한국 사람들의 삶의 모습과 확연하게 차이가 나는 것을 알 수 있다. 즉 그만큼 과거를 살아온 기성세대들이 자신들의 삶과 사회에 만족하지 않고 보다 나은 사회를 만들기 위해서 노력했다는 말이다. 과거에 없었던, 그리고 지금은 있는 것들을 누리기 위해서 말이다. 그러니 '나는 해도 되지만 너희는 안 돼', '못 살던 시기의 욕망은 인정하지만 지금의 욕망은 인정할 수 없어'라는 식의 마인드가 아니라면, 요즘 것들이 사회에 만족하지 못하는 것에 대해서 전혀 이상하게 여길 필요도 없고, 문제라고 생각할 이유가 없다는 것이다. 줄곧 그래 왔으니 말이다.

어떻게 보면 기성세대가 요즘 것들에게 말하는 '왜 이렇게 불만이 많아?'라는 식의 생각은 '어른이 말하면 말대답하지 말고 듣기만 해'라는 식의 권위적인 사고방식과 맞닿아 있다고도 할 수 있을 것이다. 왜냐하면 기성세대가 원하는 경제성장이 일어나려면 현재에 만족하지 못하는 많은 이들이 나와야 하는데, 만족하지 못하는 것을 문제 삼는 것은 도리어 사회의 발전을 가로 막는 것과 다르지 않기 때문이다. 사회가 발전하기를 원하면서 발전을 원하는 마음은 가져서는 안 된다는 요구는 뭔가 모순되지 않는가? 다시 말해서 기성세대가 청년들에게 하는 요구는 받아들이기 어려운 요구들이라는 것이다.

그런데 그와 같이 말이 되지 않는 요구에 대해서 불만을 가져서는 안된다고? 마냥 수긍할 수 있어야 한다고? 만약 요즘 것들이 사회의 문제들에 대해서 표현해서는 안 된다고 한다면, 아무리 부조리하게 느껴도 참고 견디면서 침묵해야 한다면 북한과 우리가 다를 것이 뭐가 있을까? 우리 사회를 북한 사회와 다르게 만드는 가장 큰 이유가 자신의 의사를 마음껏 표현할 수 있는 자유가 있다는 것인데 말이다.

우리 사회는 사회의 각 계층이 자신의 불만을 이야기 할 수 있고, 그와 같은 불만을 가장 잘 해결해줄 수 있을 것 같은 정치인에게 투표를 함으로써 간접적으로 자신의 목소리를 낼 수 있는 사회 시스템 속에서 살아가고 있다. 그런 이유로 누군가가 사회에 대해서 이런 저런 불만을 쏟아낸다는 것은 어떤 면에서는 우리 사회가 그만큼 건강하다는 말이라고 할 수 있을 것이다. 지금 누군가가 정부에 대해서 이런 저런 불만을 표현한다고 해서, 어느 날 감옥에 끌려간다거나 혹은 죽게 되는 일이 일어나지 않고, 두 발을 쭉 뻗고 잘 수 있다는 것은 그만큼 우리 사회가 건강하다는 의미이니 말이다.

또한 우리는 정치권력에 대해서 적절하게 견제할 수 있는 수단을 갖고 있는 성숙한 사회 시스템을 갖고 있는 나라다. 많은 청년들이 사회에 대한 이런저런 불만을 이야기 한다는 것은, 그와 같은 불만을 이야기 할 수 있는 자유가 있다는 것과 동시에, 자신들의 불만에 대한 표현이 정치에 영향을 미칠 수 있다는 확신이 있다는 것과도 다르지 않을 것이다. 즉 내가 불만을 말하면, 사회가 달라질 수 있다는 생각이 들기 때문에 많은 청년들이 불만을 적극적으로 표현한다는 것이다. 만약 반대로 내가 불만을 이야기 하는 것이 목숨을 걸어야 한다거나 혹은 아무리 불만을 이야기해도 전혀 달라질 수 있으리라는 기대가 없는 사회에서 살아가고 있다면, 사람들은 별다른 불만을 말하지 않을 것이다. 마치 북한처럼 말이다.

북한의 인민들은 국가의 지도자에 대한 불만을 거의 말하지 않는다. 어떻게 보면 기성세대가 요즘 것들에게 바라는 모습이라고도 말할 수 있을지 모른다. 북한 사람들은 국가의 최고위층에 대해서 마냥 지지를 보내니 말이다.

그러나 우리는 북한 사람들이 국가의 최고위층에 대해서 불만을 표현하지 않는 이유, 사회에 대해서 별다른 불만을 표현하지 않는 이유가 북한 사회가 어떤 문제도 갖고 있지 않기 때문이 아니라, 불만을 말해도 아무것도 달라지지 않은 채 손해만 볼 수 있다고 여기기 때문임을 알고 있다. 즉 고문을 당하거나 죽임을 당할 수 있으나 사회에 대한 조금의 변화도 기대되지 않는 사회가 바로 북한 사회라는 것이다. 그렇다면 기성세대가 우리 사회가 북한과 같지 않은 것에 감사해야 한다고 말한다면, 요즘 것들이 사회에 대한 불만을 거리낌 없이 이야기를 하는 현상에 대해서도 감사해야 하는 것이 아닐까? 요즘 것들의 불평불만은 우리나라가 북한과 같은 사회가 아님, 자유가 없는 북한과 달리 마음껏 자신의 불만을 표현할 수 있는 자유를 갖고 있는 나라임을, 시민이 정치에 참여할 수 있는 자유민주주의라는 체제를 기반으로 하는 나라임을 증명하는 것이니 말이다.

도전이 그렇게 좋은 것이면
기성세대는 왜 도전하지 않을까?

이상하게도 기성세대들은 요즘 것들이 평범함에서 벗어나는 것을 '철이 없다', '자기밖에 모른다' 등으로 묘사하면서도 달라야 성공할 수 있는 도전에 대해서는 '요즘 것들은 도전하지 않는다'면서 정반대의 이유로 비난하곤 한다. 물론 어떤 이들은 기성세대가 요즘 것들에게 하는 말인 '도전'의 의미가 '다름'을 전제로 하는 것이 아닌, '평범한 것에 대한 도전'이라고 이야기를 할지도 모르겠다.

그러나 기성세대가 말하는 도전이 단순히 '어려움에 대한 도전'을 의미하는 것이라면 그래서 어려운 일에 도전하는 것은 무엇이든 기성세대가 요구하는 도전에 해당하는 것이라면, 요즘 것들은 매일 매일 도전하는 삶을 살아가고 있다고 할 수 있지 않을까? 공무원이 되기 위해서 열심히 공부하는 것이나, 청소년기에 인서울 대학에 들어가기 위해서 열심히 공부하는 것은 하나같이 굉장히 큰 어려움을 동반하기 때문이다.

하지만 우리는 기성세대가 도전이라는 단어를 단순히 공무원 시험에 도전하는 것이나, 좋은 대학에 가기 위한 공부에 사용하지 않는다는 것을 알고 있다. 즉 그들이 청년들을 향해서 자주 하는 말인 '요즘 것들은 도전 정신이 없어'라는 말의 의미는 어려움을 피하지 않는 정신, 어려움과 맞서 싸우고자 하는 정신을 의미하는 것이 아니라, '기존에 없던 제품으로 성공', '이색 아이템 발견', '남다른 행보로 취업 성공'과 같은 식의 문장에 해당하는 '도전' 곧 '다름'을 전제로 한 도전을 의미한다는 것이다.

우리는 TV에서 종종 '남들이 가지 않은 길을 걸어간 청년', '주변의 반대를 무릅쓰고 자신의 길을 개척한 청년' 등을 접하게 되고는 한다. TV에서 접하게 되는 성공한 청년에 대한 이야기는 남들이 가지 않은 길을 선택하는 것이 얼마나 대단한 것인지, '다를 수 있는 용기'가 얼마나 큰 보상을 안겨주는지를 설명하는 데 여념이 없다. 마치 도전을 찬양하는 어른들의 이야기처럼 말이다.

그런데 아이러니 한 것은 '도전할 수 있는 용기' 혹은 '남들이 가지 않은 길을 개척한 청년' 등의 키워드에서 다름을 원하지 않는 이들에 대한 이야기는 나오지 않는다는 것이다. 다시 말해서, 남들과 다른 관점, 다른 생각, 다른 삶의 방식을 좋지 않게 바라보는 기성세대, 요즘 것들에게 남들의 눈을 의식해서 적당히 평범하게 살아갈 것을 요구하는 기성세대들이 불쾌하게 여길법한 내용들은 전혀 들어 있지 않은 채, 요즘 것들의 '다름'을 비난하는 기성세대들에게 '그래 도전이 필요하지, 요즘 것들은 도전 정신이 너무 없어', '우리 사회의 문제는 요즘 것들이 도전하지 않는다는 거야라고 생각하게끔 만든다는 것이다. 정작 요즘 것들이 쉽게 도전하지 못할 환경을 만들어 놓은 것은 기성세대들인데 말이다.

또한 생각해봐야 하는 것은, 기성세대는 자주 도전의 필요성, 혹은 도전이 얼마나 가치 있는지에 대해서 이런 저런 이야기들을 꺼내곤 하지만 정작 우리 사회에서 도전이란 기성세대가 말하는 것처럼 사람들에게 인정이나 존중을 받거나, 존경받을 만한 일이 아니라는 것이다. 말로는 요즘 것들이 도전하는 것이 얼마나 중요하고, 얼마나 필요한지에 대해서 말하면서도 기성세대가 요구하는 도전에 해당하는 생각과 행동을 갖고 살아갈 경우에 많은 비난과, 냉소를 받게 되는 것이 현실이라는 것이다.

모두 대학에 가고자 할 때, 어떤 아이가 '난 대학에 가지 않고 나름의 방법으로 성공해 볼게요'라고 말한다고 해보자. 그럼 기성세대로부터 '그래 그런 도전정신이 필요해. 넌 참 대단한 생각을 갖고 있구나'라는 소리를 듣게 될까? 아마 '대학도 안 나온 네가 무슨 수로 성공할 건데? 대학 나온 사람도 취업이 안 되는 판에 대학도 안 나온 네가 성공할 수 있겠어?'라며 그와 정반대의 소리를 듣게 될 가능성이 훨씬 높을 것이다.

나아가 도전정신을 갖고 있는 청년이 기성세대의 말을 귀담아 듣고 대학에 들어가고 난 뒤에 '제 나름의 방법대로 인생을 살아볼게요'라며 아무도 가보지 않은 길, 아무도 해보지 않은 것들에 대해서 도전할 뜻을 밝힌다면 어떨까? 일단 대학에 들어갔으니 인정받을 수 있을까? 아마 '요즘 애들이 취업하려고 얼마나 노력하는데, 그런 쓸데없는 짓이나 하면서 시간을 보내면 좋은 데 취업할 수 있을 것 같아?'라는 식의 소리를 듣게 되지 않을까? '도전은 취업하고도 충분히 할 수 있는 거잖아? 안 그래? 지금이 얼마나 중요한 시기인데, 이 시기에 쓸데없는 짓이나 하면서 시간 낭비 해야겠어?'라는 조언을 들으면서 말이다.

그럼 일단 도전을 뒤로 하고 취업시장에 뛰어 들어간다면 어떻게 될까? 그때가 되면 도전하려는 젊은이에게 안정을 요구했던 기성세대들은 언제 그랬냐는 듯이 '요즘 것들은 너무 도전 정신이 없어. 너무 안정적인 것만 추구한단 말이야. 우리나라가 참 어떻게 되려고 이러는지'라는 이야기를 꺼내는 모습을 보게 되지 않을까?

그러나 우리가 알아야 하는 것은 '실패는 성공의 어머니다'라는 말과 같이 남다른 길을 선택하고 도전에 성공한 이들의 이면에는 무수한 실패자들이 있을 수밖에 없다는 것이다. 기성세대들은 도전에 대해서 이야기를 하면서도, 실패의 가능성에 대해서는 언급하지 않는다. 그저 도전이 얼마나 위대하고 놀라운 결과를 가져올지, 도전이 우리 사회에 얼마나 유익이 될 지와 같은 것만을 언급할 뿐이다. 정작 자기 자식에게는 도전이 얼마나 나쁜 것인지를 이야기 하면서 말이다.

이처럼 도전의 긍정적인 부분만을 요즘 것들에게 이야기 하는 기성세대의 모습은 서브프라임 모기지론 사태가 일어나기 전, 나이든 어르신들을 대상으로 은행들이 보였던 모습과 비슷하다고 할 수 있는데, 곧 고위험 고수익의 상품을 판매하면서 위험에 대한 부분은 언급하지 않고 수익에만 집중해서 홍보 활동을 벌인 것과 다르지 않다는 것이다.

아이러니 한 것은 도전에 대한 기성세대의 찬양을 귀담아 듣고, 도전해서 실패하고 나면 도전을 찬양했던 이들은 그 어떤 책임도 지지 않는다는 것이다. 그저 '멍청이', '자기 분수도 모르고 도전하는 어리석은 놈', '능력이 없으면 도전을 하지 말던가, 왜 분수도 모르고 도전을 하는 거야?'라면서 도전한 사람을 대상으로 비난하는 모습만 볼 수 있을 뿐이다. '자기 능력이 안 되면 하지 말았어야지. 왜 남의 말을 듣고 섣불리 도전했어? 그 정도 판단력도 없어?'라면서 말이다.

서브프라임 모기지론 사태가 터졌을 당시의 은행의 모습도 이와 다르지 않았다. 즉 위험에 대해서는 거의 이야기 하지 않고 수익에 대해서만 이야기를 했지만, 책임은 오롯이 고위험 상품에 투자한 이들이 짊어져야 했다는 것이다. '왜 잘 알아보지 않고 투자하셨어요? 저희가 강제로 투자하라고 한 것도 아니고, 고객님이 스스로 투자하신 거잖아요?'라는 말과 함께 말이다.

그러나 금융에 대한 이해가 부족한 사람에게 위험에 대한 이야기는 거의 말하지 않고, 수익에 대한 것만 집중해서 이야기를 한 이들에게는 아무런 책임이 없다고 할 수 있을까? 물론 알아보지 않고 쉽게 투자한 이들에게도 책임이 있겠으나, 위험과 수익이 공존하는 상품을 단순히 고수익 상품으로 홍보한 이들 또한 문제가 없다고 할 수는 없을 것이다.

이와 마찬가지의 관점에서 기성세대가 말하는 도전은 어떤가? 기성세대가 말하는 도전은 은행해서 홍보하는 고위험, 고수익 상품과 본질적으로 다르지 않다. 즉 도전으로 인한 보상이 큰 만큼 위험 또한 크지만 기성세대가 도전에 대해서 청년들에게 하는 이야기를 들어보면 위험에 대한 것들은 언급하지 않고, 성공에 대한 것들 위주로 언급한다는 것을 알 수 있다. 마치 '이렇게 수익률이 높은데 왜 투자를 안 하시는 거예요? 투자하지 않으시면 고객님만 손해예요'라고 말하는 은행원처럼 말이다.

우리는 종종 '좋은 주식 종목이 있는데……' 혹은 '좋은 투자 상품이 있는데……'라고 말하면서 접근하는 이들에 대해서 '그렇게 좋은 거였으면 남한테 투자하라고 말하지 않고 자기가 먼저 투자했겠지'라는 식의 생각을 하고는 한다. 즉 좋은 투자 상품, 좋은 투자 종목에 대해서 이야기를 꺼내면서 투자금을 요구하는 이들의 행동은 모순적이라는 것이다. 그렇게 수익률이 높고, 위험하지 않은 거였다면 남들에게 이야기를 하지 않고 자신의 전 재산을 투자할 법한데, 좋은 주식종목을 알고 있는 이들이나, 좋은 투자처를 알고 있는 이들은 이상하게도 자신의 돈은 투자하지 않고 남의 돈만 투자 받으려고 하기 때문이다.

기성세대가 요즘 것들에게 말하는 도전이 이와 비슷하다고 할 수 있다. 즉 도전이 그렇게나 좋은 거였다면 기성세대가 도전하지 않을 이유가 없다는 것이다. 웃긴 것은 청년들에게 도전이 얼마나 중요하고, 가치 있으며, 얼마나 좋은 것인지를 언급하는 이들이 정작 자신은 '나는 나이가 많고 가족들의 생계도 책임져야 하기 때문에 도전할 수 없어'라고 말한다는 것이다. 달리 말해서, 남에게 도전을 말할 때는 고수익에 대한 부분을 언급하며 도전할 것을 요구하지만, 나는 도전이 너무나도 위험하기 때문에 도전하지 않는다는 말을 한다는 것이다.

아이러니 하지 않은가? 청년들과 사회를 생각하는 기성세대가 도전에 대해서 청년세대와 기성세대에게 다른 잣대를 들이댄다는 것이 말이다. 물론 '나이와 처해 있는 환경이 다르기 때문에 입장이 다르다'라는 식으로 이야기 할 수 있음을 알고 있다. 실제로 기성세대가 도전에 대해서 청년세대와 기성세대에 대해서 다른 잣대를 들이대는 명분 중에 하나로 사회적인 입장이 다르기 때문에 도전에 대해서도 입장이 다르다는 말을 하기 때문이다.

그러나 이것은 마치 어떤 투자가가 사람들에게 자신에게 투자할 것을 요구하면서, '여러분은 여윳돈으로 투자하시니 돈을 잃어도 상관없지만 전 한 집안의 가장으로 돈을 잃으면 안 되기 때문에 한푼도 투자하지 않을 생각입니다'라고 말하는 것과 같다고 할 수 있는데, 곧 남의 노력으로 손해 없이 이익만 얻고 싶다는 말을 돌려 말하는 것에 불과하다는 것이다.

물론 여기에 대해서 '청년세대가 도전한다고 해서 기성세대에게 이익이 되는 것도 없고 손해가 되는 것도 없는데, 청년세대에게 도전을 말하는 것이 어떻게 기성세대의 이익과 관련이 있다는 거지?'라는 식의 반론이 나올 수 있음을 알고 있다.

물론 어떻게 보면 꽤 합리적인 말인 것처럼 느껴지기도 한다. 청년세대가 도전해서 성공을 하건 실패를 하건 그것은 당사자의 문제지, 기성세대와는 별 상관이 없다고 생각할 수 있기 때문이다.

그러나 기성세대가 청년세대에게 '도전'을 이야기하는 이유가 단순히 '도전' 자체에 있는 것이 아니라 도전이 성공함으로써 얻게 될 결과 때문이라고 한다면, 그것은 단순히 당사자만의 문제라고 할 수 없게 되고 만다. 왜냐하면 기성세대가 요즘 것들의 도전에서 기대하는 결과란 '낙수효과'와 같이 기성세대까지 이익이 미칠 수 있는 보상이기 때문이다. 가령 요즘 것들의 도전이 성공함으로써 최소한 뿌듯함이나 우리 사회가 발전할 수 있다는 기대감. 혹은 우리나라의 경제에 대한 부정적인 뉴스들 속에서 심리적인 안정감이라는 무형의 이익을 얻게 되거나 요즘 것들이 도전에서 성공함으로써 만들어낸 경제적인 파이의 일부분을 기성세대가 나눌 수 있기를 기대한다는 것이다. 이러니 기성세대가 요즘 것들에게 도전에 대해서 이야기를 꺼내는 것도 당연하지 않은가? 그 어떤 손해도 없고 이익만 있는 일을 마다할 사람이 누가 있을까? 온갖 위험과 어려움은 전부 남이 짊어지고 나는 성공의 과실을 누리기만 하는 되는데 말이다.

기성세대에게는 도전을 받아들일 수 있는
용기가 필요하다

       기성세대는 도전이 얼마나 중요한지, 얼마나 가치 있는지, 얼마나 좋은 것인지를 언급하지만 정작 그들이 도전을 바라보는 태도는 마냥 긍정적이지만은 않다. 오히려 도전을 바라보는 기성세대들의 태도는 많은 경우에 있어서 도전을 불쾌하게 여기는 것처럼 느껴지는데, 왜냐하면 창조, 혁신을 동반한 요즘 것들의 도전은 기성세대가 갖고 있는 여러 문제들을 들춰낼 수밖에 없기 때문이다.

   그런 이유로 기성세대에게 '도전을 받아들일 수 있는 용기'가 필요하다는 것은, 청년세대의 도전을 통해서 자신의 약점, 치부, 부족한 부분들이 드러나게 되는 것을 받아들이고 외면하지 않을 수 있는 용기가 필요하다는 말과 다르지 않다. 기성세대가 요구하는 발전, 창조, 혁신을 가져오는 도전은 반드시 기성세대의 생각, 기성세대의 관점, 기성세대의 삶의 방식 등을 낡은 것, 쓸모없는 것으로 만들어버리면서 나타나게 될 테니 말이다. 가령 음악을 듣는 방식이 LP판에서 CD로, CD에서 MP3로 MP3에서 스트리밍으로 변해간 것처럼 말이다.

이와 같이 기성세대가 요즘 것들이 지금보다 낫기를 원한다면, 그들이 말하는 나약하고 이기적인 청년들이 우리 사회를 지금보다 훨씬 발전시키기를 원한다면, 기성세대는 청년세대의 생각, 청년세대의 관점, 청년세대의 삶의 방식으로 인해서 자신들이 갖고 있는 생각이나 관점, 삶의 방식이 LP판처럼 비주류가 될 각오를 해야만 할 것이다. 지금 내가 누리고 있는 것들이 내가 아닌 청년세대가 누리게 된다는 것을 받아들일 수 있어야 한다는 것이다. 요즘 것들의 도전이 성공하면 지금 내가 누리고 있는 것들은 요즘 것들이 누리게 될 수밖에 없기 때문이다.

그러나 우리가 자주 접하는 기성세대의 모습은 입으로는 도전을 말하고, 청년들에게 혁신이니 창조니 사회를 바꿀 수 있는 용기와 같은 것들을 요구하면서도, 청년세대의 혁신적이고 창조적이며, 사회의 낡고 오래된 것들을 바꿀 수 있는 도전에는 거세게 반발하는 모습들뿐이다. 즉 기성세대가 청년세대에게 기대하는 도전이란 자신들에게 이익을 안겨줄 수 있는 도전뿐이며 자신들의 자리를 위태롭게 만드는 도전은 용납하지 않으려는 모습들을 자주 보게 된다는 것이다. 신기하게도 기성세대에게 이익이 되는 젊은 것들의 도전은 사회적이고 이타적인 올바른 도전으로 여겨지는 반면에, 기성세대에게 피해가 가는 젊은 것들의 도전은 남을 생각하지 않고 자기만 생각하는 이기적인 도전으로 여겨진다는 것이다. 도전이라는 것이 원래 그런 것인데 말이다.

과연 창조, 혁신, 발전을 가져온다는 도전이 기존에 있던 것들을 파괴하지 않고 나타날 수 있을까? 기존의 것들을 쓸모없는 것으로 만들지 않고 도전이 성공하는 것이 가능한 일일까? 아니 기성세대를 비주류로 만들지 않는 청년세대의 도전이라는 것이 가능할 수 있을까? 아무도 슬퍼하지 않고, 아무도 손해를 보지 않는 사회적인 천국을 만들어줄 수 있는 도전이라는 것이 과연 있을 수 있을까?

기성세대가 청년세대를 비난하면서 자주 언급하는 말처럼 완벽한 사회주의 국가에서는 그런 일들이 가능할지도 모르겠다. 완벽한 사회주의 국가에서는 어떤 도전도 개인이 책임지지 않고, 어떤 도전의 성과도 개인이 누리지 못할 테니 말이다.

그러나 기성세대가 요즘 것들에게 요구하는 도전이 그들이 자주 비난하던 '빨갱이'들이나 생각할 법한, 아무도 실패하지 않고, 아무도 도태되지 않으며, 모든 이들이 공통의 행복을 누릴 수 있는 도전이 아니라, 누군가의 성공이 누군가의 실패가 되는 자본주의적인 도전을 의미하는 것이라면, 젊은 것들의 도전으로 기성세대가 도태되는 것 또한 받아들여야 한다는 것이다. 도전의 의미도, 도전이 성공한다는 의미도 본질적으로는 기존에 있던 이들의 자리를 빼앗는 것과 다르지 않으니 말이다.

가령 요즘 것들이 기성세대가 말하는 도전을 통해서 기존에 없는 혁신적인 아이템이나, 혁신적인 시스템을 가져온다고 해보자. 그럼 요즘 것들이 갖고 온 혁신적인 아이템, 혁신적인 시스템 혹은 그와 같은 생각들은 반드시 기존에 있는 것들의 부족한 부분, 단점을 보완한 것일 텐데, 이와 같이 기존에 없던 아이템들은 필연적으로 기존에 있는 것들의 단점을 드러내고, 변하지 않을 경우에는 기존의 것들을 도태시키게 된다.

일례로 아이폰이 우리나라에 들어왔을 당시를 떠올려보면 아이폰은 기존에 있던 한국 기업들이 만든 핸드폰의 문제점들을 여실히 드러냈고, 그것은 곧 삼성에서 갤럭시라는 브랜드를 사용하는 폰이 나오는 발판이 돼주었다. 마찬가지로 페이스북이니 트위터니 인스타그램이니 하는 미국에서 태어난 혁신적인 SNS는 기존에 대부분의 사람들이 하고 있던 싸이월드가 갖고 있는 부족함을 들춰냈고, 한때 수많은 사람들이 하던 싸이월드를 대체해 버리고 말았다. 즉, 다름을 바탕으로 하는 도전, 혁신이라는 것은 필연적으로 기존에 있던 것들의 단점을 부각시키고, 그것들을 도태시킬 수밖에 없다는 것이다. 그런 이유로 기성세대가 요즘 것들에게 사회의 발전, 다름을 바탕으로 하는 혁신, 도전할 수 있는 용기를 요구한다면, 기성세대는 그들의 도전으로 인해서 도태될 각오, 나아가 변하고자 하는 의지를 가질 필요가 있다는 것이다.

그러나 새파랗게 젊은 것 때문에 내가 지금 누리고 있는 것들이 위태롭게 된다면 누가 좋아할까? 누가 그들을 지지하고, 그들이 잘되기를 바랄 수 있을까? 그보다는 대부분의 사람들이 새파랗게 젊은 것이 망하기를, 잘 되지 않기를, 나아가 발전보다는 지금과 같기를 바라며 그러기 위한 행동을 하지 않을까? 우리 사회에서 흔히 볼 수 있듯이 말이다.

우리 사회가 쉽게 변하지 않는 이유는 무엇인가? 왜 우리 사회의 많은 분야에서 과거부터 내려온 문제들이 해결되지 않을까? 관행이라는 이유로, 과거에도 그래왔다는 이유로 우리나라의 많은 분야들이 개혁되지 않고 수십 년 전처럼 작동하고 있는 이유는 무엇일까? 그것은 개혁의 대상이 되고 싶지 않은 이들의 노력 때문이라고 할 수 있지 않을까? 다시 말해서, 발전, 개혁, 변화를 추구하는 이들의 힘보다 지금과 같기를 원하는 이들의 힘이 우리 사회에서 훨씬 강하기 때문에 사회에 변화가 일어나지 않고 있다는 것이다.

어떻게 보면 우리 사회의 모습은 '우리 때는 말이야'라고 지금의 기성세대들이 얼마나 대단하고, 엄청난 업적을 이룩했는지를 말하는 모습과 크게 다르지 않다고 할 수 있다. 그때가 너무 대단하고 엄청나서 사회의 많은 부분이 그때에 비해서 크게 달라지지 않고 있으며, 그때와 달라지고자 하는 젊은 것들의 도전은 예의 없음, 철없음, 이기적인 것이 되어버리니 말이다.

요즘 것들은 너무 도전정신이 부족하다고? 기성세대가 도전을 받아들일 수 있는 용기가 부족한 것은 아니고? 정치 개혁이니 사회 개혁이니, 세계적인 기업가들이 필요하다느니, 아마 입으로는 뭐든 할 수 있을 것이다. 말로는 누가 못할까? 말로는 비리도 없애고, 이웃 사랑을 실천하며, 항상 따뜻하고 예의바르게 살아갈 수 있다.

그러나 말한 대로 행동할 수 없는 게 문제가 아닌가? 입으로는 변화를 말하고 변화에 역행하는 행동을 하고 있으면서, 사회가 변하지 않는 이유가 요즘 것들 때문이라고 말하고 있는데, 여기서 요즘 것들은 대체 어떻게 해야 할까? 도전을 요구하면서도, 그 도전의 대상이 자신이 되는 것은 원하지 않는 이들이 우리 사회에 가득한데, 무슨 수로 요즘 것들에게 도전정신이 생겨날 수가 있을까? 한 젊은이의 도전할 수 있는 용기와, 창조적인 생각 때문에 내가 개혁의 대상이 될 수밖에 없다면, 그래서 내가 어려움에 처하게 된다면, '그래 도전이 중요해. 난 너희들의 도전이 성공할 수만 있다면 내가 망해도 괜찮아'라고 말할 수 있을까? 아마 대부분은 '쟤가 망했으면……', '쟤네들에게 뭔가 잘못된 일이 터졌으면……'이라고 바라지 않을까?

기성세대가 에어비앤비, 우버, 페이스북을 창업한 젊은 기업가들을 보면서 요즘 것들에게 그들과 같은 도전 정신이 필요하다고 이야기를 할 수 있는 것은, 어떻게 보면 그들이 우리나라 사람이 아니며, 우리나라에서 창업한 것이 아니기 때문이라고도 말할 수 있을지 모른다. 즉 그들의 성공이 나에게 어떤 피해도 주지 않기 때문에 그들의 도전을 마냥 대단하게 여길 수 있다는 것이다.

그러나 만약 그들이 우리나라에서 태어났으며, 우리나라에서 뭔가 혁신적인 아이템을 바탕으로 도전했다면 어땠을까? 마찬가지로 '역시 청년들은 도전할 필요가 있어'라는 식의 반응을 보일까? 내가 보기에 우리 사회에서는 '요즘 것들은 자기 밖에 몰라'라는 식의 반응을 더 많이 보이지 않을까? 생각한다. 요즘 것들의 도전은 그 분야에 있던 기성세대가 개혁의 대상이 되게 만들어버릴 테니 말이다.

사실 어떻게 보면 도전정신은 요즘 것들보다 기성세대에게 더욱더 필요하다고 할 수 있다. 자본주의 사회에서 도전이 의미하는 것은 곧 기존의 것들이 도태되는 것을 의미한다고 할 수 있기 때문이다. 새로운 것들, 기존에 없던 것들, 새로운 생각, 새로운 관점, 새로운 시스템, 새로운 아이템들은 기존에 있던 것들을 부수고 파괴하고, 없애버리고 말 것이다. 그것이 자본주의 사회에서 발전이 이뤄지는 방식이기 때문이다.[25] 다시 말해서 자본주의 사회에서 기성세대가 요즘 것들에게 도전정신을 요구한다는 것은 반대로 내가 도태될 각오를 한다는 것과 다르지 않다는 것이다.

왜 우리 사회에서는 요즘 것들이 기성세대가 원하는 수준으로 도전하지 못하는 것일까? 왜 기성세대가 원하는 정도의 도전정신이 요즘 것들에게 보이지 않는 것일까? 이 질문에 대한 답은 기성세대에게서 요즘 것들의 도전을 받아들일 각오가 얼마나 되어 있는가라는 질문의 답으로 대체할 수 있다. 즉 기성세대가 요즘 것들의 도전으로 인해서 도태될 수 있다는 각오, 요즘 것들이 실패의 두려움을 딛고 도전에 성공했을 경우에 내가 있는 자리가 위협당할 수 있다는 사실을 받아들일 수 있는 정도가, 딱 요즘 것들이 갖고 있는 도전 정신의 수준이라고 할 수 있다는 것이다.

여기에 대해서 '기성세대가 요즘 것들의 도전을 인정하지 않는다고 도전하지 않는다는 것이 말이 돼? 기성세대가 요즘 것들의 도전으로 인해서 도태될 각오를 하지 않는다고 요즘 것들이 도전하지 않는다는 건 핑계 아냐?'라고 말할지도 모르겠다.

그러나 여기서 요즘 것들의 도전으로 인한 도태, 요즘 것들의 도전이

---

25) 『자본주의 사회주의 민주주의』 요제프 슘페터 지음, 이종인 옮김, 북길드, 59~60p

성공함으로써 자신의 사회적인 위치를 잃어버릴 수 있다는 사실을 받아들이지 않는다는 것은 단순히 마음으로 '난 요즘 것들의 도전 때문에 내 위치를 잃어버리고 싶지 않아'라고 생각한다는 것을 의미하는 것이 아니다. 단순히 마음으로 그들의 도전을 달가워하지 않는 것을 의미하는 것이 아니라. 요즘 것들의 도전에 맞서서 도전의 실패를 위해서 움직인다는 것을 말하고자 하는 것이다.

과거 영국에서 산업혁명이 일어나고, 증기기관이 발명되자 공장에서 직접 손으로 일을 하던 많은 노동자들이 기계파괴운동을 벌였다. 증기기관으로 인해서 그들의 노동력이 더 이상 필요하지 않게 되어버렸기 때문이다. 그들이 하던 일, 그들의 사회적인 위치가 발전, 혁신, 도전으로 인해서 사라질 위기에 놓여버린 것이다. 그러자 그들은 새로운 도전, 혁신, 사회의 발전을 위해서 자신을 희생하고자 한 것이 아니라, 반대로 혁신과 도전을 막기 위한 적극적인 행동에 나섰다. 이것이 기계파괴운동이다.

물론 기술의 발전이나 새로운 시스템으로 인해서 일자리를 잃어버리게 된 그 당시 노동자들의 마음은 충분히 이해할 수 있다. 아마 산업혁명과 그로 인해서 일자리를 잃어야 했던 노동자들의 상황을 알고 있는 사람이라면 누구나 그들의 행동에 대해서 공감할 수 있을 것이다.

다만 내가 하고 싶은 말은 혁신적인 제품을 만든 이들이 나쁘다거나 혹은 혁신을 방해했던 노동자들이 문제가 있다는 식의 말을 하려는 것이 아니라. 도전, 혁신과 같은 단어의 이면에는 반드시 기술의 발전으로 일자리를 잃어야 했던 노동자들처럼 누군가의 실패, 누군가의 좌절이 있을 수밖에 없다는 말을 하고 있는 것이다.

나아가 기성세대가 요즘 것들에게 하는 '왜 요즘 것들은 이렇게 도전정신이 없나?', '왜 요즘 것들은 남들이 가는 길로만 가려고 하는가?'와 같은 말들은 기성세대가 도전이나 혁신 같은 것들을 단순하게 바라보고 있다는 의미와 다르지 않다는 말을 하고 있는 것이다.

뭔가를 얻는다면 뭔가를 잃게 된다. 누군가의 성공은 누군가의 실패를 의미하며, 새로운 것이 나타나게 된다면 기존의 것들은 파괴되고, 부서지고 없어지게 된다. 만약 기성세대가 이와 같은 것을 인지한 상태로 요즘 것들의 도전을 바라본다면, 그들에게 쉽게 도전이라는 말을 꺼낼 수는 없을 것이다. 왜냐하면 요즘 것들의 도전이 성공한다는 의미는 기성세대가 자신의 위치에서 내려온다는 의미이기 때문이다.

어떻게 보면 기성세대가 요즘 것들에게 쉽게 '도전'에 대해서 이야기를 꺼내는 이유는 그들이 우리가 살고 있는 사회에 대한 이해, 곧 자본주의 사회에 대한 이해가 부족하기 때문이 아닌가라는 생각을 갖게 한다. 즉 누군가의 도전이 성공한다는 것이, 누군가가 지금의 자리를 잃어버리게 된다는 것까지 생각하지 않고, 막연하게 1명의 천재가 10,000명을 먹여 살린다와 같은 식으로 단순하게 생각하기 때문에, 쉽게 도전에 대해서 언급하는 것이 아닐까라는 생각을 하게 된다는 것이다.

가령 요즘 것들의 도전이 우리 사회에 많은 일자리를 만들어내고, 우리 사회의 부의 파이를 커지게 만들며, 더 많은 사람들이 경제적인 혜택을 누리게 만들면서, 아무도 손해를 보지 않는다고 한다면 도전을 말하지 않을 이유가 전혀 없을 것이다. 손해는 없고 이익만 있는 일이 도전인데, 도전하지 않는 것은 바보 같다고 할 수 있을 테니 말이다.

만약 기성세대가 이런 관점으로 요즘 것들의 도전을 바라보고 있다면, 기성세대가 요즘 것들을 도전하지 않은 겁쟁이로, 시야가 좁아서 아무도 걷지 않은 길을 가지 않고 안정만 추구한다고 여기는 것도 충분히 이해할 만 하다. 그들의 관점에서 요즘 것들의 도전은 무조건 남는 장사라고 할 수 있기 때문이다.

그러나 자본주의 시스템에 대해서 이해한다면, 나아가 현재 세계의 경제 구조에 대해서 이해한다면, 그래서 기성세대가 종종 요즘 것들에게 요구하는 이상을 실현한 세계적인 IT기업이 현대기아자동차보다 훨씬 큰 회사 가치를 갖고 있으면서도 현대기아자동차보다 훨씬 적은 수의 직접고용을 유발한다는 사실을 안다면(페이스북의 회사가치는 300조 원이 넘으나 직원수는 2만여 명에 불과하다. 그러나 현대기아자동차의 경우는 시장가치가 60조 원에 불과하지만 직원 수는 10만 명이 넘는다. 나아가 현대기아자동차의 경우 페이스북과 비교해서 고용창출 효과가 훨씬 큰데, 현대 기아차의 1차 협력업체의 수는 15만 명이며 그 아래에 2차, 3차 협력 업체수와 그 외에 자동차와 관련된 다양한 연계 업종을 고려한다면 고용창출 효과는 훨씬 크다고 할 수 있다.)[26] 요즘 것들에게 쉽게 도전이니 성공을 입에 담을 수 있을까?

현재의 산업구조상 요즘 것들이 새로운 아이템을 가지고 창업한다면,

---

26) 『한국경제, 경로를 재탐색합니다』 김태일 지음, 코난북스, 196p

그래서 기성세대가 요즘 것들에게 기대하는 실리콘밸리의 젊은 창업가와 같은 이들이 나타난다면 그들이 하는 창업이라는 것은 제조업보다는 IT와 관련된 것일 가능성이 높으며, 그와 같은 창업은 적은 직접고용을 바탕으로 훨씬 효과적으로 기존의 제품들을 저렴하고 효과적으로 공급하는 형태일 가능성이 높다. 그렇다고 한다면 젊은 창업가의 도전과 성공이 과연 그렇게까지 유익한 일이라고 할 수 있을까?

가령 어떤 젊은 청년이 혁신적인 치킨 제공 시스템을 개발했다고 해보자. 지금까지는 무수한 치킨집들이 국내의 엄청난 치킨 수요를 감당하고 있었는데, 너무 혁신적인 시스템이라 적은 수의 인원만 고용해서 우리나라의 치킨 수요의 대부분을 해결할 수 있게 되었다고 해보자. 그럼 지금 치킨집을 하고 있는 수많은 자영업자들은 어떻게 될까? 기성세대가 요구하는 성공한 젊은 창업가 한명이 나타남으로 인해서 무수한 실패자가 양산되는 것을 마냥 좋게 바라볼 수 있을까?

일반적인 관점에서 개인의 집을 공유하는 식의 사업 형태인 에어비앤비는 기존의 숙박업을 하는 이들에게 타격을 입히고, 개인 차량을 이용해 운송 서비스를 제공하는 시스템인 우버는 기존의 택시로 영업하는 이들에게 타격을 입히며, 우리 사회에 점점 대중화되고 있는 차량 공유 서비스는 제조업과 관련해서 차량의 판매량에 타격을 입힌다. 즉 뭔가 새로운 것이 생겨나면 기존의 것들에 타격이 갈 수밖에 없고, 이것이 바로 우리가 살고 있는 자본주의 사회라는 것이다. 자본주의 사회는 낭만적이지 않다. 70~80년대 경제개발 시대의 꿈처럼 도전하고, 성공해서 모두 행복하게 되는 식의 시스템이 아니라는 것이다.

자본주의 시스템 안에서는 이자라는 개념이 없다는 것을 아는가? 어떤 이들은 '무슨 말도 안 되는 소리야?'라고 말하겠지만 EBS 〈자본주의〉 제작팀이 쓴 '자본주의'라는 책에 따르면 현재의 자본주의 시스템에서는 이자라는 개념이 존재하지 않는다고 언급한다.[27]

간단하게 말해서 현재의 자본주의 체제 안에서 공식적으로 발행한 화폐의 총량이 100이라고 한다면 100을 빌려주고 3만큼의 이자를 받는다는 개념이 존재하지 않기 때문에 이론상 이자를 갚을 방법이 전혀 없다는 것이다.

그럼 지금은 어떻게 이자를 갚고 있냐고? 어떻게 은행은 돈을 빌려주고 돈을 빌린 사람은 이자를 내고, 별 문제 없이 사회가 잘 돌아가고 있냐고? 자본주의 금융 시스템에서는 이 문제를 해결하기 위해서 빚이라는 수단을 제공한다.

즉 원래 존재하던 화폐의 총량이 100이었다면 100에 대한 이자인 3으로 인해서 103만큼의 화폐가 필요해지고, 모자란 3의 문제를 해결하기 위해서 다른 누군가가 3만큼 대출을 함으로써 빚을 통해 사회에 돌아다니는 화폐의 총량을 103으로 늘린다는 개념이라는 것이다. 그럼 생각해보자. 원래 통계상 화폐의 총량이 100이었는데, 이자를 포함해서 103만

---

27) 『자본주의』, EBS MEIDA 기획, EBS 〈자본주의 제작팀〉 지음. 51~53p

큼의 화폐량이 필요해지고, 필요한 103만큼의 화폐량과 실질 화폐량 100의 차이로 인한 문제를 해결하기 위해서, 누군가가 3만큼 대출을 함으로써 화폐량을 늘린다면 대출한 3에 대한 이자는 또 어떻게 해결할까? 정답은 '돈을 더 빌려준다'이다.

즉 은행이라고 하는 곳은 지급 준비율이라고 해서, 자신이 갖고 있는 화폐의 양의 일정부분만을 남겨 놓으면 있지도 않은 돈을 가상으로 있는 것처럼 해서 대출을 해줄 수 있는데, 가령 내가 은행에 100,000원을 예금한다면, 은행은 우리나라의 법정 지급준비율인 7% 곧 7,000원을 남기고 나머지 93,000원은 대출해 줄 수 있다는 이야기다.

여기까지만 보면 '특별히 이상한 건 없는데?'라는 생각이 들지 모르겠다. 그러나 생각해보자. 어떤 A라는 사람이 은행에 100,000원을 예금했다면 은행은 7,000원만 남기고 93,000원을 대출해줄 수 있게 된다. 즉 처음에 A라는 사람이 갖고 있던 100,000원뿐이었던 화폐량은 어느새 193,000원이 된 것이다. 여기에 더해서 은행은 93,000원의 대출에 대해서 일정 비율의 이자를 받는데, 문제는 사회에 존재하는 실질 화폐량은 예금 100,000원과 대출한 93,000원, 그리고 지급준비율로 인해서 은행에 묶여 있는 7,000원을 합한 200,000원밖에 없다는 것이다.

이 말은 은행이 93,000원을 3%의 이율로 대출해줬을 경우에, 빌려간 사람이 3%의 이율로 계산한 2,790원의 돈을 갚는다는 것이 이론적으로는 불가능하다는 말과 같다. 시중에 존재하는 화폐의 총량은 200,000원이기 때문이다.

이 문제를 해결하기 위해서 중앙은행은 다시 돈을 찍어 시중 은행에 대출해주는데, 시중은행은 이 대출금의 93%를 다시 사람들에게 대출해준다. 곧 빚에 대한 이자를 해결하기 위해서 다시 빚을 만들어내고, 이 빚을 바탕으로 해서 또 다시 빚을 만들어내는 구조라는 것이다.

이와 같은 상황에 대해서 우리는 이런 생각을 해볼 수 있다. 이자에 대한 문제를 해결하기 위해서 빚을 만들어내고, 그 빚으로 인한 이자를 해결하기 위해서 또 빚을 만들어내고, 또 빚을 만들고, 또 빚을 만드는 이런 과정이 지속되면 문제는 없을까? 아니 이와 같은 상황은 어떻게 해결되는 것일까?

사실 이런 식의 과정은 의외로 쉽게 해결된다고 한다. 누군가가 빚을 갚지 못해서 파산하면 해결되기 때문이다. 다시 말해서, 이론적으로 갚을 수 없는 이자, 혹은 갚을 수 없는 돈으로 인해서 누군가가 파산하게 되고 나면, 파산한 만큼 다시 정상적으로 잘 돌아간다는 것이다.

생각해보자. 시중에 100,000원의 예금과, 7%의 지급준비율을 바탕으로 대출해준 93,000원, 그리고 은행에 묶여 있는 7,000원을 합한 200,000원만 존재한다고 가정할 때, 시중에 존재하는 화폐는 200,000만 원뿐이기 때문에, 빌려간 93,000원에 대한 이자, 가령 3%로 대출해줬을 경우에 2,790원은 이론적으로 갚을 수 없다.

그렇다면 갚을 수 없는 사람이 파산할 수밖에 없는데, 갚을 수 없는 사람이 파산하고 나면 시스템 상으로 문제는 사라지고 만다. 다시 말해서 100이라는 화폐에 대한 있지도 않은 3만큼의 이자를 누군가가 갚지 못해서 파산하고 나면, 정상으로 돌아온다는 것이다. 없던 돈이 없어지는 것이기 때문에 말이다.

이것이 시중에 화폐량이 너무 많아서 문제인 인플레이션과 화폐의 양이 너무 적어서 문제인 디플레이션이 끊임없이 반복해서 나타나는 이유라고 말한다. 즉 애초에 없던 돈으로 인한 거품이 발생하고, 어느 순간 없는 돈을 갚지 못해서 파산하는 사람들이 생겨나기 시작하면, 다시 본래의 상태가 된다는 것이다.

그런 의미에서 우리가 살고 있는 자본주의 사회라는 것은 일종의 의자 앉기 놀이와 다르지 않다고 말하는데, 즉 앉을 사람은 10명인데 의자는 7개밖에 없는 것과 다르지 않다는 것이다. 간단하게 말해서 내가 빌린 돈을 갚으면 누군가는 파산하게 되는 시스템이라는 것이다.[28] 갚을 돈이 시중에 없으니 말이다. 일례로 우리는 주기적인 호황과 불황을 경험하면서 빚이 늘어났다가 다시 파산하고, 빚이 늘어났다가 다시 파산하는 식의 경제적인 움직임을 목격하고 있다.

이런 상황에서 요즘 것들이 도전에 성공해서 의자에 앉고 나면 앉지 못하는 이들 혹은 앉은 의자에서 쫓겨나는 이들은 누구일까? 물론 어떤 청년이 도전에서 성공한다는 것은 자신과 같은 또래의 다른 청년이 의자에 앉을 수 없다는 이야기와 다르지 않다. 그러나 한편으로는 이미 그 자리에 앉아 있던 기성세대 또한 자신의 자리를 비켜줘야 한다는 것을 의미하

---

28) 『자본주의』, EBS MEIDA 기획, EBS 〈자본주의 제작팀〉 지음, 62~65p

기도 한다. 애초에 의자란 사람의 수보다 적은 숫자만 있으니 말이다.

그런데 요즘 것들의 도전에 따라서 자신의 자리를 비켜줄 각오는 전혀 하지 않은 채 도전이 필요하다고? 도전의 성공이란 대학가 근처에 혁신적인 주거 시설을 건설하는 것과 다르지 않아서, 기존에 임대업으로 돈을 벌고 있는 기성세대가 요즘 것들의 성공으로 인해서 더는 지금과 같은 수익을 내지 못하게 되는 것과 다르지 않은데? 그래도 도전이 필요하다고? 도전을 응원한다고?

물론 넓은 관점에서 우리 사회를 살펴보면 청년들의 도전은 권장할만하다. 그들의 도전으로 기존에 낡았던 것들을 도태시키고, 사회적, 경제적인 부분에서 우리나라를 좀 더 발전시키게 될 테니 말이다.

그러나 청년세대든, 기성세대든 사람은 누구나 자신이 갖고 있는 것, 누리고 있던 것들을 잃고 싶지 않은 법이다. 다시 말해서, 나와 상관없는 누군가의 성공은 응원할 수 있어도, 나와 밀접하게 관련이 있는, 그래서 그 사람의 성공이 나의 실패가 되는 상황에서는 쉽게 응원할 수 없다는 것이다.

왜 우리나라의 기성세대들이 청년들에게 도전을 말하면서 롤모델로 해외의 성공한 젊은 기업가들을 언급하는 것일까? 그것은 미국에 있는 어떤 젊은 기업가의 도전과 성공은 우리 사회에 그 어떤 패자도 만들어내지 않기 때문이다. 다시 말해서, 미국이라는 나라에서 젊은 기업가의 도전과 성공은 분명 누군가의 실패, 혹은 누군가의 도태를 만들어냈을 테지만, '누가 실패하건 말건 뭔 상관이야? 미국이라는 나라의 무수한 패자들과 나는 별 상관이 없는데?'라는 마인드로 강 건너 불구경하듯이 바라본 다면 마냥 누군가의 성공을 찬양할 수 있다는 것이다.

그런데 우리 사회에서 어떤 젊은 청년의 도전과 성공으로 인해서 내가 패자가 된다면? 내가 물러나야 한다면? 내가 그 도전으로 인한 도태의 대상이 된다면 그때도 난 그 청년의 도전과 성공을 응원할 수 있을까? 그보다는 언론을 통하건, 무슨 짓을 해서라도 내 자리를 지키고 싶어지지 않을까? 바꿔 말해서, 제3자의 입장에서 보면 요즘 것들이 도전하고 또 성공하기를 원하지만 내가 도전의 대상이 된다면 반대로 도전하지 않기를 혹은 도전에 실패하기를 원하게 된다는 것이다. 남의 성공을 위해서 나를 희생할 사람은 거의 없으니 말이다.

내가 하고 싶은 말은 기성세대가 요즘 것들에게 실패를 두려워하지 않고 도전할 수 있는 용기를 요구한다면 기성세대 또한 그들의 도전으로 인해서 피해를 받을 각오를 해야 한다는 말을 하고 있는 것이다. 왜 요즘 것들은 실패를 각오해야 하는데, 기성세대는 실패를 각오할 필요가 없다고 여길까? 왜 요즘 것들은 변해야 하지만, 기성세대는 변할 필요가 없다고 여길까?

기성세대가 말하는 도전에 대한 이야기를 들어보면 하나같이 '나이가 많으니까', '젊은 애들은 잃을 것이 없으니까', '그 나이대는 실패할 수도 있지만 이 정도 나이대가 되면 그럴 수 없으니까' 등등 '너는 아파도 되지만 나는 아프면 안 돼', '너는 혼자 사니까 아파도 상관없지만 나는 가족들이랑 같이 사니까 아프면 안 돼' 같은 온통 자기만 생각하는 식의 말들뿐이다.

청년들을 위한다고? 그들이 잘되기를 원한다고? 다 요즘 것들이 잘되라고 하는 말이라고? 근데 하는 말을 들어보면 하나같이 기성세대의 입맛에 맞는 요구들뿐이던데? '우린 아무것도 잃어서는 안 되지만 너네는 좀 잃어도 괜찮잖아?', '우린 아프면 안 되지만 너네는 젊으니까 좀 아플 수도 있는 거 아냐?'

그러나 기성세대가 도전을 요구하는 의도와는 달리 청년세대의 도전은 기성세대의 실패, 도태로 보상받는 시스템이라는 것이다. 새로운 세대가 잘된다는 것은 기존의 세대가 실패하고, 잃어버리게 되는 것과 같으니 말이다. 그러니 지나간 역사 속에서 언제나 새로운 물결은 기존의 세대에게 반감을 사기 마련이었고, 청년세대들이 추구한 개혁의 바람들은 번번이 실패하기 마련이었다.

왜 고려가 무너지고 조선이 세워져야만 했을까? 고려의 기성세대들이 개혁을 원하지 않으니까 그런 것이 아닌가? 새로운 신진 사대부들이 원하는 수준의 개혁을 고려의 기존 세력들이 받아들일 생각이 없으니까 고려를 무너뜨리고 조선이라는 새로운 나라를 세운 것이 아닌가?

고려 말의 개혁을 반대한 세력들, 조선 말에 개혁을 반대한 세력들. 그들이 멍청하고 어리석어서 개혁을 반대한 것이 아니다. 그들이 똑똑했기 때문에 개혁을 반대한 것이다. 신진 세력이 요구하는 개혁의 성공이란 반드시 기존의 세력들의 도태, 실패를 의미한다는 것을 알고 있었기 때문에, 그들은 어떻게 해서든 개혁, 발전을 막기 위해서 무던히도 노력한 것이었다. 만약 고려 말이나 조선 말에 개혁을 반대한 세력이 어리석고 멍청했다면, 반대로 쉽게 개혁을 받아들였을지도 모른다. 그들이 멍청하고 어리석었다면 개혁이 성공하는 것이 자신에게 어떤 피해를 입히게 될지 제대로 파악하지 못했을 것이기 때문이다.

과거와 비교해서 지금은 어떤가? 기성세대는, 기성세대가 요즘 것들에게 기대하는 수준의 발전, 사회에 대한 기여, 그로 인한 기성세대의 도태를 받아들일 준비가 되어 있는가? 요즘 것들이 도전하고 성공함으로 인해서, 기존에 있는 이들이 자신의 위치에서 내려오게 되는 상황을 감내할 각오가 되어 있는가? 모든 준비를 다 끝마친 상태이기에, 마치 소년만화에 나오는 주인공의 스승과 같이 '네가 성장하면 언제든 내 자리를 너에게 물려주마'라는 마인드로 요즘 것들에게 도전을 요구하고 있는 것인가? 그보다는 병자호란 이후에 북벌이라는 명분을 이용해서, 자신의 자리를 유지하기 바빴던 이들처럼 요즘 것들에게 도전이라는 명분을 들이밀며, 자신들의 문제점들을 외면하고 있는 것은 아닌가? '우리 탓이 아냐. 모든 문제는 요즘 것들이 나약해서 그래', '우리 문제가 아냐 요즘 것들이 도전정신이 없어서 그래'라면서 말이다.

기성세대는 요즘 것들에게 얼마나 대단한 능력을 기대하기에, 자본주의 사회에서 일어나기 어려운 '실패 없는 도전', '패자 없는 성공' 같은 것들을 요구하고 있는 것일까? 자본주의 사회에서의 도전이라는 것은 무수한 실패를 의미하며, 성공이라는 것은 무수한 패자들을 의미하는 것과 다르지 않은데 말이다.

마르크스가 꿈꿨던 이상세계라도 꿈꾸고 있기 때문에 기성세대는 요즘 것들에게 그와 같은 것들을 요구하는 것일까? 프롤레타리아 혁명으로 다 같이 살기 좋은 세상이 도래할 거라는 마르크스의 꿈처럼 아무도 실패하지 않는 도전을 바탕으로 모두가 승리자가 되어 우리나라가 세계 최고의 나라가 된다는 꿈을 꾸고 있는 것은 아닌가?

어떻게 보면 이것은 요즘 것들이 위기에 빠진 한국 경제를 구할 백마 탄 왕자님이 되어서 어려움을 겪고 있는 기성세대들을 구원해준다는, 기성세대들의 경제적인 판타지라고도 표현할 수 있을 것 같다. 신데렐라니 백설공주니 하는 판타지들은 하나같이 '그들은 오래오래 행복하게 살았답니다'로 끝나기 때문이다. 즉 이런 저런 어려움을 겪지만 결국에는 모든 사람들이 행복해지는 결말을 맞는 동화처럼 청년들의 도전이 그와 같은 기성세대의 판타지를 실현시켜줄 수 있으리라고 여긴다는 것이다. 그러니 그 기대를 충족시켜줄 수 없는 요즘 것들이 기성세대에게 온갖 비난의 대상이 되는 것도 당연하지 않은가? 요즘 것들에게 백마 탄 왕자의 모습을 기대했으나 그들의 모습이란 그저 동네의 평범한 청년에 불과했으니 말이다.

'까라면 까'와 '창의적인 인재 양성'이란 말이
같이 사용되는 게 말이 되는가?

아이러니 하게도 다름에 대한 요즘 것들의
인식과 기성세대의 인식은 용어는 동일하나 의미에 있어서는 꽤나 다른
측면이 있다. 가령 기성세대는 다름에 대해서 '창의적인 인재'를 떠올리고
청년세대는 개성 있는 사람, 나답게 사는 사람을 떠올린다는 것이다. 즉
기성세대가 생각하는 '다름'이란 좀 더 사회적인 개념의 다름이며, 반대로
청년세대가 생각하는 다름이란 좀 더 개인적인 관점에서의 다름을 의미
한다는 것이다.

이와 같은 차이는 기성세대와 청년세대의 자라온 환경의 차이라고도
할 수 있을 것 같다. 즉 경제개발 시기를 살아온 이들은 개성보다는 효율
성, 규격화 등이 좀 더 중요하게 여겨지는 시기를 살아왔고, 청년세대의
경우에는 우리나라의 경제가 성숙기에 접어듦으로 인해서, 효율성이나
규격화보다는 다양성, 창의성이 좀 더 중요하게 여겨지는 시기를 살아가

고 있기 때문에, 서로가 느끼는 '다름'에 대한 인식이 차이가 날 수밖에 없다는 것이다.

과거 경제개발 시기가 다르다는 것. 창의적인 것보다는 세계적인 평균을 기준으로 해서, 얼마나 값싸고, 빠르게 평균에 도달할 수 있는가?를 겨루는 시기였다면 지금은 거의 모든 분야가 어떤 부분에서건 세계적인 평균 수준 그 이상이기 때문에 과거 효율을 중시하던 시기와는 달리, '다름'이 중요하게 여겨지고 있는 시기라고 할 수 있다. 경제개발 시기에 목표였던 얼마나 빨리, 얼마나 싸게 세계 수준에 도달할 수 있는가가 아니라. 얼마나 특별할 수 있는가? 얼마나 다를 수 있는가? 얼마나 세계에 없는 것들을 만들어낼 수 있는가가 훨씬 중요하게 여겨지고 있다는 것이다.

현재 우리나라의 대기업에서 만들어낼 수 있는 거의 모든 제품들이 중국에서 훨씬 저렴하게 만들어지고 있으며, 단순히 평범한 제품들은 가격 경쟁력 측면에서 중국을 비롯한 개발도상국들에게 상대가 되지 않는 상황이다. 즉 개성. 다름의 중요성이 과거보다 지금이 훨씬 중요하다는 것이다. 물론 '다름', '개성'은 단순히 경제적인 부분에서만 접근할 수는 없다. 오히려 개성에 대한 것은 집단적인 의미를 내포하는 경제적인 부분에서 다뤄지는 것이 아닌, 인권과 연계되어 있는 개인적인 부분에서 다뤄지는 것이 좀 더 이치에 맞는다고 할 수 있을 것이다.

그러나 기성세대가 개성을 바라보는 관점이란 과거 경제개발 시기에 개성을 바라보는 관점. 곧 '얼마나 돈이 되는가?'의 관점으로 바라보고 있기 때문에, 나 역시 그들의 입장에서 개성을 이야기 하는 것이다. 청년세대가 갖고 있는 개성에 대한 관점을 바탕으로 기성세대에게 아무리 이야기를 해도, 경제적인 관점에서 개성을 바라보는 이들에게는 공감을 얻기가 힘들 것이기 때문이다.

또한 나는 이 책의 독자가 기성세대일 것을 가정하고 이런 이야기를 하고 있는 것도 아니다. 아마 다름을 틀렸다고 생각하는 기성세대의 상당수는 이 책을 읽기 보다는 요즘 세대가 얼마나 문제가 많은지, 청년세대로 인해서 우리나라의 현 상황이 얼마나 위기인지와 같이, 요즘 것들이 갖고 있는 문제들을 다루는 쪽을 훨씬 선호할 것이기 때문이다.

그러나 이 책에서 기성세대의 입장에서, 그들이 갖고 있는 관점으로 개성에 대해서 이야기를 하는 이유는 개성을 중요하게 여기는 사람이라면 누구나 개성을 단순히 경제적인 관점에서만 바라보는 사람, 곧 '평범한 사람의 창의적인 제품'이라는, 과정이 결여된 '결과로서의 개성'을 원하는 기성세대를 만날 수밖에 없을 것이기 때문이다. 그럴 경우에 우리는 그들이 나보다 더 높은 사회적인 위치와 많은 힘을 갖고 있다는 이유로, 그들이 갖고 있는 개성에 대한 부정적인 관점, 곧 개성을 불필요하게 여기고, 예의 없다고 생각하며, 사회적으로 해악이 된다고 여기는 관점들을 수용하게 될지도 모른다. 권위가 갖고 있는 힘이란 우리가 생각하는 것보다 훨씬 강력하기 때문이다.

그런 이유로 우리는 기성세대가 개성을 바라보는 관점, 곧 경제적, 산업적인 측면에서 개성의 중요성에 대해서 생각해볼 필요가 있다. '적을 알고 나를 알면 백번 싸워도 위태롭지 않다'라는 손자병법의 말처럼, 기성세대의 관점에서 개성을 바라볼 때, 그들이 말하는 개성에 대한 부정적인 이야기에 쉽게 흔들리지 않을 수 있을 테니 말이다.

사실 우리 사회의 모든 분야에 있어서 가장 영향력이 있는 존재들은 기성세대들이기 때문에 알게 모르게 우리는 그들이 갖고 있는 개성에 대한 관점에 영향을 받을 수밖에 없다. 즉 개성을 개인적인 측면에서 바라보는 것이 아닌 사회적인 측면, 집단의 관점에서 바라보는 태도를 어린 시절부터 자연스럽게 습득하게 된다는 것이다. 그러다보니 개성을 갖는다는 것, 남들과 달라진다는 것은 일부의 사람들을 제외하고는 연령대에 상관없이 '철이 없다', '개념 없다', '인생을 낭비한다'라는 식으로 받아들여지곤 한다. 사회에서 다뤄지는 개성이란 '다름을 갖고 있는 삶'에 대해서는 부정적으로 묘사하면서도 반대로 차별화된 제품, 차별화된 아이디어는 중요하게 다뤄지고 있으니 말이다.

그러나 생각해보자. 다름을 갖고 있는 삶을 살아가지 않는 사람에게서 남들과 차별화된 아이디어, 남들과 차별화된 제품이 나올 수 있을까? 개성 없는 삶을 살아가는 이들에게서 개성 있는 뭔가가 나온다는 것이 과연 가능한 일일까?

나는 그것이 거의 불가능에 가까운 일이라고 여긴다. 왜냐하면 평범한 사람의 개성 있는 제품이라는 이야기는 마치 '열심히 일하지 않아도 부자가 될 수 있어'라고 말하는 어느 다단계 영업사원의 이야기처럼 들리기 때문이다.

많은 사람들이 다단계에 빠지는 이유는 그들이 돈을 버는 과정에 대해서는 자세하게 다루지 않으면서, 돈을 얼마나 벌게 되는지 결과만 자세히 이야기 해주기 때문이라고 할 수 있다. 다단계를 홍보하는 이들은, 돈을 많이 벌어서 어떻게 사용하게 될지, 많은 돈을 벌게 되면 사람들이 어떤 시선으로 바라보며, 사회적으로 어떤 삶을 살아가게 될지 등등 결과에 대한 환상을 심어주기 때문에, 돈을 버는 과정 곧 '어떻게'에 대해서 상대적으로 관심을 덜 갖게 만들고, 결과에만 집중하게 만든다.

마치 보험을 판매하는 이들이 미래에 닥칠 위험들을 강조함으로써, 현재에 대해서는 관심을 덜 갖게 만드는 방법을 사용하듯이, 그들 역시 과정은 생략한 채 결과에 집중하는 식의 영업 전략을 자주 사용한다는 것이다.

가령 자신들의 판매방식을 이용해서 성공한 A라는 사람의 케이스를 말하면서 한 사람이 성공하는 데 겪어야 하는 현실적인 과정은 거의 생략한 채 성공한 사람이 어떤 삶을 살아가고 있는지, 성공한 A가 얼마나 많은 사람들에게 칭찬과 인정을 받고 있는지만 다룬다는 것이다.

이런 식의 홍보 전략은 꽤나 효과적이기에 많은 이들이 다단계 회사의 이야기를 듣고는 쉽게 '나도 성공한 A처럼 될 수 있어', '나도 부자가 될 수 있어'라는 꿈을 꾸게 된다. 정작 사회적으로 높은 위치에 오르기 위해서는 어떤 준비들이 필요한지, 어떤 능력을 갖춰야 하는지, 무엇을 포기해야 하는지, 어떤 어려움들을 겪어야만 하는지 등을 접했다면 손쉬운 성공보다는 평범한 노력을 추구했을 이들이, 과정이 생략된 성공 스토리에 쉽게 빠져버린 다는 것이다.

우리 사회가 개성을 바라보는 관점 또한 이와 크게 다르지 않다. 즉 남들과 다른 결과물을 만들기까지의 과정은 생략한 채 단순히 남들이 생각하지 못했던 아이디어, 남들이 만들지 않았던 제품이라는 경제적이고 산업적인 결과물만 생각한다는 것이다. 이것은 우리 사회가 학문에 대해서 취하는 잣대와도 크게 다르지 않다.

매년 노벨상 수상자가 발표될 쯤이 되면 우리 사회에서는 왜 노벨상이 나올 수 없는지에 대한 뉴스들이 나오곤 하는데, 오랜 시간 항상 동일한 내용이 반복되곤 한다. 즉 '우리 사회는 평범할 수밖에 없는 환경에서 특별한 결과를 요구한다'는 것이다.

가령 아무도 하지 않은 연구를 하려면 지원금을 받을 수 없는데 어떻게 특별한 연구를 할 수 있을까? 나아가 나라에서 원하는 평범한 연구, 혹은 쉬운 연구를 해서 짧은 시간 내에 결과를 만들어 내야만 지속적인 지원을 받을 수 있다면 누가 특별한 연구를 할 수 있을까?

노벨상에 대한 뉴스는 언제나 일본과 우리나라의 학문을 대하는 국가의 태도를 비교하면서 '일본은 아무도 하지 않는 연구를 마음 놓고 할 수 있는 반면에 우리는 그럴 수가 없습니다'라는 식의 결론에 도달하게 된다. 아마 내년에도, 그 다음 해에도 우리는 똑같은 주제의, 똑같은 내용의 뉴스들을 접하게 될 텐데, 우리 사회가 개성에 대해서 갖고 있는 관점 자체가 그럴 수밖에 없기 때문이다.

다시 말해서, 우리 사회에서 다르다는 것은 교정이 필요한 상태를 의미한다는 것이다. 과거 경제개발 시기에는 이와 같은 논리가 통할 수 있는 여지가 있었다. 그 시대의 다름이란 가난, 질병, 헐벗음, 무지 등을 의미하는 것이었으니 말이다.

그런 관점에서 보면 과거 경제개발 시기의 다름이 교정의 대상이 되는 것은 충분히 납득할 수 있고, 우리 사회가 발전하는데 꽤나 효과적이었다고 말할 수 있을 것이다. 가난을 세계적인 평균으로, 건강을 세계적인 평균으로, 학력을 세계적인 평균으로라는 식으로 다름을 교정하고자 하는 욕구는 우리 사회가 발전할 수 있는 좋은 동기가 되어주었기 때문이다.

그러나 다름을 교정의 대상으로 보는 과거의 관점이 지금도 유효하다고 할 수 있을까? 기성세대가 요즘 세대들을 보면서 항상 하는 '요즘 애들은 이렇게 살기 좋은 환경인데도 불평만 해'라는 식의 말처럼 과거와 지금은 환경이 다르고, 그때의 다름과 지금의 다름이 달라졌기에 다름을 대하는 태도 또한 달라져야 하지만 여전히 경제개발 시기처럼 다름을 대하고 있다는 것이다.

그러다보니 '내 밑의 회원들의 노력이 나의 수익이 된다', '일하지 않고 부자가 될 수 있는 방법'과 같은 다단계 회사의 홍보처럼 '부모님 말씀 잘 듣고, 선생님 말씀 잘 듣고, 착하게 살면서 아무도 생각하지 못했던 제품을 만들어 내'라는 비현실적인 구호들을 아무렇지 않게 청년세대에게 이야기 할 수 있다는 것이다.

생각해보자. 부모님 말씀을 잘 듣고, 선생님 말씀을 잘 듣고, 어른들의 말씀을 잘 들으면서 그들이 생각하지 못한 특별한 제품이나 아이디어를 만든다는 것이 가능할 수 있을까? 만약 이것이 가능하다면 부모님이나 선생님, 어른들이 평범하지 않아야만 가능할 것이다. 그들의 특별함으로 인해서 아이 또한 평범하지 않은 아이디어나, 평범하지 않은 제품을 만들어 낼 테니 말이다.

그러나 반대로 평범한 부모님의 말씀을 잘 듣고, 평범한 선생님의 말씀을 잘 듣고, 평범한 어른들의 말씀을 잘 듣는다면 어떨까? 평범한 이들이 원하는 대로 살면서 평범하지 않은 결과들을 만들어 낼 수 있을까? 이것이야 말로 개성과 관련한 로또와 뭐가 다를까? '평범하게 살면서도 특별한 결과를 원해', '노력하지는 않지만 부자가 되고 싶어', '공부하지 않으면서도 서울대에 가고 싶어'. 이와 같은 이야기들은 하나 같이 결과에 대한 과정의 중요성은 부인하는 식의 이야기다.

그런데 신기하게도 우리 사회에서는 공부나 성공과 관련해서는 이런 식의 묘사들이 부정적으로 이야기 되면서도 개성에 대해서만은 유독 평범한 사람의 특별한 결과라는 일종의 노력 없는 성공이 굉장히 긍정적으로 묘사 되곤 한다는 것이다.

나는 이것이 우리 사회가 갖고 있는 철학적인 사고의 부족에서 기인한다고 생각한다. 즉 본질에 대해서 파고 들어가는 철학의 특성상 철학적인 사고를 하면 할수록 사람이라고 하는 존재가 무엇인지, 나는 대체 어떤 존재인지에 대해서 충분히 생각하게 되는데, 그와 같은 과정들이 없기 때문에 사람이라고 하는 존재에 대해서 갖고 있는 생각들이 얕고, 그러다보니 평범하게 살면서도 특별한 결과를 내는 사람을 쉽게 상상할 수 있다는 것이다.

그러나 생각해보자. 우리는 개 같은 고양이에 대해서 쉽게 상상하지 않는다. 가령 어떤 사람이 고양이를 보고 '왜 개처럼 행동하지 않는 거지? 이 고양이 되게 이상해. 개처럼 짖지 않아. 뭔가 문제가 있나봐'라고 말한다면 우리는 그 사람이 고양이에 대한 이해가 부족하다고 여길 것이다. 고양이에 대해서 알고 있는 사람이라면 고양이는 개와는 다른 고양이만의 행동과 특징들이 있음을 알고 있을 것이고, 고양이에게 개와 같은 행동을 요구하지 않을 것이기 때문이다.

마찬가지로 우리 사회에 수많은 애견인들이 있는데, 그들 중에서 자신이 기르는 개에게 고양이처럼 행동할 것을 요구하는 사람이 있다면 어떨까? 만약 어떤 애견인이 자신이 기르는 개에게 고양이처럼 행동할 것을 요구하면서 고양이처럼 행동하지 않고 개처럼 행동한다고 혼낸다면 우리는 그가 애견인으로서 자질이 부족하다고 인식할 수밖에 없을 것이다. 왜냐하면 개에게 고양이처럼 행동할 것을 요구한다는 것은 개에 대한 이해가 부족하다는 것을 의미하기 때문이다.

물론 이처럼 고양이에게 개처럼 행동할 것을 요구하는 사람이나 개에게 고양이처럼 행동할 것을 요구할 정도로 자신이 기르는 고양이나 개에 대한 이해가 부족한 사람은 거의 없겠지만, 아이러니 하게도 사람에 대해서는 고양이에게 개처럼 행동하거나, 개에게 고양이처럼 행동할 것을 요구하는 식의 말도 안 되는 요구가 아무렇지 않게 받아들여지고 있다. 즉 평범하게 살 것을 요구하면서도 개성 있는 결과를 낼 것을 요구한다는 것이다.

여기서 개성이라는 단어는 사회에서 '창의'라는 단어로 바뀌어서 사용

된다. 즉 창의적인 인재, 창의적인 아이디어, 창의적 사고 등등 다름에 대한 요구가 튀지 말 것, 어른들의 말을 잘 들을 것, 남들처럼 할 것이라는 평범함에 대한 요구와 같이 사용되고 있다는 것이다.

그러나 생각해보자. 창의라는 것은 기본적으로 다름을 바탕으로 하는데, 다르지 말 것을 요구하면 어떻게 창의가 나올 수가 있을까? 창의적인 사람으로 살아가고 있지 않은데 어떻게 창의적인 관점이나 생각, 창의적인 결과들을 낼 수 있는가라는 것이다.

창의적인 아이디어, 창의적인 인재라는 것은 달리 말하자면 보통의 사람들과 다른 관점으로 세상을 바라보고, 보통의 사람들과 다른 식으로 생각하고, 보통의 사람들과 다른 사고방식을 바탕으로 보통의 사람들과 다른 행동 양식을 보이는 사람 혹은 그런 사람이 만들어낸 결과물이라고 할 수 있는데, 기성세대가 청년세대에게 요구하는 '창의' 혹은 '창의적 인재'라는 것은 그들이 불쾌하게 여기지 않을 정도로 지극히 평범한 관점을 갖고, 평범한 생각을 하며, 평범한 삶의 방식으로 살아가면서도 특별한 결과를 내는 사람을 의미한다는 것이다. 이것은 어떻게 보면 동양인 부부 사이에서 자연스럽게 서양인 아이가 태어나기를 바라는 것과 본질적인 측면에서 크게 다르지 않다고 할 수 있을 것이다.

만약 어떤 동양인 부부가 자신의 아이가 자신의 인종과는 다른 흑인이나 백인으로 태어나길 원한다면 우리는 그 사람이 생물학에 대한 지식이 부족한 사람이라고 인식할 것이 분명하다. 그런 것은 생물학적으로 거의 불가능에 가깝기 때문이다. 마찬가지로 기성세대가 청년세대에게 요구하는 것들을 종합해서 살펴보면 기성세대가 사람에 대한 이해가 부족한 것이 아닌가라는 생각을 해볼 수 있다는 것이다. 자신도 평범하지만 특별한 결과를 내는 삶을 살아오지 못했고, 그런 사람을 본적도 없으면서 청년세대에게는 그와 같은 역할을 부여하니 말이다.

평범하게 살면 평범한 결과만 나올 수 있다. 평범하지 않게 살면 평범하지 않은 결과만 나올 수 있다. 평범하게 생각하는 사람은 평범한 행동을 하며, 평범하지 않게 생각하는 사람은 평범하지 않은 행동을 하게 될 것이다. 그들이 내는 결과 또한 상이해서, 평범하게 생각하고 평범하게 사는 사람은 평범한 결과를 낼 것이고, 평범하지 않은 생각을 하며 평범하지 않게 살아가는 사람은 평범하지 않은 결과를 낼 것이다. 그 사람이 생각하는 것과 행동하는 것이 곧 그 사람이기 때문이다.

힌두교에서는 '그 사람이 생각하는 것이 곧 그다'라고 이야기를 한다. 즉 우리가 마음으로 생각하는 것은 행동으로 나타나게 되고, 그와 같은 생각과 행동을 통해서 우리는 그 사람의 존재를 인식한다는 것이다.

그렇다면 평범한 생각과 행동에서 특별한 결과를 기대하는 것은 어떤 아프리카 사람에게 아프리카 오지에 살면서 한국어를 말하고, 한국인처럼 행동하고, 한국에 유익한 결과물을 가져오는 것을 기대하는 것과 다르지 않다고 할 수 있다. 즉 가치의 차이가 아닌 개별적인 특성 혹은 다른 개성을 갖고 있음으로 인해서 A는 B의 결과를 낼 수 없고, B는 A의 결과를 낼 수 없다는 것이다. A가 B라는 결과를 내려면 반드시 B가 되어야 하고 B가 A라는 결과를 내려면 B는 A가 되어야 한다는 것이다. 고양이는 고양이의 결과를 내고, 강아지는 강아지의 결과를 낼 수밖에 없는 것처럼 말이다.

기성세대는 이상하게도 포기하는 법을 잘 알지 못하는 것 같다. 언제나 두 마리 토끼를 잡을 것을 요구하는 것처럼 느껴진다는 것이다. 이와 같이 포기하는 법을 잘 알지 못하는 기성세대가 우리 사회의 가장 높은 자리에 앉아 있고, 가장 영향력이 있다 보니 우리 사회 전체가 뭔가 쉽게 포기하지 못하는 분위기를 갖고 있다고 느낀다. 마치 둘 다 가질 수 없다고 말하는 부모님의 말에 울면서 떼를 쓰는 아이처럼 서로 양립하기 어려운 두 가지를 동시에 가질 수 있으며, 그것을 추구해야 한다는 분위기라는 것이다.

성공의 가치가 커지면 커질수록 실패의 리스크도 올라간다. 실패에 대한 부담이 크지 않은 상황이라는 것은 성공으로 인한 열매 또한 작다는 것을 의미한다. 그런데 우리 사회는 이상하게도 성공에 대해서는 엄청나게 주목하면서도 실패에 대해서는 상대적으로 소홀한 측면이 있다. 예를 들자면 부동산이나 주식에서 상승할 것에 대한 기대치는 굉장히 크지만 반대로 떨어지는 것에 대한 대비는 별로 안하는 이들이 많은 것처럼 말이다.

우리 사회에서는 이와 같이 극단적인 사고가 꽤나 널리 퍼져 있어서, 사업 성공에 대한 기대감은 굉장히 크지만 실패에 대해서 어떻게 대처해야 할지, 실패의 리스크를 어떻게 줄여야 할지에 대해서는 많이 생각하지 않으며, 청년들의 창업은 사회적인 측면에서 적극 권장하면서도 그들의 실패는 개인의 몫으로 돌려버리거나, 사회적인 관점에서 남들과 다른 생각, 다른 결과를 낼 것을 요구하면서도 다름으로 인한 어려움은 개인의 책임으로 돌리며, 도전을 말하면서도 도전을 받아들일 준비는 하지 않는 식의 모습들을 사회 전반에서 어렵지 않게 찾아볼 수 있다.

나는 이것이 앞서도 이야기를 했던 것처럼 생각하는 힘이 부족하기 때문에 발생하는 현상이라고 여긴다. 즉 어린 시절부터 다양한 관점에서 사고하는 방법을 배우지 못하고, 도리어 유명인, 권위를 갖고 있는 이들의 생각과 관점을 얼마나 잘 따르는가를 중요하게 여기는 가르침을 받으면서 자라왔기 때문에, 자연스레 유명한 사람, 권위 있는 사람의 관점으로만 세상을 바라보게 된 것이 아닐까라고 생각한다. 그러다보니 유명하거나 권위를 갖고 있는 인물, 혹은 국가가 국민을 상대로 말하는 이야기들에 대해서 반대되는 생각들을 쉽게 하지 못하는 것이다.

가령 '우리나라의 발전을 위해서는 청년들이 도전해서 성공할 수 있어야 합니다'와 같은 식의 이야기들이 들려오면 다들 발전, 성공, 청년이라는 키워드에만 몰입한 나머지 '그럼 실패하면 어떻게 할 건데?'라는 식의 내용들, 즉 성공이라는 키워드에 반대가 되는 생각들을 쉽게 떠올리지 못한다는 것이다. 그런 것들을 떠올려야 한다는 생각도 없고, 도리어 그런 것들을 떠올리는 것이 권위에 대한 도전으로 여겨지는 식의 교육을 받아왔으니 말이다.

어떻게 까라면 까라는 이야기와 창의적인 인재 양성이라는 구호가 서로 같이 사용될 수 있을까? 당연한 것에 의문을 품는 것에서 창의가 시작된다고 할 수 있는데, 아무런 생각을 하지 않으면서 창의적인 인재가 되라니 '씨 뿌리지 않으면서 열매를 수확하는 농부가 되자' 혹은 '아무도 일하지 않고 모두 부자인 나라로 만들겠다'는 식의 이야기와 대체 뭐가 다른가? 까라면 까라는 식의 말과 창의적인 인재 양성이라는 말은 조금만 생각해보면 절대로 양립할 수 없는 주제임을 파악할 수 있다. 즉 까라면 까야 하는 곳에서는 창의가 생겨날 수 없고, 창의적 인재가 양성되는 곳에서는 까라고 해도 안 까는 사람들이 생겨날 수밖에 없다는 것이다.

그런데 신기하게도 이런 식의 두 가지 상반된 주제가 동시에 걸려 있는 곳이 우리 사회에 굉장히 많이 있음에도 불구하고, 여기에 대해서 이상하게 생각하는 사람들은 생각보다 많지 않다. 말 그대로 위에서 내리는 명령을 생각 없이 받아들이는 것을 어린 시절부터 올바른 것이라고 배워왔기 때문이라고 할 수밖에 없는 것이다. 그것이 곧 부모, 선생, 어른에 대한 예의라고 배웠으니 말이다.

탈무드에서는 '좋은 질문이 좋은 답을 만든다'라고 이야기를 한다. 즉 대부분의 사람들이 생각하는 것처럼 답의 중요성은 곧 질문의 중요성과 밀접하게 연결되어 있다는 것이다. '왜?', '어째서 그래야 하지?' 등등 우리가 일상적으로 여기는 것들에 대한 질문을 통해서 우리는 기존에 없는 것들을 생각하고, 기존에 없는 것들을 발견하고, 기존에 없는 것들을 만들어 낼 수 있다. 어린 아이가 당연해 보이는 것에 대해서 질문하고, 그 질문에 대한 답을 찾아가면서 성장하게 되는 것과 같이 우리가 갖고 있는 일상에 대한 질문은 우리가 갖고 있는 생각의 폭과 넓이, 깊이를 크게 증가 시켜줄 수 있다는 것이다. 우리는 과학적인 발견이 일상에 대한 의문으로부터 시작되었음을 알고 있다. 떨어지는 사과를 보고 '사과가 왜 떨어질까?'라는 의문으로부터 중력의 법칙이 나올 수 있었고, 당연하게 생각했던 시간에 대한 의문으로부터 상대성 이론이 나올 수 있었다.

그뿐인가? 과학뿐 아니라 기성세대가 요즘 것들에게 요구하는 창조적인 기업가들 또한 일상 속에서 '왜 이런 건 없지?'라는 생각으로부터 기존에 없던 새로운 제품들을 만들어 낼 수 있었다. 즉 의문을 갖는다는 것은 창조, 혁신 등등 뉴스에서 수도 없이 나오던 '우리 사회가 나아갈 길', '도약의 바탕'이 된다는 것이다. 탈무드에서는 질문의 중요성을 강조하며, '질문은 배움의 첫걸음이다', '교만한 자는 질문하지 않는다', '사람이 책을 읽는 이유는 질문을 얻기 위함이다'라고까지 이야기를 한다.[29] 즉 우리가 생각하는 것 이상으로 호기심과 질문, 의문을 갖는 것이 중요하다는 것이다.

그러나 기성세대가 청년세대에게 취하는 태도들을 살펴보면 이와 같은 창조, 혁신, 개혁을 만들어낼 수 있는 의문, 생각의 깊이와 넓이, 폭을 확장시킬 수 있는 질문을 권위에 대한 도전, 반항 등으로 여겨서 절대로 해서는 안 되는 것으로 여기는 모습들을 살펴볼 수 있다. 다시 말해서, 기성세대가 요즘 것들에게 요구하는 혁신을 기성세대가 방해하는데 앞장서고 있다는 것이다.

의문으로부터 시작되는 창조적인 생각들이 '토 달지 마'라는 한 마디로 싹이 잘려지고 만다. 의문에서 시작되는 다양한 아이디어들은 '생각하지 말고 하라면 해'라는 식의 권위주의에 의해서 발붙일 곳이 없어져버리고

---

29) 『탈무드의 생명력』 마빈 토카이어 지음. 현용수 편역. 동아일보사. 86~92p

만다. 즉 기성세대들은 창조의 토양을 황폐하게 만들면서도 '씨가 안 좋은 가봐. 제대로 자라는 게 없으니 말이야'라며 씨앗 탓을 하고 있는 셈이라는 것이다.

20세기 최고의 경제학자 중 하나로 평가 받는 요제프 슘페터[30]는 자본주의 본질이 새로운 소비자 물품, 새로운 생산이나 수송 방법, 새로운 시장, 기업이 창조하는 새로운 형태의 산업 조직에서 나오며, 이와 같은 과정들은 내부로부터 경제 구조를 바꾸며, 낡은 것들을 파괴하고 새로운 것들을 창조한다고 언급했다.[31] 즉 자본주의의 본질은 창조적 파괴에 있다는 것이다.

그러나 요제프 슘페터가 언급한 창조적 파괴의 과정을 생각해보면 우리는 기성세대가 얼마나 창조에 적대적인 지를 파악할 수 있다. 기존의 것들에 대한 의문, 혹은 기존의 것들과 다른 생각이나 다른 관점을 갖는 것을 무례함, 혹은 권위에 대한 도전으로 여기는 기성세대의 태도는 '창의', '창조적'이라는 단어를 청년세대에게 요구하는 그들의 말과는 반대로, 기존의 것들을 보호하고, 방어하기 위한 최선의 행동과 다르지 않기 때문이다.

---

30) 요제프 슘페터: 1883년 오스트리아-헝가리 제국인 합스부르크에서 태어났으며, 미국의 뉴딜 정책에 영향을 미친 케인즈와 함께 20세기 경제학의 중요 인물 중 하나이다.

31) 『자본주의 사회주의 민주주의』 요제프 슘페터 지음, 이종인 옮김, 125~126p

요즘 것들이 너무 좌파 사상에 물들어 있다고?

　　　　　　　　어떻게 보면 기성세대의 이와 같은 행동들은 기성세대들이 청년세대들을 향한 비난의 주요 레퍼토리 중 하나인 좌파적 사고방식과 꽤나 비슷하다고 할 수 있을 것이다. 기성세대는 청년세대에게 자주 '좌파'라는 언급을 하며, 그들이 갖고 있는 사상이 '좌파적인 사고방식'과 같다고 비난하고는 한다. 이론적으로만 보면, 기성세대가 말하는 '좌파' 혹은 '좌파적인 사고방식'이라는 것은 전체주의를 옹호하는 사람, 혹은 전체주의적인 사고방식과 같다고 할 수 있는데, 실제로 기성세대가 '좌파'라는 말을 사용하는 것을 살펴보면 그것이 특정한 사상에 대한 이야기이기보다는 북한에 대한 적대감의 크기가 큰가, 아니면 작은가, 지금 전쟁을 원하는가, 아니면 협상을 원하는가와 같이 북한과 관련한 내용임을 발견할 수 있다.

　내가 좌파에 대한 언급을 하는 것으로 인해서 아마 어떤 이들은 '이 책을 쓴 놈 완전 좌파 아냐?'라고 생각할지도 모르겠다. (여기서 말하는 '좌파 아냐?'라는 의미는 '주체사상을 옹호하는 사람 아냐?'라는 의미이다.)

그러나 난 북한 주민들의 인권이 북한의 최고위층에 의해서 유린당하고 있으며, 굉장히 심각한 상황임을 인지하고 있다. 나아가 북한이 우리나라의 주적이라는 것이나, 북한의 체제가 심각한 결함을 갖고 있다는 사실 또한 인식하고 있다.

다시 말해서 내가 여기서 '좌파'니 '우파'니 하는 식의 용어들을 사용하는 목적에는 북한의 체제를 옹호하고자 하는 생각이 전혀 없으며, 다만 기성세대가 그들이 맘에 들어 하지 않는 청년세대의 생각이나 관점에 대해서 '좌파'니 '빨갱이'니 하는 용어들을 사용하며 그들을 비난하는 것은 그들이 청년세대를 비난하며 사용하는 용어인 '좌파'나 '빨갱이'의 의미에 해당하는 태도와 다르지 않음을 말하기 위해서 이와 같은 용어들을 사용한 것뿐이다.

즉 기성세대가 청년세대를 비난할 때 사용하는 '좌파'니 '빨갱이'니 하는 용어의 의미가 요즘 것들이 너무 전체주의적인 생각에 물들었음을 의미하는 것이라면, 일반적으로 널리 알려진 '전체의 행복을 위해서 개인의 자유를 억압하는 체제'를 옹호하는 생각에 대한 비난의 말이라고 한다면, 청년세대를 좌파니 빨갱이니 하면서 비난하는 기성세대가 좌파 혹은 빨갱이의 의미와 본질적으로 다르지 않은 행동을 하고 있다는 것이다. 왜냐하면 그들이 하는 비난의 의미는 한 개인이 자유롭게 자신만의 관점으로 세상을 바라볼 수 있는 권리, 자신만의 생각을 바탕으로 행동할 수 있는 권리, 집단과는 다른 관점, 다른 생각, 다른 행동을 할 수 있는 개인의 권리를 비난하는 것과 다르지 않기 때문이다.

기성세대가 자주 비교하는 북한이라는 나라는 개개인이 특정한 인물이 원하는 생각, 특정한 인물이 원하는 행동, 특정한 인물이 원하는 말을 해야만 벌을 받지 않을 수 있는 나라이다. 즉 그곳에는 개인의 권리가 극도로 제약되며, 남한에서 다수의 사람들이 누리고 있는 개인의 권리들이 그곳에서는 한 사람만 누릴 수 있는 권리에 속한다. 즉 북한에서는 자신만의 관점으로 세상을 바라보고, 자신의 생각대로 행동할 수 있는 권리가 한 사람에게만 주어져 있다는 것이다.

기성세대들은 이런 북한 사회와 우리 사회를 비교하면서 우리 사회가 북한처럼 공산화 되지 않기 위해서 요즘 것들이 누리고 있는 자신만의 관점으로 세상을 바라보고, 자신만의 생각을 바탕으로 행동할 수 있는 권리를 억압해야 하는 것처럼 이야기를 한다. 가령 '북한에 비하면 여기는 천국이야. 예전 같았으면 저런 것들은 다 삼청교육대에 보내는 건데'와 같이 북한의 전체주의적인 사상에 대해서 비난하면서도, 북한처럼 남한 젊은이에게도 사상교육이 필요하다는 식으로 이야기를 한다는 것이다. 폭력을 써서라도, 강압적으로라도, 북한에 대항하기 위해서라는 이유로 말이다.

나아가 기성세대들은 김정은이라는 한 개인에 의해서 통치되고 있는 북한의 체제에 대해서 굉장히 적대적인 태도를 보이면서도, 한편으로는 북한에 적대적인 인물의 독재에 대해서는 굉장히 긍정적인 태도를 보여주는데, 나는 이런 식의 생각이 어째서 자유주의적인 생각으로 여겨지고 있는지 잘 이해가 가지 않는다. 나아가 이런 식의 이야기를 하는 이들이 왜 '자유'라는 용어를 사용하고 있는지 또한 잘 이해가 가지 않는다. 아무리 봐도 보수적인 독재자에 의한 물리력을 포함한 강제적인 사상교육을 긍정하는 식의 생각과 이야기들은 그들이 비난하는 좌파적인, 전체주의적인 생각과 크게 다르지 않다고 할 수 있지 않은가?

노벨 경제학상을 받은 세계적인 경제학자인 하이에크는 전 세계적으로 자유라는 용어가 본래의 의미에서 굉장히 벗어난, 사회주의적인 의미로 사용되고 있다며, 자유라는 용어가 가진 본래의 의미를 변질되지 않은 채로 전달할 수 있는 단어로는 '관용' 정도가 거의 유일하다고 언급했다.[32] 즉 많은 이들이 자유라는 의미를 전체주의적인 관점에서 이야기한다는 것이다. 가령 자유를 수호하기 위해서 사상교육이 필요하다는 식의 생각은 과연 자유주의적인 생각이라고 할 수 있을까? 자유를 위해서 자유롭게 생각할 수 있는 권리, 자신만의 관점으로 생각하고, 행동할 수 있는 권리를 제약해야 한다는 생각은 꽤나 모순적인 생각이라고 할 수 있지 않은가? 다수의 자유를 위해서 다수의 자유를 제약해야 한다니 말이다.

만약 어떤 사람이 북한과 맞서 싸우기 위해서 보수적인 독재자가 필요하며, 보수적인 독재자에 의해서 온 국민이 동일한 생각을 하게끔 사상교육이 필요하며, 독재자의 사상과 다른 관점으로 세상을 바라보거나, 다른 사상을 갖는 것에는 법적인 처벌을 받게 해야 나라가 바로 잡힌다고 생

---

32) 『노예의 길』 프리드리히 A. 하이에크 지음, 김이석 옮김, 나남출판, 52p

각한다고 해보자. 그럼 이런 사회와 북한 사회는 어느 정도의 차이가 있을까? 아마 아예 차이가 없다고 할 수는 없을 것이다. 독일의 나치즘이나 소련의 공산주의가 본질적인 측면에서는 동일하지만 서로 다른 색깔을 갖고 있었던 것처럼 말이다.

수백만의 유대인들을 죽음에 이르게 한 히틀러가 반공주의자였음을 알고 있는가? 히틀러의 패망에 최초의 사회주의 국가인 소련과의 전쟁이 굉장히 큰 역할을 했음을 알고 있는가? 아마 히틀러 혹은 나치에 대해서 자세히 알지 못하는 이들이라면 나치즘을 단순히 사회주의적인 사상의 하나로 인식하고 있을지도 모르겠다. 왜냐하면 멀리서 보기에 나치즘이나 소련의 사회주의 사상은 독재자를 위해서 개인을 희생한다는 측면에서 꽤나 비슷해 보이기 때문이다.

그러나 히틀러는 마르크스라는 유대인으로부터 시작된 사회주의 사상을 독일인들을 좀 먹는 독약과도 같은 사상으로 여겼으며, 사회주의 사상자체가 세계를 정복하기 위한 유대인들의 음모라고 인식하고 있었다.[33] 즉 히틀러는 공산주의의 뿌리에는 유대주의가 자리 잡고 있으며, 그 결과 공산주의라는 전염병을 세계에서 없애버리기 위해서는 유대인들을 세계에서 없애버려야 한다는 인식을 갖고 있었다는 것이다.

또한 히틀러는 그 당시 민주주의가 공산주의라는 전염병이 자라날 수

---

33) 『나의 투쟁』, 아돌프 히틀러 지음, 황성모 옮김, 동서문화사, 173p, 179p

있는 토대가 되어줬다는 인식을 갖고 있었는데[34], 이것은 곧 나치라고 하는 하나의 정당과, 히틀러라고 하는 한 명의 인물에 의해서 독일이 다스려지는 훗날의 독일 사회의 밑그림이 되어 주었다. 다시 말해서, 과거 히틀러가 갖고 있던 생각들, 과거 히틀러의 발자취들은 오늘날 우리 사회에서 반공을 외치는 이들의 생각과 놀랄 만큼 닮아 있다는 것이다.

생각해보자. 지금 우리 사회에서 어떤 사람이 '북한과 대항하기 위해서는 북한과 같은 체제가 필요합니다'라고 이야기를 한다면 어떨까? 우리의 주적인 북한과 싸우기 위해서, 북한처럼 독재자가 필요하며, 온 국민이 똘똘 뭉쳐서 그 독재자와 똑같은 생각, 똑같은 말, 똑같은 행동을 해야 하며, 독재자와 다른 생각, 다른 말, 다른 행동을 할 경우 처벌해야 한다는 식의 이야기에 대해서 우리는 동의할 수 있을까? 아마 기성세대의 상당수는 여기에 동의할지도 모르겠다. 기성세대의 상당수는 권력을 갖고 있는 인물에 의해서, 권력을 갖고 있는 인물이 원하는 관점으로 세상을 바라보고, 권력을 갖고 있는 인물이 원하는 생각을 하며, 권력을 갖고 있는 인물이 원하는 행동과 원하는 말을 강제 받아도, 슈퍼에서 원하는 물건을 구입할 수만 있다면 자유롭다고 생각하는 이들이 많은 것처럼 보이니 말이다.

그러나 이걸 자유라고 말할 수 있을까? 원하는 생각을 자유롭게 하지 못하고, 원하는 행동을 자유롭게 하지 못하며, 그저 원하는 물건을 사고 팔 수만 있는 사회를 자유주의적인 사회라고 부를 수 있느냐는 것이다.

---

34) 『나의 투쟁』 아돌프 히틀러 지음, 황성모 옮김, 동서문화사, 206p

기성세대에게 좌파사상을 갖고 있다고 평가 받는 요즘 것들은 그런 사회를 자유주의적인 사회라고 여기지 않을 것이다. 그들이 좌파적인 사고방식을 갖고 있기 때문이 아니라. 그들이 갖고 있는 자유에 대한 인식이 기성세대가 갖고 있는 자유에 대한 인식과 차이가 있기 때문에 말이다.

가령 자주 논란이 되고 있는 국가보안법에 대해서 생각해보자. 우리 사회에서는 현재 국가보안법을 두고, 유지의 필요성과 폐지 혹은 개정이 필요하다는 의견이 첨예하게 대립하고 있는 상황이다. 누군가에게는 국가보안법을 둘러싼 찬반간의 상반된 의견의 차이가 반공과 남한 내 공산화를 목표로 하는 세력 간의 다툼으로 여겨질지도 모르지만. 내가 보기에 이와 같은 상황은 '자유란 무엇인가?'라는 질문에 대해서 국가보안법의 유지와. 폐지 혹은 개정을 논하는 이들이 서로 다른 답을 갖고 있기 때문이 아닌가라고 생각한다.

다시 말해서, 국가보안법의 유지를 말하는 이들은 현재 누리는 자유를 지키기 위해서 일정부분 자유의 희생이 필요하다고 인식하고 있는 반면에, 국가보안법의 폐지 혹은 개정을 요구하는 이들은 북한의 체제 혹은 북한의 주체사상을 긍정하기 때문이 아니라. 국가보안법의 유지를 통해서 얻어질 수 있는 가치보다는 그것의 폐지 혹은 개정을 통해서 얻어질 수 있는 자유의 가치가 훨씬 중요하다고 인식하고 있다는 것이다. 즉 표면적으로 보면 진보와 보수의 갈등. 혹은 세대 간의 갈등. 혹은 북한에 적대적인가. 북한을 옹호하는가의 차이처럼 보일지도 모르지만. 국가보안법을 둘러싼 논란의 껍데기를 한 겹 벗겨놓고 보면 그 안에는 그저 자유에 대한 인식의 차이, 혹은 자유에 대한 서로 다른 관점의 대립이 있는 것과 다르지 않다는 것이다.

나는 개인적으로 진보는 선이고 보수는 악이라거나 혹은 보수는 선이고 진보는 악이라고 여기지 않는다. 다만 자유를 사랑하며, 자유의 가치가 진보적인 가치, 혹은 보수적인 가치보다 훨씬 중요하다고 인식하고 있을 뿐이다. 자유를 지키기 위한 독재, 공산화를 막기 위한 독재가 과연 어떤 의미가 있을까? 물론 기성세대가 우려하는 바와 같이 진보적인 사상 안에는 소련과 같은 전체주의적인 사회의 가능성이 내포되어 있음은 부인할 수 없다.

그러나 보수적인 사상에는 그와 같은 가능성이 존재하지 않는다고 할수 있을까? 우리는 이미 한 세기 전에 진보의 극단과 보수의 극단이 서로 충돌하는 역사적인 사건이 있었음을 알고 있다. 다시 말해서, 진보의 극단에 있던 소련과 보수의 극단에 위치한 히틀러 혹은 나치와의 전쟁을 역사적인 사실로서 알고 있다는 것이다. 진보의 극단과, 보수의 극단에 위치한 두 나라의 전쟁으로 인해서 2,000만 명이 넘는 사람들이 목숨을 잃어야 했으며, 보수의 극단에 위치한 독일 사회에서는 좌파의 척결을 위해서 수백만의 유대인과, 수많은 부랑아, 약자들이 희생되었음이 역사적인 사실로써 남아 있다. 즉 진보 안에 잠들어 있는 전체주의의 싹을 보고 있는 사람이라고 한다면 보수 안에 잠들어 있는 전체주의의 싹 또한 인식할 필요성이 있다는 것이다.

왜 요즘 것들이 갖고 있는 사상이나 관점은 공산화의 위험, 전체주의적인 사회로 나아가게 만들 위험이 있다고 이야기하면서 반대로 기성세대가 갖고 있는 사상이나 관점에 대해서는 히틀러의 나치스와 같은 전체주의적인 사회로 나아갈 수 있음을 말하지 않는가? 반공을 기치로 내걸고, 민족주의적이고, 국가주의적인 사회를 지향한 히틀러와 나치의 독일이, 공산화된 전체주의적인 사회보다 과연 낮다고 말할 수 있을까?

나는 우리 사회에 정말 필요한 것은 기성세대가 중요성을 언급하는 반공에 대한 사상, 북한에 대한 적대감이 아니라 자유가 무엇인지, 자유의 가치가 얼마나 소중한 것인지에 대한 인식이라고 여긴다.

생각해보자. 만약 우리 사회가 자유가 무엇인지를 제대로 파악하고 있으며, 자유의 가치가 얼마나 소중한지 인식하고 있다면 기성세대가 그렇게 우려하는 공산화, 곧 북한과 같은 전체주의적인 사회에 대한 긍정이 일어날 수 있을까? 다시 말해서 기성세대가 우려하는 공산화의 확산을 막는 목적이라면 좌파적인 사상의 퇴출과 우파적인 사상의 확산 이상으로 자유가 무엇이며, 자유가 얼마나 소중한지를 인식하는 것이 효과적이라는 것이다.

가령 북한의 전체주의적인 사회에 적응한 북한의 한 젊은이와 자유가 무엇인지를 알며, 자유의 가치가 얼마나 중요한지를 인식하고 있는 남한의 한 젊은이가 만나게 된다면, 남한의 젊은이가 미치지 않은 이상 어떻게 북한 사회에 대해서 긍정하고, 북한의 체제를 찬양할 수 있느냐는 것이다. 요즘 것들의 대부분이 반쯤 미쳐있는 상태라서 자신이 누리고 있는 자유의 대부분을 포기하는 것이 보다 자유롭고 나은 상태가 된다고 믿고 있는 것이 아니라면, 기성세대가 우려하는 일들은 아마 불가능에 가까운 일이라고 할 수 있지 않을까?

물론 아무것도 먹지 않아야 살이 찌고 밥을 먹으면 살이 빠진다는 믿음을 갖고 있는 정신 나간 이들이 청년세대 안에 없다고 할 수는 없을 것이다. 우리 사회의 무수한 이들 가운데는 자신이 외계에서 왔다고 믿는 이들이 하나쯤은 존재하고 있을지도 모르니 말이다.

그러나 요즘 것들이 기성세대가 생각하는 것만큼 어리석지 않다면, 기성세대가 생각하는 것만큼 사리분별을 할 줄 모르는 것이 아니라면, 자신이 누리는 자유를 희생해가며 주체사상에 빠져들 수 있는 이들은 아마 극소수에 불과하지 않을까? 즉 우리 사회에서 정말 필요한 것은 반공에 대한 사상교육이 아니라, 자유에 대한 인식, 곧 개개인이 자신의 개성을 발견하고, 남과 다른 개성을 자유롭게 표현해도 두려워하지 않을 수 있는 사회가 되는 것이 훨씬 효과적이고 중요하다는 것이다.

물론 나는 기성세대가 우려하는 것이 무엇인지를 알고 있다. 지금도 충분히 자유로운 요즘 것들에게 지금보다 더한 자유가 주어지게 된다면, 요즘 것들이 기성세대가 원하지 않는 생각, 구체적으로 말해서 북한의 주체사상에 빠지게 되는 일이 일어나게 될지 모른다는 두려움을 갖고 있음을 알고 있다.

그러나 이와 같은 두려움의 본질이란 젊은 시절 억압적인 정치체계를 겪어온 기성세대들이, 요즘 것들이 누리고 있는 만큼의 자유를 누려보지 못했기에 자신이 인식하고 있는 자유의 범위보다 훨씬 넓은 범위의 자유

곧 과거 독재정권이 자리하고 있던 시기에 비해서 훨씬 관용적이라고 할 수 있는 요즘 것들이 누리는 자유에 대해서 막연한 공포를 갖고 있는 것은 아닌가라는 생각을 해본다. 다시 말해서, 과거 독재정권 당시에 정권이 대중에게 불어넣은 '폭넓은 자유의 해악'에 대한 메시지가 기성세대가 갖고 있는 사고의 바탕이 되고 있기 때문에 과거에 비해서 훨씬 폭넓은 자유를 누리고 있는 요즘 것들의 자유가 우려스럽게 느껴지고 있는 것이 아니냐는 것이다.

그러나 생각해보자. 과거 독재정권 당시에 법적으로 사상의 자유, 표현의 자유가 제약되었던 이유가 단순히 공산화, 북한의 주체사상을 막기 위한 목적만을 갖고 있었다고 말할 수 있을까?

물론 공산화, 북한의 주체사상이 남한 내에 침투하는 것을 막기 위한 목적 또한 있었을 것이다. 그러나 한편으로는 우리 사회의 개개인이 좀 더 폭넓은 자유, 곧 사상의 자유와 표현의 자유를 누리게 된다면, 그것이 독재 정권을 위태롭게 만들지도 모른다는 우려 또한 작용하지 않았다고 할 수 있을까?

물론 여기에 대해서 내가 하는 말이 말도 안 되는 이야기라고 말하는 이들이 있을지도 모른다. 그러나 생각해보자. 우리는 대체 어떤 효과를 기대하고 최전방에서 북한 땅을 향해 대북전단을 날려 보내거나 대북확성기를 통해서 메시지를 전달하는 것일까? 그것은 곧 북한의 주민들에게 사상의 자유, 표현의 자유를 유도하기 위함이 아닌가? 바꿔 말해서, 북한의 지도부가 원하지 않는 생각을 하고, 원하지 않는 표현을 하게끔 유도

해서, 그로 인해 북한 체제의 불안정을 유발하기 위한 목적으로 대북전단이나 대북확성기를 사용하고 있는 것이 아니냐는 것이다.

내가 하고 싶은 말은 사상의 자유, 표현의 자유 곧 관용을 바탕으로 하는 자유에 대해서 인식하게 된다는 것은 독재정권에 치명적일 수 있다는 것이고, 그것은 북한의 독재자나 남한의 독재자에게 동일할 수 있다는 것이다.

한편 국가적인 범위에서의 폭넓은 자유는 독재 정권에 위험을 초래할 수 있으나 범위를 좁혀본다면, 사상의 자유, 표현의 자유는 서열을 중시하는 우리 사회에서 높은 서열에 위치하고 있는 이들을 위태롭게 만든다고도 할 수 있을 것이다. 다시 말해서, 사상의 자유, 표현의 자유가 우리 사회에서 권위를 갖고 있는 기성세대에게 위협적으로 느껴질 수 있다는 것이다. 히틀러가 말했듯이 권위라는 것은 필연적으로 자신의 사상과 생각을 지지하는 대중으로부터 생겨나는 것이니 말이다.

가령 우리 사회에서 가장 권위적인 조직이라고 할 수 있는 군대라는 조직을 살펴보면 군대라는 조직 안에서 상급자는 군대라는 조직 안에서는 막강한 영향력을 갖고 있으나, 군대 밖의 민간인에게는 영향을 미치지 않음을 살펴볼 수 있다. 왜냐하면 군대 밖에 있는 민간인에게는 군대 내의 상급자와 동일한 생각, 동일한 관점, 동일한 표현을 할 의무, 곧 군대 내의 상급자에 대한 지지의 의무가 부여되지 않기 때문이다.

다시 말해서, 자유가 제약된 군대 내부에서는 지지를 받는 상급자는 하급자에 대해서 강력한 권위를 갖게 되지만 반대로, 군대 내의 상급자에 대해서 지지의 의무가 없는 군대 밖의 민간인에게는 그들이 누리는 자유로 인해서 군대 내부의 상급자의 권위가 영향력을 행사하지 못한다는 것이다.

이것은 단순히 군대와 사회라는 조금은 극단적이라고 할 수 있는 비교 대상뿐 아니라, 권위에 대한 지지의 의무가 부과되는 조직과, 그와 같은 조직에 속하지 않은 곳이라면 모두 동일하게 적용된다고 할 수 있다. 다시 말해서 권위라는 것은 지지하는 이들이 존재하지 않는 곳에서는 힘을 발휘하지 못한다는 것이다.

우리 사회에서 많은 나이가 권위를 갖는 이유는 무엇일까? 그것은 대부분의 사람들이 나이가 많은 이들과 같은 생각, 같은 사상, 같은 표현을 해야 한다는 사회적인 규칙에 동의하고 있기 때문이라고 할 수 있다. 즉 우리나라의 대부분의 사람들이 유교적인 문화의 전통에 따라서 어린 시절부터 나이가 많은 이들을 지지해야 한다는 것을 배우면서 자라왔기 때문에 많은 나이가 권위를 가질 수 있다는 것이다.

그러다보니 어떤 면에서는 요즘 것들이 요구하는 사상의 자유, 표현의 자유에 대해서 기성세대가 두려움을 느끼게 되는 것도 당연하다고 할 수 있을 것이다. 요즘 것들이 누리고자 하는 자유, 요즘 것들이 요구하는 자유라는 것은 필연적으로 기성세대가 누리고 있는 권위의 힘을 축소시킬 수밖에 없으니 말이다.

다시 말해서 기성세대가 갖고 있는 자유에 대한 두려움, 요즘 것들이 자유를 누림으로 인해서 사회가 적화될 지도 모른다는 두려움의 본질은 과거 독재정권이 갖고 있던 두려움과 본질적으로 크게 다르지 않다는 것이다. 자유의 확산, 자유롭게 생각하고, 자유롭게 표현하는 것이 자신들이 누리고 있는 영향력, 자신들의 위치를 잃어버리게 만들지도 모른다는 두려움 말이다.

그러나 단순히 북한의 주체사상, 북한의 체제에 대한 사상적인 보호막이라는 측면에서만 보면 자유만큼 확실한 방어수단이 어디에 있을까? 국가에서 시행하는 전 국민을 대상으로 하는 사상교육보다 우리 사회의 개개인이 지금보다 더 자유롭게 생각하고, 자유롭게 표현하는 것만큼 반공에 확실한 무기가 또 어디에 있는가라는 것이다. 개인이 좀 더 자신의 개성을 발견하고, 자신의 개성을 표현할 수 있게 된다면, 권위를 갖고 있는 인물이 원하는 개성, 원하는 표현만을 허용하는 사상이나 제도는 결코 힘을 발휘하지 못하게 될 테니 말이다.

과거 독일에서 수백만의 유대인들이 죽을 수밖에 없었던 상황은 어디에서 비롯되었을까? 독일 국민이 모두 이기적이고 악한 존재들이라서? 그보다는 그 당시 독일 사회에서는 권력자와 다를 수 있는 자유, 다수의 사람들과 다를 수 있는 자유가 주어져 있지 않았기 때문이라고 한다면 지나친 이야기일까? 만약 히틀러가 총통의 위치에 자리하고 있을 당시의 독일 개개인에게 다를 수 있는 권리가 주어져 있었더라면 어땠을까? 히틀러를 지지하며, 유대인들을 미워하거나 그들을 비난하는 이들이 다수라고 할지라도, 유대인들을 미워하지 않을 수 있는 권리, 그들의 처벌을 원하지 않을 수 있는 권리, 나아가 그들의 희생을 막고자 하는 표현이 개인의 권리로 보장되는 사회였다면 어땠을까? 그랬더라면 아마 세대 간 혹은 서로 다른 사상을 갖고 있는 이들의 크고 작은 충돌은 있을지언정 유대인들이 그렇게 많이 희생당하는 일은 없지 않았을까? 다시 말해서 과거 히틀러의 독일이 개인의 자유를 보장하는 사회였다면, 제어 되지 않았던 그들의 광기가, 다름을 갖고 있었던 이들에 의해서 브레이크가 걸릴 수 있지 않았을까? 라는 것이다.

아직도 우리 사회에서는 많은 이들이 모든 사람들이 똑같은 생각을 하는 사회가 건강한 사회라고 인식하는 것 같다. 가령 모든 사람들이 보수적인 사상을 갖고 있어야 한다거나 혹은 모든 사람들이 진보적인 사상을 갖고 있어야 한다는 등의 인식 말이다.

그들은 서로 다른 진영에 서서 자유를 외치며 상대방에게 자신과 다른 생각을 할 수 있는 권리가 주어져서는 안 된다고 이야기를 한다. 진정한 자유란 우리와 똑같은 생각을 갖는데 있다면서 말이다.

나는 지금 기성세대, 그리고 우리 사회의 보수는 많은 문제들을 갖고 있으나, 반대로 청년세대 그리고 우리 사회의 진보는 별 문제가 없다는 이야기를 하고자 하는 것이 아니다. 그보다는 자유 혹은 국민, 그 외에 다른 명분들을 말하면서 개인의 다를 수 있는 권리가 침해되는 것을 아무렇지 않게 여기는 현실에 대해서 이야기를 하고 있는 것이다. 내 앞에 있는 사람은 보수주의자일 수도 있고, 진보주의자일 수도 있다. 내 앞에 있는 5천만의 사람들이 모두 나와 똑같은 성향과, 똑같은 생각을 갖고 있을 수는 없지 않은가? 사람들은 누구나 다르니 말이다.

누군가는 도깨비를 믿는 사람도 있을 것이고, 또 어떤 누군가는 도깨비가 없다고 믿는 이들도 있을 것이다. 그리고 이 말은 기성세대가 싫어할 법한 이야기일 수도 있으나, 북한을 미워하는 이들도 있는 반면에 북한을 미워하지 않는 이들도 있을 것이다.

그러나 우리 사회의 개개인들이 저마다 다른 생각을 가질 수 있다는 것 자체가 우리 사회가 자유롭다는 것을 반증하고 있는 것이 아니고 뭐겠는가? 우리 사회가 개인의 자유를 보장하기 때문에, 그만큼 자유로운 사회이기 때문에 나와 네가 다를 수 있다는 것이다. 때때로 내 앞에 있는 사람이 내가 원하지 않는 생각을 하고, 내가 원하지 않는 말을 하며, 내가 원하지 않는 행동을 할지라도, 나아가 극단적인 생각을 한다고 할지라도, 우리에게 주어진 자유의 가치가 너무나도 소중하고 중요하기 때문에 다를 수 있는 권리를 허용하고 있는 것이 아니냐는 말이다. 즉 한 사람의 무고한 죄인을 만들지 않는 것이 범죄자를 감옥에 집어넣는 것보다 더 중요하게 여겨지는 것과 같이, 자유를 방종 하는 이들로 인한 피해보다 다수가 누리는 자유가 훨씬 가치 있게 여겨지기 때문에 우리는 다수와 다른 관점으로 세상을 바라보고, 다수와 다른 생각을 하는 것을 보장하고 있다는 것이다.

다만 내가 말하는 자유에 대한 이야기가 방종을 허용해야 한다는 의미를 갖고 있는 것은 아니다. 다시 말해서, 저마다 다른 생각이나 다른 관점을 갖고, 다른 표현을 할 수 있는 자유를 누리되, 자유라는 칼날로 누군가를 상해하는 것까지 이해해야 한다는 말을 하고 있는 것은 아니라는 말이다. 모든 사람이 자유롭게 칼을 사용할 자유가 주어져 있다고, 그 칼을 바탕으로 다른 사람에게 피해를 입히는 것까지 허용되는 것은 아니듯이 말이다.

아마 자유가 무엇인지를 아는 이들, 자유가 얼마나 가치 있는지를 아는 이들이라면 자유에 따른 책임 또한 통감할 수밖에 없을 것이다. 자유라는 것은 너무나도 소중하기 때문에 자유로운 생각이나 표현에 대해서, 개개 인의 책임을 통해서 보호받을 필요가 있다는 사실에 공감할 수밖에 없을 테니 말이다. 가령 어린 아이는 부모에 의해서 자유의 제약과 함께 자유를 제약당하는 만큼 책임을 면책 받지만 성인은 어린 아이보다 폭넓은 자유를 누리면서 자신이 누리는 자유에 대해서 전적으로 책임을 지는 것처럼 말이다.

어떻게 보면 앞부분에서 언급한 것과 같이 기성세대가 바라보는 요즘 것들의 사상의 자유, 표현의 자유에 대한 우려는 어떤 면에서 볼 때, 우리 사회의 성숙도와 연결되어 있다고도 할 수 있을 것 같다. 다시 말해서, 한 사람의 생애를 볼 때, 성숙해지면 성숙해질수록 누릴 수 있는 자유의 범위가 달라지고, 그만큼 책임이 늘어나는 것처럼 요즘 것들의 자유를 인정하고 그들에게 자유에 따른 책임을 지우기보다는 요즘 것들의 자유를 일정 부분 제약하고 그만큼 책임을 지우려고 하지 않은 태도는 그만큼 우리 사회의 주류라고 할 수 있는 기성세대가 충분히 성숙하지 않았다는 이야기가 될 수 있다는 것이다.

생각해보자. 청년세대의 한 사람으로써 기성세대를 보면 자신의 잘못에 대해서 책임을 지는 기성세대가 그리 흔하지 않은 것처럼 느껴진다. 즉 자신의 잘못을 부모가 대신 책임져 줄 것을 요구하는 어린 아이와 같이 어떤 문제가 발생했을 때 자신의 잘못에 대해서 인정하고 자신의 잘못에 대해서 책임을 지는 모습보다는 '윗사람이 시켜서 그랬습니다', 혹은

'그럴 수밖에 없는 상황이었어요'와 같이 다른 사람이나 환경에 책임을 전가하는 모습을 보는 것이 흔하다는 것이다.

이처럼 책임지지 않는 기성세대의 모습에서 우리는 기성세대가 왜 그렇게 자유에 대해서, 제약의 필요성을 말하는지 실마리를 얻을 수 있다. 즉 기성세대가 충분히 성숙해서 자유를 누리고, 자신이 누리는 자유에 대해서 책임져야 한다는 생각을 갖고 있는 것이 아니라 미성숙함으로 인해서 권위에 의한 제한된 자유를 받아들이고, 그에 따른 책임 회피를 당연하게 여기고 있기 때문에, 요즘 것들에게 자유롭게 생각하고, 자유롭게 표현하되 자유에 따른 책임을 요구하기 보다는 자유를 제약함으로써 책임질 일을 만들지 않을 것을 요구하고 있다는 것이다. 마치 제한된 자유를 누리고, 자신의 행동에 대해서 책임을 회피하는 것을 당연하게 여기는 어린 아이가 제한되지 않은 자유를 누리는 성숙한 어른에 대해서 그들이 누리는 지나친 자유를 걱정하듯이 말이다.

부모의 뜻에 반해서는 안 되는 제한된 자유에 익숙한 어린 아이는 부모의 뜻에 따르지 않는 성인에 대해서 걱정하고 우려를 표할 수 있다. 왜냐하면 어린 시절부터 줄곧 제약되지 않은 자유의 위험성에 대해서 부모로부터 경고를 받아 왔기 때문에 부모의 뜻에 반할 수 있는 자유를 이해하지 못할 수 있으니 말이다.

즉 부모의 뜻에 반할 수 있는 자유, 곧 제한되지 않은 자유가 얼마나 위험한지, 얼마나 무서운 결과를 초래하는지만 자주 들어온 어린 아이가 폭넓은 자유를 누리는 성인에 대해서 자유의 제약을 말할 수 있는 것처럼 독재정권으로부터 자유의 위험성에 대해서 끊임없는 경고를 들으며 자라온 기성세대에게는 요즘 것들이 누리는 자유가 충분히 위협적으로 느껴질 수 있다는 것이다.

히틀러를 연구한 학자들은 독일 사회의 히틀러의 등장과 그가 총통에 오른 과정은 그 당시 독일 국민의 미성숙함과 맞닿아 있다고 언급한다.[35] 즉 독일 국민들이 갖고 있던 근대에 대한 두려움과 시대의 변화에 따른 자신들의 정치, 사회, 문화적인 문제들을 이성적으로 돌아보지 않았기에 '모든 문제는 좌파와 유대인 때문'이라는 히틀러의 선동에 쉽게 빠져들 수 있었다는 것이다.

사람들은 히틀러가 단순히 무력으로 독일을 장악했다고 생각할지도 모르지만 히틀러는 단순히 무력으로만 독일을 다스렸던 것은 아니었다. 히틀러는 무력과 함께 대중에 대한 통찰력을 바탕으로 독일 국민들이 갖고 있던 사회에 대한 불만을 효과적으로 좌파와 유대인들에게 돌림으로써, 무수한 독일의 대중을 자신의 지지세력으로 만들었으며, 독일 국민들에게 독일을 강국으로 만들어줄 수 있는 구세주, 민중의 대변자로 여겨지게 되었다.[36] 즉 독일 내의 유대인 학살이나 나치스의 독일이 일으킨 무수한 전쟁과 만행들이 단순히 히틀러의 힘과 무력으로만 이뤄진 것이 아닌, 미성숙한 독일 국민들의 지지를 바탕으로 하고 있었다는 것이다.

---

35) 『집단애국의 탄생 히틀러』 라파엘 젤리히만 지음, 박정희, 정지인 옮김, 생각의 나무, 6~7p, 『나의 투쟁』 아돌프 히틀러 지음, 황성모 옮김, 동서문화사, 121~122p

36) 『나의 투쟁』 아돌프 히틀러 지음, 황성모 옮김, 동서문화사, 81p

나아가 히틀러의 저작인 나의 투쟁에 서평을 쓴 히틀러 연구자 앙투안느 비트키느는 히틀러의 등장 당시의 독일이 민주주의와 종교적인 소수자를 인지하고 있던 선진국이었음에도 불구하고 히틀러의 정권을 탄생시킨 독일의 예와 민주주의라는 체제가 자리 잡은 중동이나 아프리카 국가들의 내부에서 일어나는 정치적인 폭거나 무질서를 볼 때, 민주주의라는 체제가 모든 사람들을 행복하게 만드는 만병통치약은 아님을 말한다.[37] 즉 민주주의라는 체제도 국민 개개인의 성숙이 동반하지 않는다면 히틀러와 같은 인물을 얼마든지 탄생시킬 수 있으며, 개개인에게 주어진 관용의 의미를 갖고 있는 폭넓은 자유는 민주주의라는 체제 이상으로 히틀러와 같은 인물의 등장을 막는데 효과적일 수 있다는 것이다.

　그렇다고 한다면 우리 사회의 문제라는 것은 기성세대가 언급하는 것처럼 요즘 것들이 애국주의, 민족주의, 국가주의에 대해서 제대로 인식하지 못하기 때문이 아니라, 도리어 우리 사회가 애국과, 민족, 국가에 대한 헌신 등을 내세우며 개개인이 좀 더 자유로운 사상을 갖고, 자유롭게 자신의 사상을 표현하지 못하게 만드는데서 찾아야 하는 것은 아닐까? 즉 '요즘 것들이 너무 좌파 사상에 물들었어'라는 것이 우리 사회가 갖고 있는 진정한 문제가 아니라, 요즘 것들이 좀 더 다양한 관점이나 사상을 접하고, 자신을 발견할 기회를 얻으며, 그 과정 속에서 보다 성숙해질 수 있는 기회를 갖지 못하고 있는 것이 우리 사회가 갖고 있는 진정한 문제가

---

37) 『나의 투쟁』 아돌프 히틀러 지음, 황성모 옮김, 동서문화사, 122p

아닐까라는 것이다.

　물론 기성세대가 '지나친 자유'에 대해서 우려하는 이유 중에는 지나친 자유가 안보 불안을 야기한다는 꽤나 합리적으로 보이는 우려가 자리하고 있음을 알고 있다. 모든 군인들이 한마음으로 뭉쳐서 북한과 싸울 수 있어야 하는데, 제각각 다른 관점과 다른 사상을 갖고 있다면 군대가 오합지졸이 되는 것은 아닌가라는 생각을 하는 것도 충분히 이해한다.

　그러나 우리나라에서는 상상할 수 없는 자유를 누리는 이스라엘의 군대를 보면 자유가 마냥 국가 안보를 불안하게 만드는 것은 아님을 알 수 있다. 왜냐하면 이스라엘 군대는 어떤 면에서 우리 사회의 사기업보다도 자유롭다고 할 수 있기 때문이다.

　가령 이스라엘의 군대는 말단 병사조차도 자신의 생각을 자유롭게 표현할 수 있다고 이야기를 한다. 그들은 위에서 아래로 내려오는 명령체계를 갖고 있는 다른 나라의 군대와는 달리 상향식 곧 아래에서 위로 의견이 올라가는 식의 명령체계를 갖고 있는데, 바꿔 말해서, 낮은 계급의 병사에게 굉장히 높은 수준의 자유도가 주어지며, 보다 넓은 범위에서 상황파악 능력이나, 전략에 대해서 판단할 수 있는 권한이 부여된다는 것이다.

　이스라엘의 군대는 기본적으로 장교의 숫자가 다른 나라의 군대보다 현저하게 적은 특징을 갖고 있는데, 이것은 곧 사병에게 보다 많은 권한을 부여하는 것과 같다. 다시 말해서, 군대라는 경직된 조직 안에서 개개인에게 가능한 많은 자유를 주기 위한 체계라는 것이다.[38] 그들은 사병들의 의사에 따라서 자신들을 지휘하는 장교를 내쫓을 수 있으며, 말단의 병사가 지휘관에게 '당신의 명령은 옳지 않습니다'라며 자신의 의견을 이야기 할 수 있는데, 그것은 이스라엘의 군대가 계급이 아닌 그 사람의 능력에 따라서 평가하는 시스템을 갖고 있기 때문이라고 말한다.[39]

다시 말해서, 이스라엘의 군대는 자신을 지휘하는 지휘관과 다른 생각을 가질 수 있으며, 지휘관과 다른 생각을 기꺼이 지휘관에게 이야기 할 수 있는 체제를 갖고 있다는 것이다.

만약 기성세대가 청년세대에 대해서 갖고 있는 생각의 하나인 '젊은 것들이 자유롭게 생각하는 것을 조금 제약할 필요가 있다', '젊은 애들이 너무 자유롭기 때문에 그릇된 사상을 갖는다', '젊은 것들의 자유가 국방을 위태롭게 만든다'라는 식의 생각이 올바른 생각이라면 세계에서 가장 자유로운 군대라고 할 수 있는 이스라엘의 군대는 세계에서 가장 그릇되고, 가장 형편없는 군대여야 옳을 것이다.

그런데 이스라엘의 군대가 그렇게 형편없는 군대로 평가되고 있는가? 그들은 자신보다 훨씬 넓은 영토와 훨씬 많은 인구를 갖고 있는 중동의 연합국들과의 전쟁에서도 승리한 세계적으로 인정받는 강한 군대를 보유하고 있는 나라이다. 기성세대가 안보에 위협이 된다고 인식하는 '자유'를

---

38) 『창업국가』, 댄세노르, 사울싱어 지음, 윤종록 옮김, 다할미디어, 64~65p
39) 『창업국가』, 댄세노르, 사울싱어 지음, 윤종록 옮김, 다할미디어, 73~74p

갖고 있는 나라. 안보를 위협한다고 여기는 자신만의 관점으로 생각하고 그것을 표현할 수 있는 자유가 주어진 군대가 이스라엘에서는 도리어 안보를 강화하는 효과를 내고 있다는 것이다.

물론 이런 이야기들은 '우리나라의 현실을 도외시 한 이야기'라고 생각할 수 있을 것이다. 우리나라에 적용하기 쉽지 않은, 이스라엘이기에 가능한 이야기라고 말할지도 모르겠다. 그러나 '이스라엘은 할 수 있으나 우리나라는 안 돼'라는 식의 생각은 과거 일제 식민지 시절에 일본인들이 갖고 있던 '조선인은 자유를 누릴 수 있는 능력이 없기에 지배를 받아야만 하는 민족이다'라는 식의 생각과 얼마나 다른가?

일본인들이 바라봤던 우리 민족은 일본의 2등 국민으로 살아가야만 하는 민족, 일본에 의해서 통치를 받아야만 하는 민족, 곧 너무 미개해서 자유라는 권리를 스스로 누릴 수 없는 민족과도 같았다. 그러나 일본의 식민지 지배를 벗어난 뒤에 우리나라가 보여준 결과는 일본인들이 우리 민족에 대해서 갖고 있었던 생각이 오만에 불과했음을 말해주고 있지 않은가? 즉 과거 조선인들에 대한 일본인들의 평가는 조선에 대한 침략을 정당화하기 위한 수단에 불과했다는 것을 우리가 스스로 증명했고, 지금도 증명하고 있다는 것이다.

이와 동일한 관점에서 기성세대가 청년세대에 대해서 갖고 있는 생각을 보면 우리 민족을 미개하게 여겨, 우리 민족의 자유를 제한해야 한다고 여겼던 일본인들과 마찬가지로, 기성세대는 청년세대가 너무나도 하찰고 무능해서 자유를 누릴 수 없다고 여기는 것처럼 느껴진다. 청년세대에게 자유가 주어지면 자유로 인해서 온갖 잘못된 사상, 잘못된 가치관을 갖게 되고, 사회적으로 문제가 될 법한 행동을 하게 될 거라고 생각하는 것처럼 보인다는 것이다. 그러니 청년세대가 마음대로 생각하지 못하게 하고, 마음대로 말하지 못하게 하고, 마음대로 행동하지 못하게 해야 한다는 이야기를 아무렇지 않게 할 수 있는 것이 아니겠는가?

그러나 우리가 알아야 하는 것은 히틀러가 총통의 자리에서 온갖 만행을 저지를 수 있었던 이유는 독일인들에게 폭넓은 자유가 주어져 있었기 때문이 아니라 히틀러가 개개인의 자유를 제약했기 때문이었다는 것이다. 히틀러와 다른 사상, 다른 관점을 가질 수 없었던 독일이었기에, 히틀러와 나치는 별다른 제약 없이 독일 내부와 독일 외부에서 무수한 사람들을 학살할 수 있었다는 것이다.

그렇다면 우리는 어떠해야 할까? 요즘 것들이 히틀러와 같은 문제 있는 인물을 지지하게 될지도 모르니 요즘 것들의 사상이나 표현을 제약해야만 하는 것일까? 요즘 것들이 주체사상과 같은 그릇된 사상에 빠질 수 있으니 그들에게 사상교육을 시켜야만 하는 것일까?

아이러니 한 것은 히틀러는 사상교육에서 재능을 인정받아 높은 자리로 올라갈 수 있었다는 것이다. 즉 기성세대가 요즘 것들에게 요구하는 거의 대부분의 것들을 가장 충실히 이행했던 인물이 바로 히틀러였으며, 그런 이들의 집단이 나치였다는 것이다.

그렇다면 물어보자. 기성세대가 원하는 사회는 히틀러와 같은 독재자와 나치와 같은 극우정당이 지배하는 국가주의적이고 민족주의를 중심으로 하는 사회가 되는 것인가? 히틀러가 유대인과 공산주의에 대항한다는 기치를 내걸고 그와 같은 사회를 만들었던 것처럼 북한과 북한의 사상에 대항한다는 기치를 내걸고 자유가 제약되는 사회를 만드는 것이 기성세대가 바라는 이상향이라는 것인가?

내 앞에 있는 누군가가 내가 원하는 정당을 지지하지 않아도, 내가 원하는 정책을 지지하지 않는다고 할지라도, 그것이 우리나라가 위태롭고 위기에 빠져있다는 것을 의미하지는 않는다. 도리어 우리 사회가 건강하다는 것을 증명하고 있는 것이라고 할 수 있다. 우리 사회가 개인의 자유를 보장한다는 것은 내 앞에 있는 한 사람이 내가 원하지 않는 생각을 하고, 내가 원하지 않는 말을 하며, 내가 원하지 않는 행동을 해도 피해를 받지 않고 피해를 받을 두려움을 갖지 않는 다는 것을 의미하기 때문이다.

경제발전을 위해서 자유를 희생하는 것이 정말 최선이라고 할 수 있을까?

기성세대들이 말하는 '우리 때' 곧 과거 경제개발이 한창시던 시기에는 단순히 경제개발만 존재하고 있었던 것이 아니라 독재 정권 또한 같이 존재하고 있었다. 즉 독재와 경제개발이 서로 양립하고 있었다는 것이다. 이와 같은 과거는 우리나라의 대다수 국민들로 하여금 자유가 먼저인가, 경제가 먼저인가를 바탕으로 서로 다른 생각을 갖게끔 만든 것 같다. 즉 어떤 이들은 경제를 위해서라면 개인의 자유를 어느 정도 희생시킬 수 있다는 생각을 갖게 되었고, 또 어떤 이들은 자유라는 것의 가치가 그 어떤 것보다도 소중하고 중요하다고 여기게 되었다는 것이다.

그러나 슘페터가 말한 대로 자본주의의 본질이 창조적 파괴라고 한다면, 경제가 먼저인가? 자유가 먼저인가라는 이야기는 뭔가 이상한 이야기가 되어버리고 만다. 자유를 소홀히 하면서 경제가 일정 수준 이상 발전한다는 것은 불가능하기 때문이다.

북한의 사회와 남한의 사회가 자유의 측면에 있어서 다른 이유 중에 하나는 북한은 자본주의를 인정하지 않고 있으나, 남한은 자본주의를 인정하고 있는 차이 때문이라고 할 수 있다. 아마 자본주의라는 것을 해로운 것으로 혹은 그 의미에 대해서 제대로 이해하고 있지 못한 이들이라면 '자본주의가 북한과 남한을 다르게 만드는 이유가 된다는 것이 무슨 말이지?'라는 생각을 할지도 모르겠다.

설명하자면 물건을 사고파는 행위를 기반으로 하는 자본주의는, 물건을 사고파는 것에 대한 권리, 원하는 물건을 살 수 있고, 원하는 물건을 팔 수 있으며 그 안에서 이익을 취할 수 있는 개인의 권리를 보장해주는 것과 다르지 않기 때문에 기본적으로 자본주의가 발전하면 할수록 그 사회에서 개인의 권리, 개인이 누릴 수 있는 자유의 정도는 올라가게 될 수밖에 없다는 것이다.

대런 애쓰모글루와 제임스 A. 로빈슨이 쓴 『국가는 왜 실패하는가』라는 책에 따르면 한 나라에 독재와 같은 착취적인 제도와 포용적인 제도가 공존하는 경우 어느 정도까지는 경제성장이 가능하지만, 창조적 파괴를 동반한 본격적인 성장은 불가능하다고 언급한다. 나아가 한국의 사례를 들며 한국이 급격한 경제성장을 할 수 있었던 배경에는 1979년 박정희의 암살 이후 80년대 들어 한국의 정치적인 제도가 그 전보다 훨씬 포용적으로 변해가기 때문에 그에 발맞춰 경제 또한 성장할 수 있었다고 이야기

를 하고 있다.[40]

이 말에 따르자면, 한국 경제의 위기를 타개하기 위해서 박정희 같은 인물이 우리 사회에 필요하다는 식의 이야기는 현재 우리가 누리고 있는 경제적인 수준을 떠받치고 있는 정치적인 제도의 후퇴, 나아가 그로 인한 경제적인 역성장이 필요하다는 이야기가 되어버리는데, 곧 경제를 효과적으로 성장시키기 위해서 경제를 효과적으로 후퇴시킬 필요성이 있다는 이야기가 된다는 것이다.

박정희 시대의 경제발전, 혹은 그 뒤를 이은 전두환 시대의 경제발전을 지금 우리 사회에 재현하기 위해서 가장 필요한 것은 우리나라의 경제를 후퇴시키는 일일 것이다. 국민소득이 3만 달러를 바라보는 현재 상황에서 국민 소득을 1/3 이하로 줄일 수만 있다면, 아니 1/30 정도로 우리나라의 경제적인 수준을 열악하게 만들 수만 있다면, 그래서 우리나라가 북한보다 가난해질 수만 있다면 기성세대가 원하는 것처럼 박정희 시대의 한강의 기적과 전두환 시절의 경제적인 성장의 영광을 또 한 번 재현할 수 있을지 모른다. 북한보다 열악한 경제적인 상황과 그로 인해서 개인의 생활수준이 너무 열악해서 개인의 권리를 주장할 수도 없는 상황이라면 박정희, 전두환으로 이어지는 자유의 억압도 경제성장을 위해서 충분히 감내할 수 있다고 여길지도 모르니 말이다.

---

40) 『국가는 왜 실패하는가』, 대런 애쓰모글루, 제임스 A. 로빈슨 지음, 최완규 옮김, 장경덕 감수, 시공사, 141~143p

내가 하고 싶은 이야기는 정치적인 후퇴를 원한다면 경제적인 후퇴 또한 받아들어야 한다는 것이다. 경제와 정치는 서로 떼려야 뗄 수 없는 관계이니 말이다. 정치적인 수준이 낮은데 경제적인 수준이 높은 나라는 일부 특수한 경우를 제외하고는 현재 세상에 존재하고 있지 않다.

물론 경제가 성장하던 독재의 시기를 그리워하는 이들은 아마 그와 같은 이상세계를 충분히 우리 사회에 구현할 수 있다고 여길지도 모른다. 그러나 우리가 이상향으로 여기는 선진국들이 하나같이 우리보다 높은 수준의 정치적인 자유를 갖고 있음을 볼 때, 경제성장과 나라의 발전을 원하는 사람이라면 지금보다 더욱더 개개인이 자유를 누릴 수 있게끔 노력해야지, 개인의 자유가 억압되기를 바라서는 안 될 것이다.

18세기 산업혁명이 일어났던 영국과 조선의 가장 큰 차이는 무엇이었을까? 조선에도 물건을 사고 팔 수 있는 시장이 존재하고 있었다. 그러나 개인이 물건을 사고파는 행위에 대해서 영향을 미칠 수 있는 자유의 영역은 산업혁명 당시의 영국에 비하자면 현격하게 적었다. 다시 말해서, 조선의 한 개인은 물건을 사고파는 행위, 곧 시장경제의 기초적인 행위를 하는데 있어서 심각한 제약이 있었던 반면에 산업혁명 당시의 영국에서는 그 당시 시장에 참여하는 조선의 한 개인이 상상할 수 없을 정도의 자유가 주어져 있었다는 것이다.

산업혁명 당시의 영국인은 왕이나 권력자의 눈치를 보지 않고 가장 이익이 많이 날 수 있는 물건을 외국에서 수입할 수 있었고, 가장 이익이 많이 날 수 있는 물건을 생산할 수 있었다. 나아가 아무도 생각하지 못했던 혁신적인 제품을 만드는 아이디어에 대해서 자신만의 권리를 보장받을 수도 있었다. 그러나 조선은 어땠는가?

왕과 권력자가 원하는 품목 안에 있는 것들만이 시장에서 거래되고, 만들 수 있었고, 나아가 혁신적인 제품을 만드는 아이디어에 대해서 개인의 권리를 요구할 수 있는 상황도 아니었다. 즉 개인이 이익을 얻기 위해서 좀 더 효과적으로 물건을 사고파는 방법을 도입하거나 혹은 기존에 없었던 혁신적인 제품을 만들어내는 일에 대해서 개인의 권리를 조금도 보장받지 못하는 상황이었기 때문에, 조선의 백성들에게는 발전에 대한 동기부여가 전혀 없었다는 것이다. 열심히 노력해서 뭔가를 만들어내면 누군가가 다 가져가 버리기 때문에, 차라리 노력하지 않고 적당히 살아가는 것이 좀 더 나은 선택이라고 할 수 있었으니 말이다.

다시 말해서 시장의 참여자인 조선의 한 개인은 조선의 경제 수준만큼의 자유도를 갖고 있었고, 시장의 참여자인 산업혁명 당시의 영국인은 그 당시 영국의 경제 수준만큼의 자유도를 갖고 있었다는 것이다.

산업혁명이 일어났던 영국만이 아니다. 그 당시의 조선의 한 개인이 누리던 자유란 일본의 한 개인이 누리던 자유에 비해서도 현격하게 작았는데, 가령 18세기 중엽에 3,000만 명의 인구를 보유하고 있던 일본은 연간 100만 명이 여행을 가는 세계 최고 수준의 관광대국이었다. 여기서 여행을 하는 것이 대중화 되었다는 것의 의미는 여행하기에 적합한 교통망과 숙박시설, 여행 중에 위험한 일을 당하지 않을 정도의 치안 수준, 보고 즐길 수 있는 적절한 수준의 명소와 명물, 오락거리 들이 존재해야 하며, 잠시 동안 여행을 떠날 수 있을 정도의 여가 시간과 통행의 자유가 보장되어 있어야 한다는 의미를 갖는다.[41] 다시 말해서 그 당시의 조선에서는 감히 상상할 수 없을 정도의 자유가 일본의 개인에게 있었다는 것이다.

관광만이 아니다. 1682년에 오사카에서는 이하라 사이카쿠라는 사람이 쓴 『호색일대남』이라는 책이 전국적으로 크게 히트를 치게 되었는데 그 내용은 그 당시의 조선사회에서는 상상할 수도 없는 내용으로 곧 '요노스케'라는 남자주인공이 7세부터 60세에 이르는 동안 3,742명의 여성, 725명의 남성과 섹스한 내용을 다루는 한 남자의 일생에 걸친 섹스 판타지 소설이었다. 일본에서는 이 책의 인기를 바탕으로 대중서적의 출판 붐이 일어났다고 말해진다.[42] 즉 공자와 맹자의 가르침과 같이 어렵고 난해한, 일반 백성들이 쉽사리 접근할 수 없었던 고급 지식들을 다루는 책들만이 출판되고 통용될 수 있었으며, 나아가 변변한 서점조차 함부로 만들 수 없었던 조선사회에 비하자면[43] 한 개인이 섹스 판타지 소설을 쓰고 그것을 출판해서 이익을 얻을 수 있었던 일본은 엄청난 자유를 보장받고 있었다고 할 수 있을 것이다. 이와 같이 일본의 한 개인이 보장 받았던 높은 자유는 그 당시 일본의 상업을 발달시키는 바탕이 되었고 폐쇄적이었던 조선과는 달리 경제적으로 풍요로움을 누릴 수 있게 만들어 줬다.

즉 자유와 경제는 역사적으로 서로 공존관계에 있음을 알 수 있다는 것

---

41) 『학교에서 가르쳐주지 않는 일본사』, 신상목 지음, 뿌리와 이파리, 73~74p

42) 『학교에서 가르쳐주지 않는 일본사』, 신상목 지음, 뿌리와 이파리, 90~92p

43) 『조선은 왜 무너졌는가』, 정병석 지음, 시공사, 40~41p

이다. 가령 우리나라만 보더라도 현재 우리나라의 경제적인 발전의 상황, 세계에서 차지하는 경제적인 영향력만 역사적으로 유례가 없을 정도가 아니라 개개인이 누리는 자유 또한 역사적으로 유례가 없을 정도임을 알 수 있지 않은가?

다시 말해서, 경제의 발전이 자유를 가져오든, 개개인이 누리는 자유의 확대가 경제 발전을 가져오든, 오늘날 우리가 누리고 있는 경제 발전과 자유는 별개의 것이 아니라는 것이다. 내가 이 말을 하는 이유는, 우리 사회의 많은 이들이 자유를 일정부분 희생함으로써, 경제를 발전시키는 식의 경제개발을 지지하고 있다고 생각하기 때문이다.

가령 몇 년 전 대통령 선거에서 다수의 국민들에 의해서 박근혜 후보가 대통령으로 당선된 배경에는 과거 박정희 전 대통령 집권 시기의 경제성장이라는 결과가 영향을 미쳤다고 할 수 있을 것이다. 다시 말해서 현재를 살아가는 무수한 사람들이 수십 년 전 자유의 제약과 동시에 이뤄진 경제개발 시기에 대해서 긍정적인 인식을 갖고 있었기 때문에 박근혜 후보가 대통령의 자리에 오를 수 있었다는 것이다.

이와 달리 그 당시 대선 후보들 중에서 박근혜라는 인물의 능력이 가장 탁월했기 때문에 다수의 사람들이 박근혜 후보를 대통령으로 만들어줬다고 한다면 박근혜 전 대통령의 집권 시기 동안 이뤄진 국정농단 사태나, 박근혜 전 대통령의 탄핵에 대해서 뭐라고 설명할 수 있을까? 박근혜 전 대통령이 너무나도 뛰어난 능력을 갖고 있지만 약간의 실수가 있었다고 설명하면 될까? 그보다는 이뤄진 결과만 놓고 볼 때, 과거 경제개발 시기의 향수에 의해서 많은 사람들이 잘못된 판단을 내렸다고 설명하는 것이 맞지 않을까? 달리 말해서, 경제성장만 가능하다면 개인이 누리는 자유가 일정부분 희생당해도 상관없다는 식의 사고가 국정농단과 탄핵이라는 사태를 불러온 것이 아니냐는 것이다.

물론 경제가 성장한다는 것은 우리에게 좀 더 맛있는 음식, 좀 더 좋은 옷, 좀 더 좋은 집과 차를 가질 수 있게 만들어줄 것이다. 그리고 맛있는 음식과 좋은 옷, 좋은 집과 차는 우리에게 자유를 일정 부분 희생하는 것도 나쁘지는 않다는 생각을 하게 만들 수도 있음을 충분히 이해한다.

그러나 우리가 생각해봐야 하는 것은 기성세대가 요즘 것들이 누리는 사상의 자유가 남한을 적화시켜버릴 지도 모른다는 생각을 하는 것처럼 기성세대가 갖고 있는 경제를 위해서 자유를 희생할 수 있다는 생각은 우리 사회에 독재자의 탄생과 독재 정권이 나타날 수 있는 기반으로 작용할 수 있음을 생각해봐야 한다는 것이다. 왜냐하면 1933년 총리에 오른 히틀러가 전국적인 지지를 받을 수 있었던 배경에는 히틀러가 집권당시에 이룩한 경제적인 성과들이 큰 역할을 했었기 때문이다.

다시 말해서 오늘날 기성세대의 상당수가 갖고 있는 생각들 곧 경제를 성장시킨다면 자유를 일정부분 희생해도 괜찮다는 생각과 동일한 생각을 갖고 있던 다수의 독일 국민들이 히틀러라는 독재자가 독일을 장악하는 데 힘을 실어줬고, 그런 히틀러에 의해서 자국민을 포함해서 수천만의 사람들이 희생당했다는 것이다.

(1939년 히틀러는 독일 국내의 환자들에 대해서 쓸모없는 밥벌레들을 학살하라는

명령을 내렸고, 2년간 요양소와 보호시설의 환자 7~8만 명, 강제수용소의 환자와 신체장애자 1~2만 명, 정신병원에 입원하고 있던 유대인, 3세부터 13세까지의 특수학교 학생 및 보호시설 원아 3,000명을 살해했으며, 집시근절 운동을 통해서 독일 내부의 2만 명의 집시들을 살해했다. 국외적으로는 폴란드에 거주하는 300만의 유대인을 포함한 폴란드의 지도층과 교양층 600만 명을 살해했으며, 러시아 점령 기간 동안 56만여 명의 민간인을 살해했으며, 유럽 전역에서 최소 400~600만의 유대인을 살해했다. 나아가 러시아와의 전쟁을 통해서 1,200만의 러시아인들이 목숨을 잃었으며, 유럽 각국에 대한 전쟁을 통해서 독일인 700만 명이 목숨을 잃었다.)[44]

아마 많은 이들이 히틀러가 독일을 장악할 수 있었던 배경에 대해서 단순히 히틀러가 갖고 있었던 무력과 독일을 장악하기 위한 히틀러의 치밀한 계략만을 떠올릴 것이다. 즉 국민들을 힘으로 억압하고, 선동가들을 통해서 독일 국민들을 선동한 결과, 히틀러의 독재정권이 탄생하고 유지될 수 있었다고 생각한다는 것이다.

그러나 히틀러가 독일 국민으로부터 전폭적인 지지를 얻을 수 있었던 배경에는 그 당시 경제적인 어려움을 겪고 있었던 독일에 우리나라의 한강의 기적 같은 경제적인 기적을 이룬 것이 큰 역할을 했다고 알려진다. 살펴보면 1933년 1월 히틀러가 처음으로 총리 자리에 오른 당시, 독일에는 600만 명의 실업자가 있었으나 불과 3년 뒤인 1936년에는 완전고용이 실현되었다. 이 당시의 히틀러는 경제개발 당시의 우리나라가 경부 고

---

44) 『나의 투쟁』, 아돌프 히틀러 지음, 황성모 옮김, 동서문화사, 43~45p, 49p

속도로를 건설했던 것과 같이 고속도로 건설을 통해서 건설노동자를 대거 투입함으로써 독일사회의 문젯거리였던 대량 실업을 효과적으로 해소시켰다. 또한 온 세계가 경제공황으로 어려움을 겪고 있던 상황에서 히틀러는 독일경제를 세계에서 분리시켜 블록경제를 만듦으로써, 홀로 경제적인 기적과 번영을 구가할 수 있었다. 이때 외부에서 조달한 자금은 국내에서 인플레이션을 유발할 수밖에 없었는데, 히틀러는 강제적으로 임금과 물가를 통제함으로써 이와 같은 인플레이션 압력을 해결할 수 있었다.

이런 식의 경제정책이 가능했던 이유는 히틀러가 독재정권이었기 때문이라고 말해진다. 즉 허가 없이 외국 무역을 하거나 제품 값을 멋대로 올리는 업자, 임금인상을 요구하는 노동자의 파업에 대해서 강제수용소를 적극 활용했기 때문에 히틀러가 원하는 식의 경제정책들을 효과적으로 집행할 수 있었다는 것이다. 이와 같은 성과에 힘입어 히틀러는 독일 국민들에게 전폭적인 지지를 얻게 되었다. 개개인이 누리는 자유가 일정부분 제약됨에도 불구하고, 히틀러가 독일에 가져다준 경제적인 성과들이 굉장히 놀라웠기 때문에 독일 국민들은 기꺼이 독재자와 독재정권을 지지하게 된 것이다.[45]

그렇다면 생각해보자. 사상의 자유를 통한 공산화만큼이나 경제성장을 위해서 자유를 희생하는 것의 결과 또한 우려할 만 하다고 할 수 있지 않을까? 히틀러를 중심으로 하는 독재정권의 놀라운 경제성과가 결국 수천

---

45) 『나의 투쟁』 아돌프 히틀러 지음. 황성모 옮김. 동서문화사. 24~25p

만의 무고한 사람들을 희생시켰다는 것을 상기해본다면 요즘 것들이 사상의 자유를 누림으로 인해서 우리 사회가 적화될 것을 두려워하는 것만큼이나, 청년세대가 기성세대가 갖고 있는 '경제성장을 위해서라면 자유를 희생해도 괜찮다'라는 식의 생각에 대해서 독재자의 탄생을 불러올지도 모른다고 우려하는 것 또한 충분히 이해할 수 있지 않은가? 즉 폭넓은 자유의 위험성만큼이나 자유의 제약 역시 기성세대가 생각하는 것 이상으로 충분한 위험 요소를 내포하고 있다는 것이다.

그렇다면 어떻게 해야 할까? 기성세대의 우려를 불식시키기 위해서 요즘 것들이 누리는 자유를 제약해야만 하는 것일까? 우리 사회가 너무 자유롭지 않게끔 만들어야 할까? 그럼 자유의 제약으로 인해서 독재자나 독재정권이 탄생할지도 모른다는 우려는 어떻게 해야 할까?

이처럼 서로 다른 선택지가 비슷한 위험을 내포하고 있다면 우리는 개인의 가치관에 따라서 좀 더 중요하다고 여겨지는 선택을 할 수밖에 없다. 아마 자유로 인한 적화의 위험과, 자유의 제약으로 인한 독재정권이 등장할 위험이라는 두 선택지 사이에서 기성세대의 상당수는 적화되는 것보다는 독재 정권이 낫다는 생각에 자유의 제약을 원할지도 모르겠다.

그러나 나는 남한이 북한처럼 되는 것이 독재 정권이 등장하는 것보다 낫다고 여기기 때문이 아니라, '내일의 일은 내일 염려하고 오늘에 충실하라'는 예수의 말과 같이, '일어날 일은 반드시 일어납니다. 일어나지 않을 일은 결코 일어나지 않습니다. 그러니 언제나 행운과 불행에 집착하지 말고 현재를 즐기면서 살아가십시오'라고 말하는 힌두 철학과 같이, 히틀러와 나치의 독일처럼 되거나 북한처럼 되는 것 중에서 선택할 수밖에 없다면 차라리 오늘을 자유롭게 살면서 위험을 맞이하는 것이 낫다고 여기기 때문에, 지금보다 우리 사회가 좀 더 자유롭게 되기를 갈망한다.

물론 이 말이 누군가에게는 조금 무책임하게 들릴지도 모르겠다. '어차피 일어날 일이니 위험에 대비하지 말고 오늘을 즐기자'는 식으로 들리니 말이다. 그러나 내 말은 위험에 대비하지 말자는 말이 아니라 기성세대가 우려하는 것처럼 자유의 확대가 우리 사회를 북한처럼 만든다거나, 청년 세대가 우려하는 것처럼 자유를 제약하는 것이 우리 사회를 히틀러와 나치의 독일처럼 독재자와 독재 정권에 지배당하는 사회로 만들지도 모른다는 생각이 사실이라면 우리가 어떤 선택을 한다고 할지라도 위험을 피할 수는 없다는 것이다. 그렇다면 우리가 히틀러와 나치의 독일과, 북한처럼 되는 선택 중에서 오늘의 행복을 위한 선택을 하는 것이 좀 더 우리에게 유익한 선택이 되지 않겠느냐는 것이다.

나는 '내일 세상이 멸망할지라도 오늘 한 그루의 사과나무를 심겠다'는 말처럼 내일의 위험을 두려워하며 오늘을 희생하는 것보다는 내일의 위험을 대비하면서 오늘을 즐기는 쪽이 좀 더 나은 선택이라고 생각한다. 즉 적화의 위험을 두려워하며 우리 사회의 개개인이 자신의 개성을 죽이면서, 적당한 가면을 쓰고 살아가기 보다는 위험에 대비하며 오늘을 좀 더 나답게, 사회적인 가면을 벗은 채로 살아가는 것이 낫다고 여긴다는 것이다.

왜 우리는 차 사고의 위험이 있음에도 불구하고 차를 타고 다니며, 건강을 잃을 위험이 있음에도 불구하고 몸에 좋지 않은 맛있는 음식을 먹고, 나쁜 사람을 만날지도 모른다는 위험을 안고 다양한 사람들과 관계를 형성하고 있는 것일까? 왜 우리는 우리 앞에 닥쳐올지도 모르는 무수한 위험을 두려워하며 집 안에서 이불을 뒤집어쓰고 벌벌 떨고 있지 않고, 무수한 위험 한 가운데로 나아가는 삶을 살아가고 있느냐는 것이다. 그것은 곧 언제 찾아올지도 모르는 내일의 위험보다 오늘의 행복이 우리에게 훨씬 가치 있다고 여기기 때문이 아닌가? 다시 말해서, 우리의 매일 매일은 무수한 위험들과 맞닿아 있으며, 우리의 삶은 그런 위험들 속에서 행복을 찾아가는 과정이 아니냐는 것이다.

기성세대가 요즘 것들에게 자주 언급하는 도전만 봐도, 기성세대는 요즘 것들에게 위험을 두려워하지 말고 도전할 것을 언급한다. 도전 그 자체가 중요하다면서 말이다. 이처럼 기성세대가 요즘 것들에게 내일 찾아오게 될 실패의 위험을 두려워하지 말고 오늘의 도전을 즐기는 자세를 가질 것을 요구한다면 먼저 기성세대가 내일의 위험을 두려워하지 않고 요즘 것들이 오늘의 자유를 누릴 수 있게 만들어줄 필요가 있다고 할 수 있지 않을까?

『사기』에서는 '주는 것이 얻는 것임을 아는 것이 곧 정치의 비책'이라는 말이 언급된다.[46] 즉 내가 상대방에게 받고 싶은 것이 있을 때, 그것을 얻기 위한 최고의 비책은 상대방이 원하는 것을 먼저 제공하는 데 있다는

---

46) 『사기 열전』, 사마천 지음, 김원중 옮김, 민음사, 74p

것이다.

　그렇다면 오늘날 기성세대가 요즘 것들에게 바라는 것들을 얻기 위해서는 요즘 것들이 기성세대에게 바라는 것들을 이뤄주는 것이 우선이라고 할 수 있지 않을까? 즉 기성세대가 요즘 것들이 우리나라를 발전시키고, 부강한 나라가 되게 만들어 줄 것을 바란다면, 요즘 것들이 기성세대에게 바라는 요구들, 곧 좀 더 자유로운 사회가 되게끔 만들어줄 필요가 있다는 것이다. 그들이 좀 더 자신만의 개성을 발견하고, 남과 다른 개성을 적절하게 표현하면서 살아갈 수 있는 사회, 다르다는 이유로 비난의 대상이 되지 않을 수 있는 사회 말이다.